Renata Silveira da Silva

Tempo na Análise de Discurso

Implicações no **imaginário** de trabalhador no discurso sindical da **CUT**

Renata Silveira da Silva

TEMPO NA ANÁLISE DE DISCURSO:
implicações no imaginário de trabalhador no discurso sindical da CUT

EDITORA CRV
Curitiba - Brasil
2012

Copyright © da Editora CRV Ltda.

Editor-chefe: Railson Moura

Diagramação e Capa: Editora CRV

Revisão: A Autora

Conselho Editorial:

Profª. Drª. Andréia da Silva Quintanilha Sousa (UNIR);
Prof. Dr. Antônio Pereira Gaio Júnior (UFRRJ);
Profª. Drª. Carmen Tereza Velanga (UNIR);
Prof. Dr. Celso Conti (UFSCAR);
Profª. Drª. Gloria Fariñs León (Universidade de La Havana – Cuba);
Prof. Dr. Francisco Carlos Duarte (PUC-PR);
Prof. Dr. Guillermo Arias Beatón (Universidade de La Havana – Cuba);
Prof. Dr. Jailson Alves dos Santos (UFRJ);
Profª. Drª. Josania Portela (UFPI);
Profª. Drª. Maria Lília Imbiriba Sousa Colares (UNIR);
Prof. Dr. Paulo Romualdo Hernandes (UNIFAL);
Profª. Drª. Maria Cristina dos Santos Bezerra (UFS);
Profª. Drª. Solange Helena Ximenes-Rocha (UFPA);
Profª. Drª. Sydione Santos (UEPG);
Prof. Dr. Tadeu Oliver Gonçalves (UFPA);
Profª. Drª. Tania Suely Azevedo Brasileiro (UNIR)

CIP-BRASIL. CATALOGAÇÃO-NA-FONTE
SINDICATO NACIONAL DOS EDITORES DE LIVROS, RJ

S583t

Silva, Renata Silveira da
    Tempo na Análise de Discurso: implicações no imaginário de trabalhador no discurso sindical da CUT / Renata Silveira da Silva. - Curitiba, PR: CRV, 2012.
    212p.
    Inclui bibliografia
    ISBN 978-85-8042-407-2

    1. Partido dos Trabalhadores (Brasil) - História. 2. Central Única dos Trabalhadores (Brasil) - História. 3. Sindicalismo - Brasil - História. 4. Brasil - Política e governo. I. Título.

12-3881.   CDD: 331.880981
                                CDU: 331.105.44(81)

12.06.12   20.06.12   036225

2012
Proibida a reprodução parcial ou total desta obra sem autorização da Editora
CRV
Todos os direitos desta edição reservados pela:
Editora CRV
Tel.: (41) 3039-6418
www.editoracrv.com.br
E-mail: sac@editoracrv.com.br

SUMÁRIO

1 AS PRELIMINARES À ANÁLISE 11
1.1 O tema 11
1.2 O problema 12

2 OS PARÂMETROS TEÓRICO-METODOLÓGICOS 17
2.1 O Imaginário na Análise do Discurso: percurso
de uma noção 17
2.2 A MEMÓRIA DISCURSIVA: constituição da
temporalidade 45
2.3 O TEMPO: percepções em diálogo com a AD 65
2.4 A CENTRAL ÚNICA DOS TRABALHADORES:
reconfigurações discursivas 99
2.5 O CORPUS: processo de dessuperficialização 123

3 A ANÁLISE DISCURSIVA 137
3.1 O discurso cutista: emergência e funcionamento ... 137
3.3 O tempo transitório 175

4 A CONCLUSÃO 197

REFERÊNCIAS 205

Agradeço à CAPES, pela bolsa concedida e ao Programa de Pós-Graduação em Letras da Universidade Católica de Pelotas (UCPel), pela acolhida e formação acadêmica. Agradeço à minha orientadora, profª. Drª. Aracy, cuja flexibilidade e rigor mesclam-se de maneira a tornar sua orientação exemplar. Seus ensinamentos são já ditos preciosos, que determinam fortemente as significações do meu dizer.

"O homem sentiu sempre – e os poetas frequentemente cantaram – o poder fundador da linguagem, que instaura uma realidade imaginária, anima as coisas inertes, faz ver o que ainda não é, traz de volta o que desapareceu".

Benveniste – Problemas de Linguística Geral, v.1
Epígrafe do texto "Delimitações, inversões, deslocamentos", de Michel Pêcheux (1990).

1 AS PRELIMINARES À ANÁLISE

1.1 O tema

Sob a superfície de ideias do senso comum e aparentemente "naturais" acerca do tempo e do espaço, ocultam-se territórios de ambiguidade, de contradição e de luta. Os conflitos surgem não apenas de apreciações subjetivas admitadamente diversas, mas porque diferentes qualidades materiais objetivas do tempo e do espaço são consideradas relevantes para a vida social em diferentes situações. Importantes batalhas também ocorrem nos domínios da teoria, bem como da prática, científica, social e estética. O modo como representamos o espaço e o tempo na teoria importa, visto afetar a maneira como nós e os outros interpretamos e depois agimos em relação ao mundo (HARVEY, 2001, p. 190).

Essas reflexões do geógrafo David Harvey (2001), quando observadas à luz do quadro teórico da Análise do Discurso de linha francesa, suscitam-nos a pensar sobre o embate de significações do tempo e do espaço nos processos discursivos. Fazem-nos questionar sobre como as representações temporais e espaciais, embora aparentemente "naturais", "evidentes", "transparentes", estão filiadas ao "todo complexo das formações ideológicas" (PÊCHEUX, 1995, p. 160). Induzem-nos a repensar como a linha teórica a partir da qual enunciamos entende as categorias mencionadas e, em coerência com seus princípios epistemológicos, mobiliza-as nas análises discursivas.

Propomo-nos a discutir esses aspectos, mas abordando somente a temporalidade, tendo em vista o escopo da presente pesquisa: a imagem do tempo no discurso sindical da Central Única dos Trabalhadores (CUT) e sua inter-relação com outra imagem: a do trabalhador.

Quanto ao primeiro tópico – o conflito entre representações da temporalidade nos processos discursivos, será observado através de dois vieses. Em um deles, verificamos as mudanças no imaginário do tempo a partir da análise de discursos da CUT produzidos em dois momentos distintos: anos 80, identificados pelo ápice do "novo sindicalismo" e fundação da Central, cuja ação combativa em massa a identificava e a diferenciava de outras entidades sindicais; fim dos anos 80 e década de 90, quando ocorrem mudanças na estrutura da CUT, que se torna mais institucionalizada e distanciada da base. Nessa última década, a crise do mundo do trabalho manifesta-se com mais veemência na realidade brasileira e ocorre o advento do neoliberalismo. Nesse viés, atentamos para a alternância das representações do tempo no interior da mesma formação discursiva, a FD sindical-socialista[1]. No outro viés, pressupomos que o discurso cutista constitui-se em um contradiscurso em relação à formação discursiva oponente, a capitalista. Sendo assim, atentamos para o embate entre imagens do tempo, as quais estão presentes em processos discursivos com filiações ideológicas antagônicas.

Analisando a filiação ideológica da CUT e identificando os sentidos do tempo que são "evidentes" aos sindicalistas cutistas, desenvolveremos o segundo tópico mencionado, que diz respeito à reflexão sobre a opacidade existente na representação da temporalidade.

Quanto ao terceiro aspecto, concernente à acepção do tempo na AD, partimos do princípio de que o imaginário é lacunar, devido à existência do real. Nesse âmbito, discutiremos como tais lacunas manifestam-se na imagem do tempo. Nesse percurso teórico, nos oporemos à concepção da temporalidade como categoria que estabiliza a enunciação e construiremos procedimentos de análise que demonstrem como essa instância indispensável à constituição das representações funciona duplamente: estabilizando e desestabilizando o dizer.

1.2 O problema

À época de seu surgimento e durante os anos 80, a CUT era combativa, preferia o conflito à negociação e mostrava-se filiada a uma formação discursiva sindical-socialista. Sob a evidência de sentido oriunda dessa filiação ideológica, o tempo é imaginado como uma ruptura, ou seja, é possível a quebra na sucessão de acontecimentos que excluem a classe trabalhadora. A história é

---

1   Utilizamos a denominação FD "sindical-socialista" em adesão à sugestão da Profª. Drª. Ana Zandwais, membro da banca de qualificação.

mutável e melhores condições de vida e de trabalho podem surgir. A condição para a transformação é que os trabalhadores assumam uma posição-sujeito que se identifique plenamente com a FD citada.

Nos anos 90, o advento do neoliberalismo e mudanças no mundo do trabalho provocam uma crise na atividade dos sindicatos. A maior central sindical do país muda sua estratégia e passa a preferir a negociação ao conflito, torna-se mais acomodada à ordem vigente e a unidade da FD sindical-socialista torna-se suscetível de questionamento. No discurso, embora sejam relatadas as dificuldades de ação sindical, existem regularidades que indiciam a manutenção das imagens do tempo e do trabalhador existentes nos primórdios da CUT. Na análise do funcionamento discursivo, consideramos que o imaginário é falho, por ser impossível escapar à determinação do real, indagamos as citadas regularidades e atentamos para as fraturas no ritual de interpelação da FD sindical-socialista.

Objetivamos observar se, face às mudanças das condições de produção, a relação imaginária com o tempo – tempo discursivo – modifica-se, e entrecruzar as alternâncias dessa imagem com as alternâncias de outra: a imagem do trabalhador.

Devido ao entrecruzamento mencionado, precisaremos criar observações sobre a dimensão imaginária do tempo, isto é, o tempo discursivo que, assim como o falante, o interlocutor e o referente, é um elemento inerente às condições de produção do discurso. As seguintes questões nortearão a realização da pesquisa:

- Qual é a imagem do tempo nos dois momentos históricos referidos?

- Como conceber a imagem do tempo, o "tempo discursivo"?

- Como identificar as brechas abertas pelo real na imagem do tempo, tendo em vista que o imaginário sofre determinações do real?

- Como a mobilização do estatuto lacunar das evidências imaginárias repercute na noção de "tempo discursivo"?

- Como a noção de tempo discursivo se diferencia de outras compreensões do tempo, existentes, por exemplo, na Teoria da Enunciação (BENVENISTE, 1989), na Sintaxe do Discurso, pertencente à Semiótica Narrativa e Discursiva (FIORIN, 1999), na Filosofia (CASTORIADIS, 1982) e na geografia marxista (HARVEY, 2001)?

- Como a mudança da imagem do tempo nas duas fases repercute na representação do trabalhador?
- Como a imagem do tempo interfere na constituição da CUT como "porta-voz" dos trabalhadores?
- Quais procedimentos de análise são necessários para demonstrar que o tempo, embora imaginado como estabilizador pelo sujeito, é desestabilizador da enunciação?

Considerando a importância do imaginário para a proposta de pesquisa, primeiramente demonstramos a evolução desse conceito nas três fases da Análise do Discurso de linha francesa e, ao final, mencionamos desdobramentos teórico-metodológicos previstos para essa noção. Nesse contexto, pensamos ser necessário entrelaçar com as formações imaginárias a noção de real e observar como isso se manifesta no nível do inter e do intradiscurso. Por isso, refletimos sobre o real provocando lacunas na imagem do tempo e desestabilizando o imaginário linguístico, a partir do qual o sujeito projeta as expressões de tempo sempre conformadas às suas pretensões de estabilidade semântica.

A seguir, tratamos da memória discursiva, dada sua relevância para dissertarmos sobre a temporalidade. Nessa parte, são apresentadas formulações teóricas que subsidiam a expressão "memória afetivo-discursiva", convocada em virtude da rememoração dos sentimentos e acontecimentos no ritual de interpelação ideológica da FD de referência. As questões surgidas das reflexões teóricas são logo respondidas pela análise de sequências discursivas reveladoras do modo material de existência da memória no discurso cutista.

Em seguida, resgatamos abordagens do tempo desenvolvidas pelos autores recém-citados. Ao final da retomada das perspectivas teóricas selecionadas, opinamos a respeito de sua contribuição para o desenvolvimento da noção de "tempo discursivo" e indicamos incompatibilidades com a linha teórica a partir da qual enunciamos.

Após, apresentamos um breve histórico da Central Única dos Trabalhadores, com o intuito de elucidar sob quais condições de produção surgiu a prática discursiva em análise. Ao recobrarmos reflexões de autores que realizaram densas pesquisas sobre o sindicalismo da CUT, resgatamos sentidos polêmicos que circundam os enunciados da instituição. Nos itens "O novo sindicalismo" e "O neoliberalismo", apresentamos, mais apuradamente, componentes históricos caracterizadores da fase "conflitiva", vivenciada na década de 80, e da "fase negociadora", vivenciada na década de 90. Na continuação, dedicamo-nos ao percurso metodológico, explicitando a escolha e a delimitação do *corpus*, a constituição da FD de referência e os procedimentos de análise mobilizados. Posteriormente, a partir das articulações teóricas propostas e do dispositivo de interpretação elaborado, dessuperficializamos as sequências discursivas de referência. Enquanto algumas respostas às questões de pesquisa são apresentadas à medida que vinculamos linearidade e exterioridade, outras são formuladas na conclusão. Nessa parte, sintetizamos explicações que foram surgindo, de modo disperso, nas análises discursivas.

2 OS PARÂMETROS TEÓRICO-METODOLÓGICOS

2.1 O Imaginário na Análise do Discurso: percurso de uma noção

Na Análise do Discurso, devido à particular articulação existente em seu quadro epistemológico[2], coexistem duas acepções de imaginário: é algo que advém do social, da forma histórica da ideologia nas formações sociais e é um dos registros da estrutura psíquica. Michel Pêcheux assegurou a possibilidade dessa convivência na enunciação, na qual o sujeito, guiado por um desejo de completude, tenta construir-se e reconstruir-se – ilusoriamente – como uno e autônomo, desconhecendo/esquecendo sua constituição psíquica e ideológica.

A partir de Pêcheux, o imaginário, na AD, é ressignificado e concebido, conforme Mariani (2000), como aquilo que "impede que o sujeito perceba ou reconheça sua constituição pelo Outro". Este é compreendido ambiguamente, pois remete ao *Outro da linguagem* e ao *Outro da historicidade (memória)*. O primeiro diz respeito ao Outro com *o* maiúsculo de Lacan, que designa o simbólico, o "tesouro dos significantes", o inconsciente como "discurso do Outro". O segundo relaciona-se com o interdiscurso, conjunto complexo de formações discursivas (e formações ideológicas) (p. 62).

O precursor da AD, quando tenta propor algumas articulações entre a ideologia e o inconsciente em *Semântica e discurso: uma crítica à afirmação do óbvio* (1995), admite estar no estágio dos "'vislumbres' teóricos" (p. 152). E, posteriormente, no último período de sua teorização, avalia suas observações sobre diversos aspectos da teoria discursiva como "fragmentos de construções novas" (PÊCHEUX, 1997b, p. 315). Sem dúvida, como reconhece o próprio autor, ficou por fazer uma reflexão mais densa sobre a interligação dessas duas instâncias constitutivas da subjetividade.

---

2   A explicitação do quadro epistemológico encontra-se na página 14.

Optar pela discussão da temática do imaginário implica propor-se a entrar nesse terreno movediço criado pelo precursor da AD que é a percepção do sujeito como tenso entre o coletivo e o singular. Nessa ampla temática, o escopo de nossa pesquisa é, a partir da mobilização do real, tal como concebido na Psicanálise, pensar o estatuto lacunar das evidências imaginárias resultantes do processo de assujeitamento ideológico. Para fazer essa reflexão, atentamo-nos a alguns esboços de teorizações deixados por Pêcheux (1995), os quais dizem respeito ao conceito de imaginário linguístico (corpo verbal).

Antes de apresentarmos com a devida clareza nosso problema de pesquisa, propomos elucidar como o imaginário é concebido nas três fases da Análise do Discurso. Nessa exposição, demonstramos continuamente que sua ressignificação é simultânea à reformulação do diálogo com a teoria marxista althusseriana e com a psicanálise freud-lacaniana.

Esse resgate de Pêcheux é ainda acompanhado da apresentação das falhas no percurso teórico, existentes tanto no lado da Psicanálise como no lado do Materialismo Histórico. Essas falhas resultaram em outras, no lado da Linguística, mais especificamente na enunciação.

2.1.1 Primeira fase: as formações imaginárias

A primeira menção ao imaginário na Análise do Discurso é feita através da noção de formações imaginárias, apresentada no texto *Análise Automática do Discurso (AAD-69)* (1997a) (doravante AAD). Nessa publicação, Pêcheux esboça a Teoria do Discurso, a qual passa a receber contornos mais nítidos em publicações posteriores.

Antes da obra mencionada, o autor havia publicado quatro textos, sendo dois sob o pseudônimo de Thomas Herbert. Conforme Henry (1997), aparentemente não há relação entre essas publicações e AAD. Nesta, o materialismo histórico e a psicanálise, referidos por Herbert, bem como a crítica que este fazia às ciências sociais, especificamente a psicologia social, estão praticamente ausentes[3] (p. 14).

---

3   Uma das menções à Psicanálise é feita na nota de rodapé número 7, quando Pêcheux (1997a) comenta: "A relação psicanalítica constituiria assim, neste ponto, um caso particular

Henry faz esses textos dialogarem ao afirmar que AAD traz um sistema, um dispositivo metodológico informatizado para promover uma ruptura nas ciências sociais, que careciam de instrumentos que lhes conferisse cientificidade. Nas publicações anteriores, há uma teorização sobre essa proposta, uma apresentação dos "problemas teóricos, filosóficos (e políticos)" subjacentes ao sistema (p. 35).

A teoria do discurso e a análise automática do discurso seriam, respectivamente, o meio teórico e prático para dar um novo seguimento à pesquisa em ciências sociais. A razão para essa escolha é que as ciências sociais têm uma ligação, ainda que oculta, com a prática política e consequentemente com as ideologias inter-relacionadas a tal prática, cujo instrumento de ação social é o discurso (p. 24-5).

Entretanto, vale ressaltar que, devido à determinação ideológica das discursividades, não haveria uma ligação oculta nas ciências sociais com a prática política. Nesse momento da teorização pecheuxtiana, não há clareza quanto a esse tópico.

Sendo assim, o discurso, nas formulações pecheuxtianas datadas de 1969, vem romper com o reducionismo da linguagem como um instrumento de comunicação. A instituição do discurso como objeto de estudo foi também uma alternativa à análise de conteúdo que se proliferava nas ciências humanas. A escolha desse objeto permitiu a Pêcheux afastar-se da acepção de sujeito livre subjacente à fala saussuriana. Esta, segundo o precursor da AD, "aparece como um caminho da liberdade humana" (PÊCHEUX, 1997a, p. 71).

Feita essa breve contextualização, interessa-nos destacar do texto em pauta, *Análise Automática do Discurso (AAD-69)* (1997a), a noção de condições de produção do discurso. O conceito, advindo do marxismo e utilizado em psicologia social, era relevante na teoria do discurso para remeter à exterioridade que determina os

---

na medida em que aquele que é 'analisado' existe também pelo e para o desejo do analista" (p. 159) [grifo do autor]. Essa nota é introduzida após o seguinte fragmento: "É preciso tirar todas as consequências do fato de que aquilo que é analisado não existe em geral pelo *desejo do analista*, e o esclarecimento deste ponto parece ser uma das condições de existência de uma prática semiológica científica" (p. 67) [grifo do autor]. Outra referência é feita quando o autor utiliza a expressão "teoria regional do significante" (p. 70).

processos discursivos (MALDIDIER, 2003, p. 22-3). A mobilização dessa noção estava em consonância com a posição de Pêcheux de que os processos discursivos só poderiam ser compreendidos face a uma "mudança de terreno", ou seja, o diálogo com saberes exteriores à Linguística imanente.

Na abordagem das condições de produção, contemplamos as "relações de força", referentes à intervenção do lugar social ocupado pelo falante na recepção daquilo que enuncia, e as "relações de sentido", que explicam o fato de os processos discursivos estarem sempre relacionados entre si, tornando impossível delimitar seu início e fim.

Também é constitutivo de quaisquer discursos o mecanismo de antecipação, que ocorre quando o sujeito coloca-se no lugar de seu interlocutor para antecipar os sentidos produzidos pelas palavras. Dessa forma, o sujeito dirá de um modo ou de outro, de acordo com os efeitos que pretende produzir.

A especificação dos elementos que integram as condições de produção do discurso é feita a partir desses conceitos e da reformulação do esquema informacional de Jakobson (1963), explicitado abaixo:

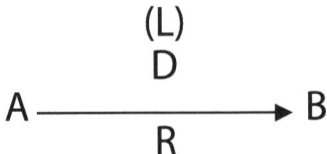

A: o "destinador",
B: o "destinatário",
R: o "referente",
(L): o código linguístico comum a A e a B,
→ : O "contato" estabelecido entre A e B,
D: a sequência verbal emitida por A em direção a B.

De acordo com esse esquema, um destinador (A) envia uma mensagem (D) a um destinatário (B), que deverá decodificá-la no código (L) em que foi veiculada. A mensagem deve remeter a um referente (R) e requer um contato (→), isto é, um canal físico entre os interlocutores (PÊCHEUX, 1997a, p. 81). Pêcheux prefere o termo discurso ao termo mensagem. Esta pressupõe uma transmissão de informação na qual B é mero receptor; aquele considera a participação de ambos os interlocutores no processo de significação. A partir disso, o autor define discurso como "efeito de sentidos" entre interlocutores (p. 82).

Falante e ouvinte não funcionam como uma presença física nos processos discursivos. São "lugares determinados na estrutura de uma formação social, lugares dos quais a sociologia pode descrever o feixe de traços objetivos característicos" (p. 82). Os lugares são representados, isto é, estão presentes, mas transformados por formações imaginárias, responsáveis por designar "o lugar que A e B se atribuem cada um a *si* e ao *outro*, a imagem que eles se fazem de seu próprio lugar e do lugar do outro" [grifo do autor] (p. 82).

Conforme o precursor da AD, em quaisquer formações sociais há mecanismos de projeção que permitem a passagem do lugar sociologicamente descritível para a posição do sujeito no discurso, isto é, o lugar social transformado pelas formações imaginárias.

Essas formações intervêm em todo processo discursivo, aspecto assim esquematizado por Pêcheux:

Expressão que designa as formações imaginárias	Significação da expressão	Questão implícita cuja "resposta" subentende a formação imaginária correspondente
A { I A (A)	Imagem do lugar de A para o sujeito colocado em A	"Quem sou eu para lhe falar assim?"
I A (B)	Imagem do lugar de A para o sujeito colocado em B	"Quem é ele para que eu lhe fale assim?"

		Imagem do lugar de B para o sujeito colocado em B	"Quem sou eu para que ele me fale assim?"
B	I B (B)		
	I B (A)	Imagem do lugar de A para o sujeito colocado em B	"Quem é ele para que me fale assim?"

Não só os interlocutores funcionam no discurso como elementos imaginados, o referente também é um *"objeto imaginário* (a saber, o ponto de vista do sujeito) e não da realidade física" (p. 83):

Expressões que designam as formações imaginárias		Significação da expressão	Questão implícita cuja "resposta" subentende a formação imaginária correspondente
A	I A (R)	"Ponto de vista" de A sobre R	"De que lhe falo assim?"
B	I B (R)	"Ponto de vista" de B sobre R	"De que ele me fala assim?"

As representações imaginárias resultam de processos discursivos anteriores que deixaram de funcionar, mas continuam determinando o processo discursivo em foco. As imagens que os sujeitos têm de si, do outro e do assunto tratado são então constituídas pelo "já dito" e "já ouvido", expressões que preludiam a noção de pré-construído, desenvolvida por Pêcheux em outro momento de sua teorização.

Gadet, Léon, Maldidier e Plon (1997), em *Apresentação da conjuntura em Linguística, em Psicanálise e em Informática aplicada ao estudo dos textos na França, em 1969*, apresentam algumas justificativas à discrição de Pêcheux no tocante à psicanálise em *Análise Automática do Discurso (AAD-69)*. Poderia ser uma "estratégia universitária" do autor, que teria objetivado estar em consonância com as referências teóricas da coleção na qual seria publicado seu texto, a qual era dirigida por François Bresson, filiado a Piaget. Outra razão seria a participação de Pêcheux na seção de psicofisiologia e psicologia do Centre National de la

Recherche Scientifique (CNRS), cujos integrantes não escondiam sua hostilidade à psicanálise (p. 49).

Os autores buscam nos artigos assinados por Herbert outras estratégias não acadêmicas que expliquem a "convivência, no mínimo elíptica" com as teorias de Freud e Lacan nos primeiros textos de Pêcheux (p. 50). Apenas no segundo texto de Herbert a psicanálise é convocada e Freud e Lacan mencionados. O primeiro é citado apenas uma vez e o segundo evocado e de modo muito geral, sem citação de alguma passagem de seus *Escritos* (1966), coletânea da maior parte dos artigos de Lacan, produzidos a partir de 1936. Esses são indícios do lugar que Michel Pêcheux atribuiu à psicanálise no dispositivo que estava elaborando e do conhecimento parcial que tinha da trajetória de Lacan, aspecto comprovável também pelas referências "ambíguas" e deslocadas feitas à teoria psicanalítica quando identificado por Herbert[4] (p. 50).

Nos dois artigos assinados com esse pseudônimo, é evidente a primazia dada ao materialismo histórico, o que é feito de forma mais velada em AAD. Nesse texto, a presença dessa linha teórica é evidenciada na noção de condições de produção e também quando Pêcheux afirma que A e B são "lugares determinados na estrutura de uma formação social, lugares dos quais a sociologia pode descrever o feixe de traços objetivos" (PÊCHEUX, 1997a, p. 82).

Para Gadet *et al.* (1997), nessa época, Michel Pêcheux estava assombrado pelo "fantasma da articulação entre o materialismo histórico, peça dominante, e a teoria do inconsciente, contribuição regional" (p. 52). Essa "excomunhão da psicanálise pelo marxismo", o "fantasma da articulação" podem ser localizados, segundo os autores, na problemática da AAD, "sob a forma da presença persistente de uma verdadeira psicologia social, da qual se tratava, todavia, de apagar as marcas" (p. 52). Os autores, nas "Notas à AAD 69", melhor especificam o exposto:

> O esquema que então se fixa designa os "elementos A e B" como o "destinador" e o "destinatário". A e B são alternadamente "pontos", "lugares" que "são representados nos processos discursivos em que são postos em jogo". Certo, mas algumas linhas mais adiante, o que está em questão é

---

[4] Para uma compreensão mais precisa desse aspecto, conferir a obra citada.

"... o lugar que A e B se atribuem, cada um, a si e ao outro, a imagem que se fazem de seu próprio lugar e do lugar do outro". Que estranhos lugares são esses, que se fazem uma imagem de seu lugar bem como uma imagem do lugar do outro... lugar! Ainda um pouco mais adiante, e nos deparamos com um quadro recapitulativo/explicativo em que se pode ler que IA(A) significa "imagem do lugar de A para o sujeito colocado em A", o que se pode traduzir por "quem sou eu para lhe falar assim?", exatamente uma questão que poderia ser colocada por um "sujeito" da psicologia social e que se pode qualificar como sendo, integralmente, da ordem do imaginário, pelo que se atesta, aliás involuntariamente, a total ausência de distinção nesse mesmo quadro entre o "eu" e o "mim" [moi] distribuídos nos exemplos.

Pode-se dizer que, com essa passagem, atingimos o centro do paradoxo, a fonte de numerosos mal-entendidos que a AAD não deixará, em seguida, de provocar (GADET *et al.*, 1997, p. 157).

Gadet *et al.* ainda pontuam que o quadro demonstrativo da influência das formações imaginárias igualmente atesta "o fantasma da articulação", pois os "lugares são considerados como sede de representações imaginárias, determinadas pela estrutura econômica e tidas como escapadiças ao domínio desses sujeitos" (p. 54).

Outros impasses teóricos com a Psicanálise em AAD são observados por Leite (1994), para a qual, o Outro "é pensado como completo, não comportando em si, por sua vez, falta alguma" (p. 114). Para a autora, Pêcheux, por estar sob forte influência da teoria marxista, considera o "real econômico (exterioridade)" como "determinante em última instância". E não há "fissura ou ruptura entre o real do nível considerado e a linguagem; esta é pensada como não tendo furos" (p. 116).

Leite sugere ser necessário "nos determos na questão da relação entre o plano das representações imaginárias e a cadeia de significantes". E questiona:

> Como é pensada na teoria a articulação da imagem com o funcionamento da cadeia significante, dado que a própria imagem tem estatuto simbólico, uma vez que se está traba-

lhando com o postulado da sobredeterminação dos fenômenos psíquicos (LEITE, 1994, p. 120)?

As críticas ora apresentadas por Leite serão, no final do capítulo, revistas levando-se em conta os avanços da teoria, ou melhor, as orientações de Pêcheux na terceira fase, e o "atravessamento" da AD pela psicanálise, proposto em publicação posterior à AAD (69). A seguir, abordaremos o modo como a noção de formações imaginárias é redimensionada na segunda fase da teoria discursiva.

2.1.2 Segunda fase: as evidências imaginárias

Em *A propósito da Análise Automática do Discurso: atualização e perspectivas (1975)* (1997), Michel Pêcheux e Catherine Fuchs propõem um retorno crítico à AAD (69) à luz das interpretações que esse texto suscitou. Inicialmente, os autores apresentam o quadro epistemológico da Análise do Discurso, composto por três regiões do conhecimento: - o materialismo histórico, como teoria das formações sociais e de suas transformações, compreendida aí a teoria das ideologias; - a linguística, como teoria dos mecanismos sintáticos e dos processos de enunciação ao mesmo tempo; e a teoria do discurso, como teoria da determinação histórica dos processos semânticos. Postulam ainda que essas três regiões são "atravessadas e articuladas" por uma teoria da subjetividade (de natureza psicanalítica) (p. 164).

No que concerne ao materialismo histórico, pontuam dessa região do conhecimento a relação entre superestrutura ideológica e o modo de produção dominante em uma determinada formação social. Sobre essa relação, destacam que a ideologia não é a expressão da base econômica, pois, se assim fosse, a concepção de ideologia subjacente seria a de conjunto de ideias. Com base em Althusser, preferem caracterizar a ideologia como uma instância que tem uma existência material e se articula com o domínio da economia. Esclarecendo essa articulação, Pêcheux e Fuchs abordam que a ideologia é uma das condições não econômicas de reprodução das relações de produção existentes (p. 165).

Para a perpetuação dessa reprodução, a ideologia funciona interpelando os sujeitos, os quais se percebem livres e com condições de alcançar posições mais altas na hierarquia social; todavia, não se dão conta de que o sistema capitalista os conduz a ocupar uma determinada função nas relações de produção (ou de exploração).

Subjaz no texto em pauta a acepção de ideologia do filósofo marxista Althusser (1985), que a concebe como um imaginário intermediador da relação das pessoas com suas condições de existência. Convém salientar que a acepção de ideologia desse autor não pode ser compreendida como representações deformadoras da realidade, pois "refere-se principalmente a nossas relações afetivas e inconscientes com o mundo, aos modos pelos quais, de maneira pré-reflexiva, estamos vinculados à realidade social" (EAGLETON, 1997, p. 30). Esse elemento não é, portanto, algo que vem do exterior, se coloca entre os sujeitos e a realidade e os faz ver o mundo de modo deturpado; é uma estrutura intrínseca a todos, um traço identitário comum aos diferentes sujeitos, os quais, por estarem interpelados, imaginam que as condições sociais vivenciadas foram "espontaneamente" lhes dadas.

Pêcheux e Fuchs explicam que para Althusser, os AIE (Aparelhos Ideológicos de Estado) são lugares onde se dá a luta de classes e destacam que as posições políticas e ideológicas em confronto nesse embate organizam-se em formações denominadas *formações ideológicas*, as quais mantêm entre si relações de antagonismo, de aliança ou de dominação (p. 166).

As formações ideológicas (FI) são

> um conjunto complexo de atitudes e de representações que não são nem "individuais" nem "universais" mas se relacionam mais ou menos diretamente a *posições de classe* em conflito umas com as outras (PÊCHEUX e FUCHS, 1997, p. 166) [grifos dos autores].

Essas FI se caracterizam por serem elementos capazes de intervir como uma força em confronto com outras na conjuntura ideológica de uma determinada formação social (p. 166).

As formações ideológicas (FIs) são compostas pelas formações discursivas (FDs), as quais determinam "o que pode e deve ser dito (articulado sob a forma de uma harenga, de um sermão, de um panfleto, de uma exposição, de um programa etc.)" (PÊCHEUX e FUCHS, 1997, p. 166).

A partir dessa passagem, os autores explicitam que o sentido pode ser identificado na remissão da materialidade linguística às formações discursivas, que, por sua vez, representam, no discurso, as formações ideológicas. Desse modo, é elucidado como o discurso materializa o ideológico, tese esboçada, mas não desenvolvida em Althusser[5].

A articulação desses postulados com a Psicanálise é assegurada pela proposição dos dois esquecimentos, a partir dos quais os autores explicam como o sujeito "apaga" a interpelação ideológica realizada pelas formações discursivas. A teoria dos dois esquecimentos é explicitada por Pêcheux e Fuchs nos comentários sobre a segunda região do quadro epistemológico: "a linguística como teoria dos mecanismos sintáticos e dos processos de enunciação" (p. 163). Nesse contexto, criticam o idealismo das teorias da enunciação que reproduzem no nível teórico a ilusão necessária do sujeito de ser fonte do seu dizer. Especificam ser a enunciação um processo no qual o sujeito delimita fronteiras entre o que é selecionado e rejeitado e enuncia sob o efeito de dois esquecimentos. Através do n.2, do tipo pré-consciente/consciente, o sujeito, por poder reinvestigar a "zona do rejeitado" e reformular seu discurso, ilude-se que só poderia ter dito com as palavras escolhidas e não com outras. Sob o efeito do esquecimento n. 1, do tipo inconsciente, o sujeito tem a ilusão de ser fonte dos sentidos, esquecendo que se formam no interior do complexo das formações discursivas.

Utilizando a terminologia de Zoppi-Fontana (1997), com a proposição do duplo esquecimento,

> a AD descreve a enunciação, em relação ao sujeito enunciador, como os mecanismos imaginados que, apoiados em diversas

---
5 Quando Althusser (1985) tratou das materialidades da ideologia e comentou que apresentavam diferentes modalidades, dentre elas, "um discurso verbal interno (a consciência)" ou "um discurso verbal externo", prenunciou que o discurso era uma das formas de realização do ideológico (p. 92). Essa tese foi reconsiderada no âmbito da AD quando relacionada às noções de formação ideológica e formação discursiva.

formas de língua, o constituem como ego-imaginário, isto é, como fonte e origem do sentido dos enunciados e como centro autônomo e indiviso de uma vontade comunicativa (ZOPPI-FONTANA, 1997, p. 36).

Está formulada em *A propósito da Análise Automática do Discurso: atualização e perspectivas (1975)* (1997) a primeira relação estabelecida entre enunciação e imaginário, que inaugura uma via para a análise dos mecanismos enunciativos (MALDIDIER, 2003, p. 44). Contudo, no postulado de que a enunciação é um espaço imaginário, no qual o sujeito apenas se desloca, há uma redução do sujeito ao ego.

A mobilização dos dois esquecimentos estava em consonância com a necessária inclusão no quadro conceitual da AD de uma "uma teoria não subjetiva da constituição do sujeito em sua situação concreta de enunciador" (PÊCHEUX e FUCHS, 1997, p. 171). Essa teoria seria uma forma de impedir que, nas condições de produção, continuasse a funcionar uma concepção psicologizante da subjetividade.

As críticas endereçadas à noção de formações imaginárias[6], a necessidade de uma teoria não subjetiva da subjetividade que não estava inclusa nesse conceito e a leitura dos *Aparelhos Ideológicos de Estado* (1985), de Althusser, foram, provavelmente, os motivos que induziram Pêcheux a redefinir a instância do imaginário na AD. Via Althusser, na teoria do discurso, o imaginário, intermediador da relação das pessoas com o mundo, é sempre uma representação produzida pela ideologia, independentemente de sua forma histórica:

> A ideologia burguesa, como a forma mais completamente desenvolvida, instrui-nos não apenas acerca do funcionamento da instância ideológica em geral, mas também sobre as formas históricas que a precederam. Todavia, não se deve projetar as formas burguesas de interpelação sobre as formas

---

6   Além das críticas de Gadet *et al.* (1997), já comentadas, Pêcheux, em *A propósito da Análise Automática do Discurso: atualização e perspectivas (1975)* (1997), afirma: "As expressões pelas quais tentamos caracterizar as relações entre 'formações imaginárias' (Pêcheux, 1969, pp. 19-21), do tipo: Ia(A), Ia(B) etc. deixam amplamente aberta a possibilidade de uma interpretação 'interpessoal' do sistema das condições de produção" (nota 18, p. 238).

anteriores. Não é evidente, por exemplo, que a interpelação consiste sempre em aplicar sobre o próprio sujeito a sua determinação. A autonomia do sujeito como "representação da relação imaginária" é, de fato, estritamente ligada à aparição e à extensão da ideologia jurídico-político burguesa. Nas formações sociais dominadas por outros modos de produção, o sujeito pode se representar sua própria determinação como se impondo a ele na forma de uma restrição ou de uma vontade externa, sem que, para tanto, a relação assim representada deixe de ser **imaginária** (PÊCHEUX e FUCHS, 1997, p. 237) [grifos nossos].

Para escapar ao "fantasma da articulação", Pêcheux não somente trouxe à teoria althusseriana uma explicação psicanalítica sobre como o sujeito esquece das determinações que o afetam, mas também assegurou o diálogo entre Marxismo e Psicanálise ao recobrar Althusser, que tentou essa mesma inter--relação em sua particular definição de ideologia, sobre a qual discorreremos posteriormente.

A partir da "Tríplice aliança[7]", podemos afirmar que as formações discursivas são representativas das formações ideológicas e também determinantes à relação imaginária do sujeito com suas condições de existência. Essa influência exterior é esquecida pelo sujeito, que enuncia sob a ilusão de ser fonte do dizer e de ser responsável pelo controle dos sentidos.

A aproximação de Pêcheux com Althusser será mais intensa em *Semântica e discurso: uma crítica à afirmação do óbvio* (1995), obra na qual é desenvolvida efetivamente a teoria discursiva do sentido. Nesse texto, é explicitado que a ideologia, para Althusser, está intrinsecamente relacionada à subjetividade, aspecto demonstrado através dessas duas teses: "só há prática através de e sob uma ideologia"; "só há ideologia pelo sujeito e para o sujeito", as quais levam à formulação central: "a ideologia interpela os indivíduos enquanto sujeitos" (p. 93).

Pêcheux também recobra do filósofo marxista a tese sobre o processo de interpelação ideológica produzindo duas evidências: a do sujeito e a do sentido, conforme exposto no fragmento a seguir:

---

7   Essa expressão, que sintetiza a articulação Marxismo, Psicanálise e Linguística, foi empregada por Pêcheux no anexo *Só há causa daquilo que falha ou o inverno político francês: início de uma retificação* (PÊCHEUX, 1995, p. 293).

Segue-se que, tanto para vocês como para mim, a categoria de sujeito é uma "evidência" primeira (as evidências são sempre primeiras): está claro que vocês, como eu, somos sujeitos (livres, morais etc.). Como todas as evidências, inclusive as que fazem com que uma palavra "designe uma coisa" ou "possua um significado" (portanto, inclusive as evidências da "transparência" da linguagem), a evidência de que você e eu somos sujeitos – e até aí que não há problema – é um efeito ideológico, o efeito ideológico elementar (ALTHUSSER, 1985, p. 94).

A ideologia tem a função de produzir essas evidências discretamente e impô-las de tal modo que os sujeitos reconhecem-se como "concretos, individuais, inconfundíveis e (obviamente) insubstituíveis", sem suspeitarem do processo de interpelação ao qual estão submetidos (ALTHUSSER, 1985, p. 95).

Althusser, por intermédio da tese das "evidências", postulou que a ideologia intervém não só na representação dos sujeitos em relação às suas condições sociais, mas também na imagem que têm das formulações linguísticas recebidas ou produzidas. Para o filósofo, os discursos não estão imunes à ideologia, pois ela sempre os determina e determina a todos, inclusive aqueles que pretendem ser objetivos, tais como os discursos científicos.

Para Pêcheux (1995), a tese que Althusser formula sobre o processo de interpelação ideológica produzindo duas evidências, a do sujeito e a do sentido, é o argumento-chave para contestar o idealismo como posição epistemológica. No que tange ao sentido, Althusser ofereceu as bases para a compreensão de que a transparência da linguagem defendida por linguistas não é uma propriedade do sistema, mas uma "evidência" gerada pela intervenção da ideologia em todos os discursos. No que concerne aos sujeitos, mostrou serem a onipotência e a liberdade ilusões produzidas pela ideologia.

Essas formulações althusserianas tornaram-se o coração da teoria de Michel Pêcheux, cuja preocupação teórica era o processo de produção de sentidos interligado à temática da subjetividade. Dito de outra forma, Pêcheux queria aproximar a constituição do sentido e a constituição do sujeito e Althusser, através do processo de interpelação ideológica produzindo "evidências", ofereceu a base através da qual essa associação pôde ser feita.

O precursor da AD conclui então que o processo de interpelação ideológica

> fornece as evidências pelas quais "todo mundo sabe" o que é um soldado, um operário, um patrão, uma fábrica, uma greve etc., evidências que fazem com que uma palavra ou um enunciado "queiram dizer o que realmente dizem" e que mascaram, assim, sob a "transparência da linguagem", aquilo que chamaremos o *cárater material do sentido* das palavras e dos enunciados (PÊCHEUX, 1995, p. 160) [grifos do autor].

O "caráter material do sentido", velado pela impressão de limpidez da linguagem, é a filiação dos sentidos ao "todo complexo das formações ideológicas". Devido a essa filiação, os sentidos não podem ser compreendidos como presos aos significantes, mas constituídos a partir das "posições ideológicas que estão em jogo no processo sócio-histórico no qual as palavras, expressões e proposições são produzidas (isto é, reproduzidas)" (PÊCHEUX, 1995, p. 160).

As observações feitas são relevantes por melhor especificarem o que já estava expresso em *A propósito da Análise Automática do Discurso: atualização e perspectivas (1975)* (1997): as formações imaginárias, após a leitura que Pêcheux faz do célebre texto de Althusser, *Os Aparelhos Ideológicos de Estado* (1985), de 1970, passam a ser redimensionadas como evidências, isto é, como ilusões subjetivas produzidas pelo interdiscurso, tal como explica Pêcheux:

> O funcionamento da Ideologia em geral como interpelação dos indivíduos em sujeitos (e, especificamente, em sujeitos de seu discurso) se realiza através do complexo das formações ideológicas (e, especificamente através do interdiscurso intrincado nesse complexo) e fornece "a cada sujeito" sua "realidade" enquanto sistema de evidências e de significações percebidas – aceitas – experimentadas (PÊCHEUX, 1995, p. 162).

E já que a Psicanálise "atravessa e articula" as regiões componentes do quadro epistemológico da AD, como é interligada à evidência do sujeito e do sentido? Para Pêcheux, esse "tecido de evidências 'subjetivas' " que constituem o sujeito são produzidas pela ideologia e pelo inconsciente: duas "estruturas-funcionamento" cuja semelhança é a dissimulação de "sua própria existência no interior mesmo de seu funcionamento" (PÊCHEUX, 1995, p. 152).

A mencionada articulação também é assegurada pela noção de forma-sujeito, que designa a identificação do sujeito com a formação discursiva a qual está filiado, ou ainda, o sujeito determinado ideologicamente. É na identificação do sujeito com a FD que o constitui como tal que se funda a unidade imaginária do sujeito, desde então incapaz de reconhecer sua subordinação, seu assujeitamento ao Outro lacaniano ou ao Sujeito althusseriano, pois essa subordinação-assujeitamento se realiza no sujeito sob a forma de autonomia[8].

A noção de forma-sujeito é uma releitura da acepção lacaniana de imaginário, pois diz respeito às propriedades discursivas do "EGO, isto é, o imaginário no sujeito (lá onde se constitui para o sujeito a relação imaginária com sua realidade)". Michel Pêcheux (1995) acrescenta que assim como o Outro lacaniano e o Sujeito althusseriano, o interdiscurso também é um determinante que "constitui-reproduz o efeito-sujeito como interior sem exterior, e isso pela determinação do real (exterior)" (p. 163).

O que funda a unidade imaginária do sujeito na teoria discursiva é a sua identificação com a formação discursiva que o domina. Para que ocorra tal identificação, os elementos do interdiscurso, o pré-construído e a articulação, traços daquilo que determina o sujeito, são *incorporados* no discurso e *dissimulados*, aparecendo como um puro "já dito". Por isso, Pêcheux (1995) explica que a forma-sujeito realiza a "incorporação-dissimulação dos elementos do interdiscurso" (p. 167).

Dito de outra forma, o sujeito, interpelado ideologicamente pela formação discursiva que o domina, "esquece" que o sentido

---

8 Quanto à associação entre o Sujeito althusseriano e o Outro lacaniano, é equivocada, pois conforme explica Teixeira (2005), "essa identificação coloca o sujeito como predominantemente tomado pelo *imaginário e o simbólico*, desconhecendo que, de acordo com Lacan, é das amarras do nó dos três registros – real, imaginário e simbólico – que ele depende para se constituir" (p. 18) [grifos da autora]. Conferir também a crítica de Eagleton (1996), exposta a seguir.

se forma nas FDs e incorpora os pré-construídos do interdiscurso ao seu discurso como se não fossem constituídos historicamente. Como aborda Pêcheux (1995), "o sujeito sempre esquece das determinações que o colocaram no lugar que ele ocupa (...)" (p. 170). Com a mobilização da noção de interdiscurso, o sujeito é concebido como preso a uma rede de significantes que lhe preexiste. Logo, ao enunciar, ao dizer "eu", já está inscrito no simbólico e sua enunciação é necessariamente marcada pela tensão entre as formações ideológicas que se encontram confrontadas no interdiscurso. Seus dizeres sofrerão os efeitos dessa tensão e demonstram isso através da oscilação entre a paráfrase – repetição do já dito – e a polissemia – ressignificação do já dito.

Até esse momento da teorização pecheuxtiana não há "furos" nas evidências; como se o sujeito só pudesse criar representações imaginárias produzidas pela formação ideológica a qual está filiado; como se fosse capaz de só reproduzir sentidos. O sujeito olha o mundo sempre pelas mesmas lentes, sendo incapaz de por vezes substituí-las e romper com o processo de assujeitamento ideológico.

Contudo, Pêcheux (1995) reconhece no anexo *Só há causa daquilo que falha ou o inverno político francês: início de uma retificação* ter postulado um sujeito pleno, em contradição com a inclusão da psicanálise no quadro epistemológico da AD: "apreender até seu limite máximo a interpelação ideológica como ritual supõe reconhecer que não há ritual sem falhas" (p. 301).

Nesse mesmo texto, comenta que as considerações sobre o sujeito se confundiram com o que foi dito sobre o ego como forma-sujeito da ideologia jurídica (p. 299). No que concerne ao imaginário, a falha do quadro resumitivo das formações imaginárias, a saber: a confusão entre o sujeito e o ego, segue vigente na teoria mesmo quando tais formações são renegadas em virtude do postulado das evidências imaginárias.

Segundo Leite (1994), a consequência de considerar o sujeito e o eu como equivalentes implica conceber equivocadamente o Outro "como completo, ou não barrado (equivalente a pensar o campo do grande Outro como consistente)" (p. 159). A autora ainda assevera que em *Semântica e Discurso*, a causa dos problemas na abordagem da psicanálise é o fato de Pêcheux recobrar a leitura althusseriana de Lacan.

Convém relembrar que para Althusser a ideologia é uma representação imaginária que o sujeito faz da relação com suas condições de existência. Com essa tese, Althusser assegurou um grande avanço na teoria marxista, pois a ideologia deixa de ser uma inversão da realidade e passa ser algo constitutivo do relacionamento dos sujeitos com o mundo. A ideologia é, na visão althusseriana, um meio de produção de formas de subjetividade (EAGLETON, 1996, p, 218). Mas, para críticos marxistas como Eagleton (1996), um dos problemas teóricos de Althusser reside no fato de postular a produção seriada, sem falhas, de sujeitos submissos.

Althusser baseia-se no ensaio de Lacan, *O estádio do espelho como formador da função do Eu* (1996), para justificar ser o imaginário intrínseco à existência humana. Na fase do espelho, o bebê, mediante sua imagem no espelho, vivencia um desconhecimento de seu estado de fisicamente incoordenado, imaginando seu corpo mais unificado do que é. Segundo Eagleton,

> na esfera ideológica, similarmente, o sujeito humano transcende seu verdadeiro estado de difusão ou descentração e encontra uma imagem, consoladoramente coerente de si mesmo, refletida no "espelho" de um discurso ideológico dominante (EAGLETON, 1996, p. 214).

A ideologia interpela, chama os sujeitos, causando-lhes a impressão de serem particulares e necessários ao desenvolvimento social. Mas tudo é uma ilusão, pois a sociedade precisa é de sujeitos que, sob o efeito dessa ilusão, contribuam na reprodução do modo de produção capitalista.

O crítico marxista expõe que há pelo menos dois erros na leitura althusseriana dos textos de Lacan:

> Para começar, o sujeito imaginário de Althusser corresponde, na verdade, ao eu [moi] lacaniano, que é, para a teoria psicanalítica, meramente a ponto do iceberg do Eu [je]. É o eu, para Lacan, que se constitui no imaginário como uma entidade unificada; o "sujeito como um todo" é o efeito clivado, faltoso e desejante do inconsciente, que, para Lacan, pertence ao "simbólico" e também à ordem imaginária. O resultado desse erro de leitura, assim, é tornar o sujeito de Althusser bem mais

estável e coerente que o de Lacan, já que o eu "arrumadinho" faz às vezes, aqui, do desalinhado inconsciente. Para Lacan, a dimensão imaginária de nosso ser é vazada e atravessada pelo desejo insaciável, o que sugere um sujeito bem mais volátil e turbulento que as entidades serenamente centradas de Althusser (EAGLETON, 1996, p. 216).

A conclusão é que Althusser teria produzido uma ideologia do ego e não do sujeito. Outro problema na teoria desse autor é que faz intervir o imaginário, mas renega o simbólico. Dito de outra forma, em Lacan, para que o bebê reconheça que a imagem no espelho é a sua necessita que o Outro, encarnado nessa fase pela mãe, lhe diga "és tu". O simbólico é então determinante para que o sujeito se aliene no registro imaginário. Logo, pergunta Eagleton (1996), de que modo Althusser, baseado na fase do espelho lacaniana, explica como o sujeito se identifica com o Sujeito da ideologia dominante sem a existência de um "terceiro sujeito, superior, que pudesse comparar o sujeito real com seu reflexo e estabelecer que um era idêntico ao outro?" (p. 215).

Pêcheux, antes da terceira fase, por ter retomado tão fielmente Althusser, manteve a confusão entre o sujeito clivado e egoico e, consequentemente, concebeu a dimensão imaginária a partir de uma leitura limitada de Lacan, tal como fez seu mestre. É preciso reconhecer que o precursor da AD foi além e articulou ao imaginário althusseriano o simbólico, por ter mostrado como a interpelação ideológica determina também a linguagem. Contudo, o acréscimo feito não impediu que o sujeito continuasse a ser compreendido como eternamente assujeitado. Isso ocorreu porque até a segunda fase, como explica Leite (1994), o Outro era pensado como completo, não barrado e a linguagem sempre sem falhas.

Conforme Maldidier (2003), "acreditando cercar o sujeito, Michel Pêcheux apreendeu só o eu imaginário; ele, de algum modo, reproduziu a ilusão do 'eu-sujeito-pleno', não clivado" (p. 69).

Embora a psicanálise receba um outro estatuto nesse momento da teorização pecheuxtiana, não deixa de ser problemática sua presença. Para Leite (1994), a teoria do discurso, por estar ligada à leitura althusseriana da ideologia, esbarra no limite da reprodução dos sentidos histórica e socialmente determinados, sem ter como lidar com o aparecimento de um elemento capaz de romper com o sentido já dado, fazendo presentificar um resto, e produzir aí uma transformação, em função de supor que a identificação tem poder resolutivo sobre a questão do desejo (LEITE, 1994, p. 136).

Feitas essas observações, a seguir, comentaremos sobre o imaginário na terceira fase, na qual a inclusão do real autoriza uma releitura das evidências imaginárias.

2.1.3 Terceira fase: o imaginário *versus* o real

No texto *O discurso: estrutura ou acontecimento* (1997c), Michel Pêcheux mostra que o sujeito tem uma necessidade, um desejo de completude que o guia constantemente, mas a incompletude, propriedade desse sujeito, acaba por revelar-se sob várias formas, dentre elas, falhas, contradições, ambiguidades, deslizamentos, mal-entendidos. A dispersão, a fragmentação, a heterogeneidade, o equívoco são inerentes ao sujeito, que os nega sob a aparência da unicidade.

Quanto à língua, é afetada pelo real, por isso, é não fechada, instável, heterogênea, comporta em seu interior um espaço para as falhas, brechas e fissuras. A noção de "real da língua", isto é, a "impossibilidade de se dizer tudo", é denominada em francês *lalange* e em português *alíngua*. Na própria grafia, com o termo *alíngua*, tem-se a expressão da diferença entre a "noção de língua, que é da ordem do todo, do possível, e a noção de real da língua (alíngua), que é da ordem do não todo, do impossível, inscrito igualmente na língua" (LEANDRO FERREIRA, 2001, p. 21-2).

Conceber de tal forma o sistema linguístico permite operar com a noção de equívoco, ou seja, a possibilidade de o sentido sempre poder ser outro, além daquele que o sujeito percebe em sua interpelação. O equívoco manifesta-se nas "falhas, lapsos, deslizamentos, mal-entendidos, ambiguidades, que fazem parte da língua e representam uma marca de resistência", afetando a regularidade da estrutura significante (LEANDRO FERREIRA, 2001, p. 14-5).

Convém ainda salientar que uma tentativa de captação do real, capaz de dar conta de sua totalidade, não é pertinente às prerrogativas da AD, que o concebe como algo não acessível como um todo. Nessa linha teórica, pelo fato de os objetos do mundo serem referidos através da linguagem, desde sempre suscetível à variação de sentidos, mobilizáveis por sujeitos filiados a FDs distintas, nunca poderão ser apreendidos sob um ponto vista único e incontestável, pois há diferentes maneiras de percebê-los e nenhuma delas têm o poder de alcançar a sua totalidade. Portanto, o real não é algo contornável pela ação humana.

A mobilização do real repercutiu na concepção do Outro, que deixa de ser não barrado para ser concebido como barrado, esburacado. Dessas reformulações, resultaram a inclusão da falta na estrutura significante (LEITE, 1994, p. 25).

As observações precedentes autorizam uma releitura do imaginário entrecuzando-o com a questão do real. Previamente, incluíremos novas observações e faremos uma breve síntese de alguns aspectos já comentados.

Conforme demonstrado, a temática do imaginário na Análise do Discurso iniciada por Michel Pêcheux reveste-se de especificidade devido à junção entre Psicanálise, Materialismo Histórico e Linguística, proposta na formulação do quadro epistemológico dessa linha teórica. Enquanto o imaginário na Psicanálise é o registro do engodo e das identificações, no Materialismo Histórico, mais especificamente na ótica de Althusser, é um produto da ideologia. Michel Pêcheux, a partir da interligação entre a determinação psíquica e ideológica da subjetividade, propôs, no âmbito da Linguística, repensarmos o sujeito centrado da enunciação.

Mesmo com essa proposta, a enunciação é concebida na primeira e segunda fase da AD como um espaço imaginário, no qual o sujeito totalmente submetido à interpelação ideológica apenas se desloca. Mas é ressignificada na terceira fase como lugar de irrupção do equívoco, da falha no controle, da quebra da unidade imaginária.

Michel Pêcheux, através da mobilização do equívoco, assegurou finalmente a presença do sujeito clivado e desejante da Psicanálise na AD e completou a leitura discursiva da tríade imaginário-simbólico-real de Lacan[9]. Explicando melhor, o equívoco é a manifestação do não controle do sujeito e da fragilidade do significante. Ao mesmo tempo, essa noção trouxe para o interior da teoria discursiva o real, isto é, o impossível, aquilo que resiste à imaginarização e à simbolização.

Mobilizar o real na língua resulta no pressuposto da incompletude do simbólico e do imaginário. A partir de então, a linguagem na AD começa a ser pensada como falha, porque algo sempre lhe escapa. E o imaginário? Do lado do Materialismo Histórico, na perspectiva de Althusser, uma evidência produzida pela ideologia sempre consistente, fechada, sem brechas; do lado da Psicanálise, uma instância inconsistente, por pelo menos três motivos: a inapreensão do real, sua natureza simbólica e a insistência do desejo. E daí questionamos: como articular às evidências imaginárias, nas quais subjaz um ego-imaginário e não um sujeito do desejo e inconsciente, a questão do real? E como isso repercute na enunciação? Quanto à primeira questão, Michel Pêcheux deixa-nos orientações, as quais respondem parcialmente à segunda, que ainda carece de exploração teórica.

Lembremos que Michel Pêcheux reconheceu ter falhado do lado da Psicanálise ao trazer para a AD o sucesso da interpelação ideológica postulado por seu mestre. Dessa percepção resultaram novas formulações sobre um sujeito que promove agitação nas suas filiações sócio-históricas. Para o autor, a identificação com a forma-sujeito da formação discursiva nunca é plenamente bem sucedida (1997c, p. 56).

A ideologia como imaginário que intermedia a relação dos sujeitos com suas condições de existência permanece, até porque essa tese foi um achado althusseriano. Com essa proposição, o filósofo demonstrou que a ideologia faz parte da constituição identitária das pessoas e não é uma inversão da realidade, como cunhara Marx.

O que não permanece é o fechamento das evidências imaginárias, a concepção de um sujeito incapaz de imaginar a si, ao outro e ao objeto diferentemente do que a ideologia a que está filiado

---

9   O imaginário já estava na teoria via Althusser e o simbólico havia sido inserido quando Pêcheux estendeu o processo de interpelação ideológica à questão do sentido.

prevê. A mudança do lado do Materialismo Histórico é assegurada quando Pêcheux concebe o simbólico como um espaço de falhas e resistências, que afetam os sentidos por ele materializados. Dito de outra forma, a ideologia a qual estamos filiados determina as imagens "evidentes" que conferimos aos elementos do processo discursivo, mas tais representações têm existência material através da língua, estrutura afetada pelo real, logo, equívoca. A instabilidade do simbólico afeta a suposta "estabilidade" das evidências imaginárias althusserianas. Nos pontos nos quais cessa o fechamento das evidências se manifestam representações imaginárias não previstas pela formação ideológica predominante. Quanto ao sujeito, interpelado, segue, na sua busca incessante por unidade, reconstruindo-se na enunciação, tentando driblar as falhas que irrompem discursivamente.

Nas palavras de Mariani (2003),

> quando se tematiza a questão da falha em termos discursivos, está-se falando de uma fratura no ritual ideológico que resulta na produção de um acontecimento: na relação sujeito-língua-história, é a instauração de um lapso linguístico, de um equívoco histórico, é a presentificação, enfim, de um sentido não previsto que pode vir a produzir um deslocamento, uma reviravolta para o sujeito, para a história. Desta forma, uma vez instalada uma fratura em rituais ideológicos, dois são os desdobramentos socialmente possíveis, dois são os destinos para o sentido inesperado: a falha, enquanto lugar de resistência, pode engendrar rupturas e consequente transformação no ritual, ou, por outro lado, pode vir a ser absorvida pelo discurso hegemônico, contribuindo para a permanência dos sentidos legitimados historicamente (MARIANI, 2003, p. 8).

No caso do acobertamento da falha, um viés de análise possível é a demonstração de como o ego-imaginário negocia no intradiscurso com o real, isto é, com a impossibilidade de significar com plenitude aquilo a que se refere. Ou ainda, como o sujeito dissimula, na ordem do discurso, a possibilidade de o sentido sempre ser outro, como tenta fechar as brechas abertas pelo real, buscando impedir o que surge dessas lacunas: sentidos oriundos de outras formações discursivas, os quais abalam a ilusória homogeneidade do sujeito e do sentido.

Supomos que o sujeito nega, dissimula o real, a impossibilidade de dizer tudo, tentando discursivamente mostrar que conseguiu simbolizá-lo com plenitude. Então, é preciso observar, utilizando expressões de Courtine (2006), como são produzidos "efeitos de real por um sujeito" (p. 79); é válido questionar "como o discurso assegura como verdade o que foi construído" (p. 78). Em outras palavras, cabe ao pesquisador avaliar de que modo o sujeito procura comprovar o quão são evidentes os sentidos em questão.

A tentativa de negar a equivocidade inerente ao sistema se dá através da ancoragem da enunciação em pontos de estabilização, dentre os quais estão as categorias enunciativas do tempo e do espaço. Michel Pêcheux (1995) atenta-nos sobre o funcionamento discursivo dessas categorias:

> (...) a tão famosa problemática da "enunciação" – que, com o subjetivismo que frequentemente a acompanha, se difunde hoje nas pesquisas linguísticas – remete, na realidade, à ausência teórica de um correspondente linguístico do imaginário e do ego freudianos: fica por fazer a teoria do "corpo verbal" que toma posição em um termo (modalidades, aspectos etc.) e um espaço (localização, determinantes etc.) que sejam o tempo e o espaço imaginários do sujeito-falante. Aqui, parece-nos seria preciso destacar os "efeitos semânticos ligados à sintaxe" (PÊCHEX, 1995, p. 176).

A mencionada teoria do corpo verbal também é denominada imaginário linguístico, que se constitui no espaço de reformulação-paráfrase no interior de uma FD. O imaginário, conforme já mencionado, é o que impede ao sujeito reconhecer sua determinação pelo inconsciente e pelo interdiscurso, já o "imaginário linguístico (corpo verbal)", resultado do processo de reelaboração do dizer em uma filiação sócio-histórica dada, é o que impede ao sujeito o reconhecimento de que as formas da língua prestam-se tanto à estabilização como à desestabilização dos sentidos. O imaginário linguístico é a ilusão de que o sistema contém os elementos necessários para a materialização, sem erros, das evidências imaginárias. Enfim, é a ilusão de que o sistema não é afetado pelo real. Esse imaginário é onde o sujeito, conforme Mariani (2003a), "frente à incompletude do simbólico e à sujeição ao real da língua (...) encontra refúgio enquanto ilusão necessária de sua unidade" (p. 57).

Compreendemos o imaginário linguístico como uma extensão do imaginário concebido como a instância que faz o sujeito desconhecer sua determinação pelo interdiscurso e pelo inconsciente. Pelo fato de o sujeito não reconhecer suas determinações exteriores, imagina-se autônomo e pensa serem os sentidos transparentes. Uma visão de autonomia, de governo da enunciação, e de transparência dos sentidos só se justifica com uma percepção da língua também límpida, sem opacidade. Concluímos, orientando-nos em Courtine (1999), que o interdiscurso determina não só a relação imaginária dos sujeitos consigo mesmos e com os sentidos, mas também com a língua que serve de suporte às significações (p. 20).

Para aprofundarmos a reflexão ora desenvolvida, observemos um questionamento de Pêcheux (1995) relativo à imagem do tempo e do espaço:

> De que modo é preciso conceber o tempo (modalidades, aspectos etc.) e o espaço (localização, determinantes etc.) que são o tempo e o espaço imaginários do sujeito falante para que a evidência do sentido e do sujeito se torne um objeto teórico para a linguística e deixe de se repetir nela, espontânea e cegamente, sob a forma do duplo imperialismo, do sujeito e do sentido? Em suma: de que modo tirar as consequências do fato de que o "não dito precede e domina a asserção" (PÊCHEUX, 1995, p. 291)?

Dado o exposto, é uma tarefa pensarmos como conceber o tempo e o espaço imaginários do sujeito quando mobilizamos o real, afinal Pêcheux sugere a inclusão da Psicanálise nessa discussão quando afirma ser necessário construir um "correspondente linguístico do imaginário e do ego freudianos" (PÊCHEUX, 1995, p. 176).

O imaginário linguístico garante o assujeitamento, consolida as evidências imaginárias, assegura que as imagens evidentes produzidas pelo interdiscurso ganhem existência material no discurso do sujeito. Contudo, por mais que o imaginário linguístico seja lugar de escape do real, este, embora não dito, insiste em afetar o dito. No espaço de reformulação-paráfrase no interior de uma FD, onde surge o imaginário linguístico, simultaneamente se consolidam e se desequilibram as representações imaginárias.

É no imaginário linguístico que o sujeito se refugia do real da língua, mas as formas que imaginam propícias a esse escape são traiçoeiras e revelam sua tentativa em vão de dissimular a equivocidade. Se o imaginário passa a ser concebido como lacunar porque existe o real, o tempo e o espaço imaginários do sujeito falante têm de ser pensados ambiguamente: como pontos de ancoragem, de estabilização da enunciação e como categorias que se prestam ao tropeço, à desestabilização, à ruptura das evidências imaginárias. Construir procedimentos de análise que revelem esse duplo funcionamento é uma das finalidades de nossa pesquisa. No entanto, dada a especificidade do *corpus*, nos centraremos apenas na dimensão imaginária do tempo.

Esclarecendo o exposto, é preciso articular o real às evidências imaginárias e pensar como essa articulação se manifesta na estrutura significante. O viés escolhido para essa reflexão é, no nível interdiscursivo, as brechas abertas pelo real na relação imaginária com o tempo – o tempo discursivo – e, no nível intradiscursivo, a desestabilização que o real promove no imaginário linguístico, fazendo com que as marcas linguísticas que expressam temporalidade funcionem ambiguamente: como pontos de ancoragem e de tropeço das evidências imaginárias. Tais aspectos teórico-metodológicos podem ser assim expressos esquematicamente:

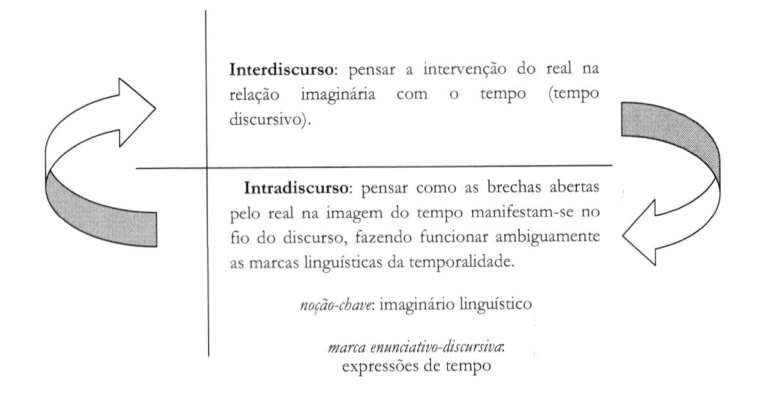

Interdiscurso: pensar a intervenção do real na relação imaginária com o tempo (tempo discursivo).

Intradiscurso: pensar como as brechas abertas pelo real na imagem do tempo manifestam-se no fio do discurso, fazendo funcionar ambiguamente as marcas linguísticas da temporalidade.

noção-chave: imaginário linguístico

marca enunciativo-discursiva: expressões de tempo

Dessa forma, estarão sendo construídos novos aportes teórico-metodológicos para que não sejam reproduzidas nas análises as evidências do sujeito e do sentido, nem seja mantida a confusão entre o sujeito clivado e egoico, vigente tanto nas formações como nas evidências imaginárias. Retomando Authier-Revuz (2004),

> se o eu preenche, para o sujeito, uma função real, essencial, que é uma função de desconhecimento, deve o linguista reconhecer, na ordem do discurso, a realidade das formas pelas quais o sujeito se representa como centro de sua enunciação, sem, para tanto, se deixar tomar ele mesmo por essa representação ilusória (AUTHIER-REVUZ, 2004, p. 70).

Por fim, destacamos que as observações feitas sobre o caráter lacunar das imagens respondem em parte ao questionamento de Leite (1994), resgatado no início dessa abordagem, sobre como é pensada na teoria a imagem considerando seu estatuto simbólico.

Quanto às perguntas pertencentes ao quadro resumitivo das formações imaginárias, vale a pena repensá-las, porque continuam sendo mobilizadas na análise dos processos discursivos, dado seu aporte teórico-metodológico para identificação de posições-sujeito.

Pêcheux, nas suas últimas publicações, desfez a confusão entre o eu e o *moi*, evidenciada por Gadet *et al.* (1997). O sujeito, mediante o questionamento "Quem sou eu para lhe falar assim?", por exemplo, responde com a autonomia e a unidade de alguém que desconhece sua determinação pelo *Outro da linguagem* e pelo *Outro da historicidade* (MARIANI, 2000, p. 62). Contudo, isso não significa a manutenção da redução do sujeito ao ego, pois a interpelação-identificação nunca é total:

> (...) todo discurso é o índice potencial de uma agitação nas filiações sócio-históricas de identificação, na medida em que ele constitui ao mesmo tempo um efeito dessas filiações e um trabalho (mais ou menos consciente, deliberado, construído ou não, mas de todo modo atravessado pelas determinações inconscientes) de deslocamento no seu espaço (PÊCHEUX, 1997c, p. 56).

Daí resulta que as imagens, mesmo "evidentes" para o sujeito, estão sempre suscetíveis à mobilidade. Esta é assegurada pelo estatuto simbólico (e real) das evidências imaginárias e pelo fato de o sujeito, ao repetir o mesmo, estar sempre tangenciando o diferente, promovendo, assim, fraturas no ritual ideológico.

Feita essa abordagem teórico-metodológica do imaginário, tratamos a seguir da memória discursiva, outro conceito de suma relevância para pensarmos a temporalidade na Análise do Discurso de linha francesa.

2.2 A MEMÓRIA DISCURSIVA: constituição da temporalidade

Courtine (1981) formula a noção de memória discursiva supondo sua subjacência nas observações de Foucault (2000) sobre o "domínio associado". Conforme explica esse último autor, todo enunciado está atrelado a um campo repleto de outros enunciados, com os quais estabelece distintas relações semânticas: repetição, transformação, oposição etc. (p. 112).

A partir desses pressupostos, Courtine (1981) pensa a memória discursiva como "l'existence historique de l'enoncé" (p. 53). A ênfase à historicidade do dizer, feita através do conceito em pauta, repercute no gesto de interpretação. Reproduzindo o autor (2006), "fazer análise do discurso é aprender a deslinearizar o texto para restituir sob a superfície lisa das palavras a profundeza complexa dos índices de um passado" (p. 92).

Nesse processo de deslinearização, é preciso questionar como o discurso restitui esse passado, como se relaciona ao "domínio de memória"[10]. Dito de outra forma, de que modo o discurso lembra, esquece, refuta, transforma os elementos de saber de sua formação discursiva e de outras que com ela coexistem no interdiscurso.

Neste estudo, estamos refletindo sobre a inscrição da historicidade num discurso materializado na mídia sindical de esquerda. Tal mídia, para afirmar essa filiação e dar-lhe uma aparência de homogeneidade, de fechamento à intervenção de outras formações ideológicas, tenta fazer "recortes de memória"[11] opostos aos feitos pela grande mídia, interpretada como um aparelho ideológico a serviço da direita.

Na ótica de Marilena Chauí (2006), se atentarmos ao funcionamento da mídia de massa será uma ilusão crer que estratégias totalitaristas descritas por George Orwell não existem em países democráticos. Essa mídia teria função semelhante a de algumas instituições do totalitarismo responsáveis por produzir mentiras,

---

10 Essa expressão, oriunda de Foucault, é utilizada por Courtine (1999, p. 18).
11 Expressão de Orlandi (2004, p. 14).

reescrever "a história de acordo com os desígnios do poder" e anular "a memória dos acontecimentos reais" (p.11).

Pensando discursivamente esses aspectos, podemos afirmar que são os saberes silenciados, esquecidos pela grande mídia que alguns meios de comunicação alternativos fazem voltar para que se instaure o equívoco na versão histórica da direita. Assim, o não dito é linearizado permitindo a construção de outro modo de narrar.

Além disso, para que essa nova história seja elaborada, a trama de já ditos da direita, quando interpretada com significação oposta aos seus dizeres atuais, é linearizada de modo a ficar à mercê do equívoco. Para tanto, são usados determinados recursos linguístico-discursivos, alguns dos quais enumerados por Pêcheux (1990): "mudar, desviar, alterar o sentido das palavras e das frases; tomar os enunciados ao pé da letra; deslocar as regras na sintaxe e desestruturar o léxico jogando com as palavras..." (p. 17). Esses e outros recursos prestam-se à produção de um contradiscurso, que denuncia ser o encadeamento entre o passado, o presente e o futuro construído pela grande mídia não isento de falhas. Dito de outra forma, tais procedimentos põem em evidência que a manutenção do "fio de uma lógica narrativa" é imaginária (MARIANI, 1998, p. 34).

A mídia de massa, tal como afirma Chauí (2006), anula a memória dos acontecimentos, ou seja, apresenta-os sem situá-los no tempo, sem fazer referência às suas causas e consequências. Dessa forma, eles "têm a existência de um espetáculo e só permanecem na consciência dos ouvintes e espectadores enquanto permanece o espetáculo de sua transmissão" (p. 46). Em contraposição, a mídia de esquerda trabalha novamente os acontecimentos, dessa vez, com precisas coordenadas temporais. O momento de irrupção, as formulações que os antecederam e os sucederam, os sujeitos relevantes ao aparecimento de certos sentidos e silenciamento de outros são algumas lembranças que podem diferenciar a abordagem midiática da esquerda em relação à direita. E, na nova versão histórica, importa que prevaleça a opacidade em detrimento da transparência, da limpidez de sentidos, tão caras à grande mídia. Importa "perturbar a memória"[12] dos ouvintes/leitores, levá-los a

---

12   Expressão de Pêcheux (1999) reportando-se a Pierre Achard (p. 52).

interiorizar acontecimentos despercebidos ou a mudar a forma de inscrição de outros, antes aceitos sem ressalvas.

A memória discursiva fornece os implícitos, a possibilidade de leitura das materialidades. Sendo assim, o discurso, sob a orientação ideológica revolucionária, tenta mexer na "regularização" prévia à interpretação, desregular a rede de implícitos e criar outra "regularização" (PÊCHEUX, 1999, p. 53). Como, seguindo Pêcheux (1990), "os discursos de revolução (análises, programas, apelos...) tendem inevitavelmente a tornar simétrico algo presente nos discursos da ordem estabelecida", a nova rede de implícitos deverá possibilitar leituras da realidade atentas à reprodução contínua e ininterrupta das relações hegemônicas (p. 18).

Nessa busca pelo contraponto, a mídia de esquerda, em nosso caso "sindical", constrói, por sua vez, outra narrativa, isto é, uma nova forma de "organizar" o domínio da memória, de homogeneizá-la. Reproduzindo novamente Mariani (1998), outro "fio de uma lógica narrativa" é elaborado, mas, à semelhança do anterior, é rompível, tendo em vista a impossibilidade de contenção do deslocamento de sentidos intrínseco à memória (p. 34).

A referida busca pela "organização" da memória é inerente aos processos discursivos, pois os sujeitos, como lembra Pêcheux (1997c), desejam incessantemente estabilidade lógica no seu mundo (p. 33). A tentativa de "doutrinar" os já ditos que circundam o dizer está presente na imprensa sindical devido também ao seu "tom didático", relevante para que os materiais publicados "informem" claramente os trabalhadores a respeito das privações de direitos e das formas de reivindicação e, assim, "formem" militantes.

Além disso, a CUT está assumindo a posição-discursiva de porta-voz dos trabalhadores, logo, tem visibilidade tanto do grupo que representa como do poder com o qual se afronta. A partir dessa condição de observadora privilegiada dos acontecimentos históricos se autolegítima a ser a "guardiã da memória" da classe trabalhadora. Por assumir essa credibilidade, põe-se a controlar a memória de seus representados, numa tentativa em vão de estabilizar esse espaço inerentemente móvel.

Perseguindo a tentativa de estruturação da memória, o discurso cutista propõe articulações "lógicas" tanto entre os saberes da formação discursiva oponente, conforme explicitado acima, como entre os saberes da formação discursiva a que está filiado. Nesse âmbito, observamos que a CUT, em suas publicações, não cessa de retomar os enunciados que a caracterizaram como fundadora de uma nova fase na história sindical brasileira. A Central insiste na continuação da rede de memória que fundou para tentar instaurar a homogeneidade no seu discurso. Essa relação com a exterioridade, por sua vez, intervém na composição linguística dos enunciados, seguidamente transformados em paráfrases de "formulações-origens", ou seja, construções que podem ser compreendidas como lugar de emergência de elementos de saber de uma determinada FD (COURTINE, 1981, p. 56).

Ao mencionarmos as formas de disciplinamento da memória discursiva, não podemos prescindir de observar a tentativa de movimentação dos afetos que nela convivem com os saberes. Explicitando o exposto, estamos considerando que a memória em Análise do Discurso deve ser compreendida como "afetivo-discursiva". Essa noção explicita um gesto de interpretação que atenta: - para a constituição histórica dos enunciados, sem marginalizar a gama de sentimentos em voga na atualização de saberes; - para a interpelação ideológica como um ritual que procura escapar da falha rememorando conjuntamente pré-construídos e afetos. A "memória afetivo-discursiva" é um espaço onde já ditos e distintas emoções estão emaranhados. Desfazer discursivamente essas tramas é uma tentativa do eu imaginário, ávido pela homogeneização dos pré-construídos que subsidiam seu dizer e pela transparência da dimensão psíquica que o determina.

Na linha teórica adotada, reiteramos que a memória é um espaço com enunciados já ditos em processos discursivos filiados a diferentes formações discursivas. Essa exterioridade é constitutiva do dizer, tendo em vista que o sujeito retoma antigas enunciações sob a forma de pré-construídos, isto é, aquilo que foi dito antes, em outro lugar, independentemente, e as lineariza (PÊCHEUX, 1995). A FD a qual o sujeito está filiado dissimula a dependência do dizer a esse campo tão heterogêneo que é o interdiscurso ou "domínio da memória" e confere uma ilusória aparência de unidade e autonomia ao fio do discurso.

Tal abordagem demonstra que o conceito de memória discursiva abarca a constituição histórica, vale dizer ideológica, das discursividades. Entretanto, em AD, a percepção dos discursos pressupõe sujeitos sobredeterminados tanto pela dimensão sócio--histórico-ideológica, como pela dimensão psíquica. E a memória, por ser simultaneamente, como lembra Le Goff (2003), um "fenômeno individual e psicológico" e relacionado ao social, se presta à articulação entre essas duas instâncias determinantes à subjetividade (p. 419). A memória, na AD, é histórica, simbólica e afetiva, sendo essa última dimensão carente de exploração teórica.

Uma proposta de relação entre memória, discurso e afetos foi apresentada por Marie Anne-Paveau (2005), que revisita o conceito de memória discursiva a partir do diálogo entre análise do discurso e a "cognição social", isto é, uma "corrente sociocultural nas ciências cognitivas" que se desenvolveu a partir do final dos anos 80 (p. 4). Dessa mobilização da "cognição social" resulta a reelaboração da noção de memória discursiva para memória "cognitivo-discursiva". Discordamos dessa perspectiva, porque o quadro epistemológico da AD, ao articular o "materialismo histórico, como teoria das formações sociais", e uma percepção psicanalítica da subjetividade, já oferece o aporte teórico para que a noção de memória discursiva seja concernida não só ao social, mas também ao psíquico (PÊCHEUX e FUCHS, 1997, p. 163).

Seguindo a abordagem sugerida, podemos, ao mobilizar o conceito de memória, relevar além da historicidade, a afetividade. Parece-nos viável o desenvolvimento dessa articulação por duas razões. A primeira delas é que a inscrição dos já ditos na linearidade não é determinada exclusivamente pela formação discursiva dominante; o sujeito é constituído por uma gama de sentimentos e é desejante, logo, "estabelece uma relação ativa no interior de uma dada formação discursiva; assim como é determinado ele também a afeta e a modifica em sua prática discursiva" (LEANDRO FERREIRA, 2000, p. 23). Logo, a inscrição do interdiscurso, "domínio da memória", no intradiscurso é perpassada por uma tensão, por um embate de forças. Neste, a historicidade, no processo de constituição do discurso, depara-se com a afetividade, intervindo no modo de determinação exterior.

Convém destacar que os afetos, segundo as formulações de Freud, são manifestações das pulsões, compreendidas como energias fundamentais, motores do sujeito (CHEMANA, 1995, p. 177). Diferente do instinto, a pulsão não tem um objeto "específico, adequado e muito menos pré-determinado" (ELIA, 1995, p. 47). Nas palavras de Elia,

> havendo necessariamente um objeto não necessário em sua especificidade, havendo, pois necessariamente um objeto contingente, a satisfação pulsional não pode ser toda, o que só ocorreria se existisse objeto específico, adequado, previamente determinado. Parcialmente satisfeita, e, portanto, parcialmente insatisfeita por força de estrutura, a pulsão é infinitamente relançada à sua busca de satisfação através de um objeto, sempre vicário (ELIA, 1995, p. 48).

Pressupor a afetividade é pressupor a dinâmica pulsional e, consequentemente, a constante mudança subjetiva. Pensar isso intervindo no funcionamento da memória discursiva implica perceber o sujeito promovendo agitação nas suas filiações sócio--históricas, implica desautorizar leituras que veem no postulado de que o sujeito enuncia a partir de algo exterior, já posto, pré--determinado uma visão "sombria" da subjetividade[13], condenada a ser sempre reprodução. Assim, vamos ao encontro do que afirma Pêcheux (1997c) sobre o discurso determinado pelas redes de memória e, ao mesmo tempo, "possibilidade de uma desestruturação-reestruturação dessas redes" (p 56).

A segunda razão para a articulação sugerida é que os acontecimentos e os sentimentos que eles suscitam são inscritos juntamente na memória. Dada essa indissociabilidade, cabe questionarmos: Qual o papel da memória, quando considerada "afetivo-discursiva"? Como percepções, danos morais, sensações boas e ruins, perturbações, sentimentos e suas formas de expressão são estrategicamente mobilizados para influenciar no modo de inscrição dos acontecimentos? Como o trabalho com a esfera íntima pode intervir na produção de memória, na sua conservação ou deslocamento?

---

13   Terry Eagleton (1996), ao descrever a teoria althusseriana, retomada por Pêcheux, comenta: "(...) é somente a ideologia que confere ao sujeito humano suficiente coerência – ilusória e provisória – para que ele se torne um agente social prático. Do *sombrio* ponto de vista da teoria, o sujeito nada tem dessa autonomia ou coerência: é meramente o produto 'sobredeterminado' desta ou daquela estrutura social" (p. 213) [grifos nossos]. Marlene Teixeira (2005), posicionando-se em relação à teoria pecheuxtiana, afirma: "Do ponto de vista *sombrio* dessa teoria, o sujeito é meramente produto 'sobredeterminado' desta ou daquela FD, não lhe restando outro lugar a não ser o da reprodução" (p. 90) [grifos nossos].

Como a análise dessas condições "socioafetivas"[14] pode contribuir à compreensão do funcionamento do discurso político? Pensando a segunda indagação em relação ao discurso em análise, verificamos que, para intervir no modo de inscrição de novos acontecimentos na memória dos trabalhadores, a CUT lembra outros, que, "ilusoriamente", instauraram o novo, pois mantiveram as condições precárias de vida e de trabalho da classe trabalhadora. E o resgate dos acontecimentos passados dá-se simultaneamente à identificação e lembrança dos sentimentos negativos que possivelmente suscitaram. A memória "afetivo-discursiva" é convocada para interferir na compreensão que os trabalhadores têm da atualidade, para fazê-los perceber os novos acontecimentos como sucessão de anteriores, semelhantes por infringirem tanto a igualdade social, econômica como a igualdade de respeito, de consideração.

Dos sentimentos lembrados, sobressai a humilhação, que diz respeito ao rebaixamento, à inferioridade, à diminuição do apreço de si. Retomando Pierre Ansart (2005), "ser humilhado é ser atacado em sua interioridade, ferido em seu amor próprio, desvalorizado em sua autoimagem, é não ser respeitado" (p. 15).

Motivos da existência da memória da humilhação na prática discursiva da CUT podem ser depreendidos das reflexões de Abramo (1999). A autora apresenta a busca pela dignidade como uma das possibilidades de explicação para o retorno das lutas trabalhistas em 1978, que culminou na criação da CUT em 1983. Insiste que a consideração da dignidade amplia as justificativas existentes para a eclosão do movimento, as quais se atêm a causas objetivas, tais como: luta contra as formas de repressão militares, aumento salarial, intensidade das jornadas de trabalho, rotatividade no emprego, intervenção do governo na ação sindical, autoritarismo dos patrões nas empresas, extensão da jornada repercutindo na impossibilidade de lazer, aumento de doenças e acidentes profissionais, dentre outras. Para Abramo, é válido pensar como as condições de trabalho, "exaustivas" e "humilhantes", foram "subjetivamente vividas" (p. 44-46).

---

14 A menção às condições de produção "socioafetivas" baseia-se em reflexões de Pierre Ansart (2002), que sugere atentarmos para as "mutações socioafetivas" (p. 207).

Nessa perspectiva, as greves não surgiram de uma "combinação mecânica de elementos". Foram ocasionadas também pela ocorrência de "um processo de dilapidação das energias físicas e psíquicas dos trabalhadores, pelo desrespeito sistemático aos seus direitos profissionais, cidadãos e humanos e pela violentação de sua dignidade" (p. 45).

A sensação de "dignidade violentada" teria se constituído a partir da injustiça, da exclusão e da humilhação, que foram vivenciadas pelos trabalhadores na década de 70 e expostas parcialmente nas pequenas lutas que ocorriam no interior das empresas durante esse período (p. 46). O "novo sindicalismo" surge então evidenciando a "dignidade violentada" e, simultaneamente, propondo ações coletivas que resultassem na conquista de novas condições de vida e de trabalho, finalmente sentidas como dignas e não degradantes.

O movimento grevista de 1978 pode ser compreendido como uma fase de explicitação de sentimentos até então apenas manifestados nas resistências sutis que surgiam no interior das empresas. E pode ser considerado um período de "revolta contra a humilhação", reproduzindo a tipologia[15] de Ansart (2005). Segundo o autor, esses períodos de "sobressalto", de "reações bruscas, de rejeição das humilhações", são momentos de "mutação da afetividade política" (p. 20). No lugar da permanência da humilhação, há revolta, em vez de constrangimentos, há "afirmação da dignidade"; a resignação é substituída pelas avaliações críticas e resistências.

A Central Única dos Trabalhadores é então formada para dar organização e seguimento ao processo de resistência deflagrado em 1978, assumindo a função de policiar tanto as atitudes governamentais e empresariais opressoras aos trabalhadores como a passividade destes mediante tais atitudes. Podemos considerar que a criação da CUT como entidade representativa de toda a classe trabalhadora foi uma forma institucionalizada de negar a impotência às humilhações até então sofridas.

Dada a impossibilidade de objetivação e generalização dos afetos, seria arriscado usarmos a expressão "*humilhação coletiva*" para explicitar motivos da irrupção do novo sindicalismo (p. 17)

---

15   Ansart (2005) observa três formas de humilhações políticas: - "as humilhações radicalmente destrutivas"; - "as humilhações superadas", ora tratadas; e as "humilhações instrumentalizadas", nas quais os sentimentos de humilhação são utilizados para dominação política (p. 17 e 21).

[grifos do autor]. Ansart (2005), que duvida da possibilidade de uso dessa construção, explica que facilmente podemos "reconstituir as condições históricas e a localização das formas de humilhação, mas as humilhações sentidas, suas transformações, sua memória e esquecimento, apresentam-se eivadas de dificuldades" (p. 17).

Ciente de que as "humilhações sociopolíticas" são uma temática exigente de múltiplos cuidados em virtude da complexidade dos afetos e do seu caráter obscuro, Pierre Ansart (2005) indaga: "pode-se pensar, por exemplo, que todos os membros de um partido, de uma nação, são igualmente humilhados?" (p. 16). No que tange à presente pesquisa, podemos questionar: o discurso cutista, quando se vale da memória da humilhação, constrói qual imagem dos trabalhadores? Suas diferenças sociais e psíquicas são abolidas, esquecidas e todos são imaginados sofrendo humilhação?

Na análise discursiva revisitaremos essas questões; por ora, convém retomar outras, elaboradas por Ansart (2005):

> Quais as mensagens e instrumentos do contrato social que alimentam a humilhação ou que a combatem, e quais os seus efeitos? Como as representações sociais, os imaginários podem agravar ou enfraquecer os sentimentos de humilhação? (p. 16).

Tais indagações, acreditamos, são norteadoras para uma reflexão pautada no modo como os sentimentos, não só de humilhação, podem intervir no deslocamento ou na conservação de significações no espaço discursivo político.

Relacionando tais questionamentos a este estudo, podemos responder sobre o efeito pretendido quando a CUT "alimenta" a memória da humilhação.

Para tanto, retomemos Ricouer (2007), para o qual

> são mesmo as humilhações, os ataques reais ou imaginários à autoestima, sob os golpes da alteridade mal tolerada, que fazem a relação que o mesmo mantém com o outro mudar da acolhida à rejeição, à exclusão (p. 95).

A CUT parece guiada por esse princípio, sendo assim, seu percurso para suscitar a resistência, na primeira fase, vai do sofrimento, mediante a lembrança da humilhação, à indignação. Assim, será possível reviver o período de "sobressalto" que caracterizou a época de sua fundação.

Nas palavras de Ansart (2005),

o sobressalto que nasce da humilhação estabelece, também, uma outra relação com o tempo. A humilhação interiorizada não anuncia senão a negação da mudança e bloqueia a esperança de sua superação. O sobressalto é, ao contrário e obstinadamente, carregado de esperança de que uma negação do presente opressivo seja possível, ainda que simbolicamente. Rejeitar a humilhação é, simultaneamente, rejeitar a temporalidade tal como construída pelo poder, é opor-lhe um outro tempo, instaurar o futuro e tentar impor sua própria temporalidade (ANSART, 2005, p. 20).

A partir do exposto, é possível afirmar que a memória da humilhação no discurso sindical cutista é também um importante mecanismo de interpelação da classe trabalhadora à imagem do tempo na formação discursiva sindical-socialista. Lembremos que nessa FD o tempo é imaginado como uma ruptura na sucessão de acontecimentos que oprimem a classe trabalhadora, ao contrário da FD oposta, a capitalista, na qual é concebido como uma continuidade de acontecimentos que mantêm as relações de poder. Sendo assim, a lembrança da humilhação no discurso revolucionário em análise interpela os trabalhadores à negação da história opressora, construída pelo capitalismo, e à construção de outra, marcada pelo respeito à condição humana.

O papel da memória afetivo-discursiva no discurso de resistência da CUT é impedir que os trabalhadores esqueçam tanto das privações de direitos trabalhistas, econômico-sociais, como da falta de dignidade, respeito, consideração, isto é, ausência de direitos morais. Por isso, podemos considerar que o discurso em análise segue uma tendência de luta pelo "direito igualitário ao reconhecimento", que se encontra renovada nas sociedades democráticas contemporâneas (HAROCHE, 2008, p. 81).

Segundo Haroche (2008, 2008a), a novidade dessas sociedades seria a insistente necessidade de reconhecimento, uma tentativa cada vez mais explícita de estabelecer vínculos entre os sentimentos de respeito a si e ao outro e o Direito, progressivamente mais psicologizado. Nas reivindicações contemporâneas, a desigualdade moral e, mais amplamente, a noção de desigualdade, passa a ser compreendida como injustiça (p. 79 e 100). A luta pelos direitos morais pode ser considerada oriunda do processo de subordinação, opressão, massificação, humilhação instaurado pelas relações hierárquicas do capitalismo. Haroche (2008b) explicita que "as sociedades de mercado sem limites"[16] desrespeitosas à condição humana; "a divisão e a especialização do trabalho" gerando isolamento[17]; "o processo de alienação social, política e psíquica existente na obrigação de se vender"[18] são algumas formas de humilhação das sociedades atuais (p. 168-169). Essas formas juntam-se a outras, difusas, indiscerníveis quanto à autoria e provocam pobreza interior nos indivíduos, que enfrentam não só condições de trabalho, mas condições de existência humilhantes (p. 168 e 172). Há uma "miséria social e psíquica", uma massificação do eu, tornado cada vez mais perdido, impotente, desorientado e fadado ao isolamento, por não ter condições psicológicas de estabelecer vínculos sociais efetivos e duradouros (p. 169 e 180).

Essas reflexões permitem-nos revisitar a constituição subjetiva do sujeito-de-direito, pois lembram que ele sofre continuamente processos sociais de humilhação. Quanto à emergência dessa forma-sujeito, recordemos que ocorre o enfraquecimento da dominação religiosa e o poder passa a ser centralizado no Estado, que criou as condições para o desenvolvimento da Instituição Jurídica. Mesmo que antes direitos e deveres estivessem definindo as relações sociais, com o advento do *"Estado-capitalista-jurídico"*, surge o sujeito-de-direito, caracterizado pela autonomia e responsabilidade por suas ações; mas que tem de obedecer a direitos e deveres (LAGAZZI, 1988, p. 16, 20) [grifos do autor].

O sujeito-de-direito surge e vive sob ambiguidades: é instituído como autônomo e capaz de mudar sua posição econômica por uma formação social perpetuadora das hierarquias existentes;

---

16 Observações feitas com menção à seguinte referência: MARGALIT, A. *Decent society*. Harvard: Harvard University Press, 1996.
17 Reflexões apresentadas com remissão às seguintes referências: CASTORIADIS, C. *Le monde morcelé*. Paris: Seuil, 1990. _____. *La montée de l'insignifiance*. Paris; Seuil, 1996. _____. *Fait et à faire*. Paris: Seuil, 1997.
18 Comentário feito com base em Marx, sem indicação direta à obra consultada.

é tratado como igual perante a lei, digno dos mesmos direitos e deveres que os demais sujeitos-de-direitos, mas essa "máxima" do Direito e da Justiça, como afirma Lagazzi (1988), ancora-se num "engodo teórico, uma vez que a desigualdade entre os homens, marcada pelo modo de produção, não se desfaz em nenhum outro lugar" (p. 41).

A ilusão de "poder" econômico e de "igualdade" legal propalada pelo sistema capitalista-jurídico, que move o sujeito--de-direito, é confrontada seguidamente com situações que a caracterizam como disfarce. Ocorre então um vai-e-vem entre a possibilidade e a impossibilidade de superação, de progresso, de estabelecimento de relações igualitárias e respeitosas. Há um jogo de forças a que é confrontado o sujeito-de-direito, que anda na "contracorrente" de uma estrutura social que favorece poucos, pensa poder superar-se, mas se defronta continuamente com processos sociais de humilhação.

O discurso cutista, visando à desidentificação dos trabalhadores com o sujeito-ideológico da formação discursiva capitalista, o sujeito-de-direito, e a identificação com o sujeito-ideológico da formação discursiva sindical-socialista, o sujeito-coletivo, realiza seu processo de interpelação sustentando-se no fato de que a autonomia e o individualismo instaurados pelo capitalismo não ofereceram oportunidade de ascensão social a cada um, mas promoveram a separação, a falta de vínculos, o desengajamento, necessários para a perpetuação do sofrimento do sujeito-de--direito. Assim, argumenta que é na associação à coletividade que a estrutura social pode ser modificada e novos sentimentos podem ser vivenciados. Os trabalhadores são convencidos de que é a "associação que permite efetivamente a superação de si"[19] (HAROCHE, 2008c, p. 108).

Nossa abordagem elucidou a relevância da movimentação da memória "afetivo-discursiva" para a interpelação da classe trabalhadora. Ainda teremos de compreender se, dada a impossibilidade de extinção do capitalismo, é no campo afetivo que a Central encontra um *novo* motivo para resistir.

---

19 Essa construção é elaborada por Haroche (2008) a partir da retomada das reflexões de DURKHEIM, É. (1978). *De la division du travail social*. Paris: PUF, 1893.

Nesse âmbito, é uma tarefa atentarmos se o apelo à memória afetiva para suscitar a resistência é proeminente na segunda fase da CUT, quando a promessa de mudança social via sindicalismo perde progressivamente credibilidade devido à nova conjuntura econômico-político-sindical.

A seguir, a partir da análise de sequências discursivas de referência, apresentamos respostas a questões recém-formuladas.

Na fase "conflitiva", a lembrança da humilhação no discurso revolucionário em análise interpela os trabalhadores à negação da história opressora, construída pelos governantes, e à construção de outra, marcada pelo respeito à condição humana. Dessa forma, a CUT tenta manter o período de "sobressalto" no qual surgiu.

O mecanismo para interpelar é discursivamente reviver a opressão de modo a torná-la insuportável a uma classe há muito sedenta de dignidade. Adiante, exemplos do modo como a Central estrategicamente mobiliza a esfera íntima: narrativas detalhadas de violência contra os trabalhadores; imagens de pessoas machucadas ou de corpos ao relento; denúncias de possíveis mandantes de tiros desferidos; obituários reveladores da identidade de homens e mulheres, cuja combatividade rendeu-lhes mortes e homenagens; quantidades aproximadas ou precisas de trabalhadores espancados ou mortos por jagunços, no campo, e por policiais, na cidade; relatos de impunidade; menção a torturas, despejos, prisões, mutilação, invasões, incêndios, assassinatos, ameaças de morte, escravidão, queima ou sumiço de corpos; moções de repúdio; exemplos de famílias que assistiram à morte cruel de quem as sustentava.

Observemos, no nível do intradiscurso, como a CUT tenta garantir o sucesso desse mecanismo interpelador:

SDR 1: (...) os trabalhadores **não** estão dispostos a continuar de braços cruzados enquanto pais e filhos são assassinados todos os dias (BOLETIM NACIONAL, n. 5, out./nov., 1985, Suplemento Especial).

SDR 2: (...) trabalhadores que **não** mais estão dispostos a suportar tanta humilhação (JORNAL DA CUT, ano 1, n. 0, 1983, p. 15).

A negação, nessas sequências, funciona mostrando não ser legítima a atribuição dos predicados – relação pacífica frente à violência e à humilhação – aos sujeitos, os trabalhadores. Além disso, o operador de negação incide, na SDR 1, sobre o complemento verbal "continuar de braços cruzados" e une-se, na SDR 2, ao advérbio "mais", formando uma expressão finalizadora de tempo. A Central, ao anunciar que os trabalhadores "não mais" suportam a humilhação e negar a continuidade da paralisia quanto à violência, retoma e simultaneamente nega o pré-construído de que seus representados são conformados à violação de sua dignidade. Sendo assim, a negação atua sobre um pré-construído do discurso contrário, o capitalista.

Dito de outra forma, a CUT, quando rejeita a condição dos seus representados de eternamente humilhados, está negando o seguinte saber não dito no discurso ao qual se opõe: é possível manter as desigualdades econômicas e os ataques morais porque seus atingidos são incapazes de reverter esse quadro. Nesse caso de "negação externa", retomando Indursky (1997), há "um confronto ideológico instaurado no interdiscurso e apenas refletido no intradiscurso pelo *viés da negação que incide sobre o implícito do discurso do outro*" (p. 226) [grifos da autora].

Vale atentar para a generalização expressa no artigo definido "os" especificando "trabalhadores" (SDR 1), vestígio da imagem que a CUT constrói de seus representados: todos sofrem humilhação. Diferenças psíquicas de uma coletividade são desconsideradas.

Na segunda fase da prática sindical cutista, o malfeitor deixa de ser o aparato repressivo criado na época da ditadura e mantido na "Nova República" e passa a ser o neoliberalismo e sua consequente "desregulamentação do mercado de trabalho e supressão dos direitos sociais" (BOITO JR, 1999, p. 51).

Nessa época, são outras as formas de mobilização da esfera íntima para interferir na inscrição dos acontecimentos na memória dos trabalhadores. Não são tão frequentes as narrações de violência, e a atmosfera de "terror", recriada nas primeiras publicações, é abrandada. Os ataques aos cidadãos são, sobretudo, provocados pelas políticas econômicas recessivas e manobras de governantes, as quais são detalhadamente explicitadas nos textos jornalísticos. E enumeram-se formas de agressão à cidadania: analfabetismo; desemprego; ausência de serviços elementares ou precariedade dos que são oferecidos; aumento da fome e da miséria; possível término de direitos arduamente conquistados; precarização das relações de trabalho; criminalidade; violência; e tentativas de destruição das organizações populares.

A seguir, duas sequências que demonstram como a memória "afetivo-discursiva" ganha existência material no período em análise:

SDR 3: Querem, sim, o fim da inflação, melhores salários, reforma agrária, empregos, distribuição de renda e cidadania (INFORMA CUT, n. 266, jul., 1997, p. 5).

SDR 4: Dignidade para quem faz o país (DE FATO, ano 1, n.1, ago., 1993, p. 21).

Notemos, nesses fragmentos, o uso da asserção ao invés da negação, presente nas SDR 1 e 2. Nas construções da primeira fase, a negação determina um pré-construído da formação discursiva capitalista: a resignação dos populares. Compreendemos que, nesse caso, o trabalho com a esfera íntima visa negar da memória dos trabalhadores um saber que a FD oponente lhes faculta. Na SDR 3, o advérbio de afirmação funciona asseverando o desejo dos trabalhadores, ávidos por melhores condições de vida. E, na SDR 4, a asserção "Dignidade para quem faz o país" constrói-se através do presente omnitemporal, através do qual se afirmam "verdades" inquestionáveis. A SDR 3 reitera e a SDR 4 eterniza um pré-construído da FD sindical-socialista à qual a CUT vincula--se, a saber: os trabalhadores querem dignidade. Assim, a Central anuncia que, mesmo não tendo sido possível fundar o prometido "período de sobressalto", de rejeição às humilhações, o desejo de vivê-lo permanece.

A partir dessas análises, constatamos como o manejo com a esfera íntima pode intervir na *produção* de memória, na sua *conservação* ou *deslocamento*. O recurso ao campo afetivo no discurso cutista da primeira fase visa ao *deslocamento* da memória dos trabalhadores. Estes devem internalizar o saber que sua representante máxima lhes outorga: a história opressora será reescrita por pessoas dispostas a esquecer a resignação. Na segunda fase, a humilhação é "alimentada" pelas denúncias da desigualdade entre classes. Assim, *conserva-se* a memória da classe trabalhadora quanto ao seu passado degradante e, simultaneamente, *produzem-se* novos saberes, pois são relatadas novas formas sociais de rebaixamento.

Introduzindo novos saberes à memória da humilhação, pelo viés da cidadania, a Central consegue transformar, na segunda fase, o campo afetivo num "novo" motivo para resistir, tal como havíamos suposto. Nossa percepção de que a "humilhação" é reinvestida de significações é confirmada pelo envolvimento da CUT com o "sindicalismo-cidadão", no qual elabora projetos alternativos a serem discutidos com governantes e amplia suas perspectivas de intervenção social (FERRAZ, 2003). Enfim, o combate à humilhação dos "cidadãos" transforma-se em uma forma de a Central atenuar os danos de um sistema econômico-jurídico que é incapaz de findar. Utilizando os termos de Pêcheux (1990), já que a "esfera capitalista" não pode ser "dinamitada em seu centro", resta atacá-la em suas "zonas de desenvolvimento" (p. 13).

Indagamos anteriormente se o apelo à memória "afetivo--discursiva" para provocar a resistência era proeminente na segunda fase da CUT, quando as promessas de mudança sindical e social são postas à deriva pela nova conjuntura sócio-histórica. Concluímos ser inadequado tratar de "proeminência" da memória da humilhação, quando comparamos os períodos em questão. É preferível discorrermos sobre "semelhanças" e "diferenças".

Nas fases "conflitiva" e "negociadora", o papel da memória "afetivo-discursiva" é impedir que os trabalhadores esqueçam tanto das privações de direitos trabalhistas, econômicos e sociais, como da falta de dignidade, respeito, consideração, isto é, da ausência de direitos morais. Por isso, podemos considerar que o discurso em análise segue uma tendência de luta pelo "direito igualitário ao reconhecimento", que, segundo Haroche (2008), está renovada na atualidade (p. 81).

Primeiramente, entre 1983 e 1988, a bandeira do "direito igualitário ao reconhecimento" é erguida num tempo festivo, de *negação* eufórica do rebaixamento. Na década de 1990, segue reerguida, mas sem alvoroço. Afinal, o tempo é de temor, pois, apesar das lutas sindicais, as inferiorizações do trabalhador se mantiveram. Então, a CUT reelabora seu mecanismo socioafetivo de interpelação à resistência. Traz novos enfoques e soluções à questão da humilhação. Assim, não só *reafirma* a continuidade da luta pelo respeito, como tenta motivar a classe trabalhadora a alçar com mais fervor a bandeira que há muito carrega.

Concluída a análise, evidenciamos que vale atentar para a alternância entre rememoração e esquecimento de sentimentos nos discursos, ainda mais quando são produzidos sob as condições específicas das sociedades contemporâneas,

que conhecem uma sobreposição de referências, uma tendência à confusão e ao esmaecimento das fronteiras do íntimo e do público e, de modo geral, a uma psicologização das relações (HAROCHE, 2001[20] apud HAROCHE, 2008d, p. 123-4).

Ora vivenciamos, como afirma Courtine (2006b), um "lento processo de *personalização* da esfera pública", que, por sua vez, afeta o funcionamento dos discursos políticos, objeto de nosso interesse (p. 131). Quanto à produção desses discursos, surgem novos "estilos linguageiros", que preferem a comunicação simples, direta, simuladora da "conversação privada" aos usos retóricos (p. 132). Quanto à recepção, progressivamente as escolhas políticas são pautadas na "percepção psicológica da autenticidade do orador", no "espetáculo de sua sinceridade" e na "encenação de seus sentimentos" (p 133). E quanto ao meio de circulação, as mídias deslizam gradualmente "da análise dos fatos para a análise das causas psicológicas, da percepção das ações para a percepção das intenções" (p. 134).

As reflexões até então apresentadas demonstraram ser a memória estruturante para o funcionamento do discurso de esquerda. A história criada sob a perspectiva revolucionária vale-se da possibilidade de outros resgates do passado para afirmar a existência de uma posição-sujeito questionadora dos sentidos hegemônicos. Por isso, podemos corroborar o que afirma Courtine (2006a), "**a memória é um poder**: ela funda uma possibilidade de se exprimir, ela abre um direito à fala" (p. 88) [grifos do autor].

Entretanto, a memória também pode ser desestruturante para as esquerdas, conforme ressalva Pêcheux (1990):

(...) as estratégias de tomada da palavra, da inversão e de contraidentificação especular que constituem os discursos

---

20 HAROCHE, C. Du courtisan à la personnalité démocratique. Communications, n. 69: La déférence, Paris, 2001.

revolucionários na sua relação com o Estado (...) são escritas conjuntamente no registro histórico tanto dos dispositivos estatais como dos programas revolucionários (PÊCHEUX, 1990, p. 18).

O discurso revolucionário vale-se de "recursos internos" já conhecidos e, possivelmente, apropriados pelo discurso ao qual se afronta (PÊCHEUX, 1990, p. 18). Essas considerações atentam tanto para o caráter desestabilizador da memória, como para a fragilidade da distinção entre os "recortes de memória" da mídia de massa e alternativa.

Por fim, importa ressaltar que, ao descrevermos as tentativas de homogeneização, de "organização" da memória afetivo-discursiva, estamos apreendendo como o discurso constrói sua própria temporalidade. Expliquemo-nos: nos "recortes de memória"; na "costura" entre acontecimentos; nas "relações sintáticas" estabelecidas entre saberes da memória discursiva; na tessitura entre o ocorrido, a atualidade e o devir, os discursos constroem uma versão histórica para a realidade, uma narrativa específica e "ilusoriamente" mais coerente que outras. Enfim, constroem um tempo discursivo.

Nessa construção, os afetos podem ser evocados para justificar alguns nexos e desfazer outros. Em outras palavras, o foro íntimo pode ser chamado a legitimar ou deslegitimar as relações temporais estabelecidas. Nesse âmbito, lembremos que, no discurso cutista, a humilhação funciona criando uma ligação entre acontecimentos a serviço do capitalismo, logo, deslegitimando a imagem do tempo da FD oriunda desse sistema econômico. Consequentemente é legitimada a imagem do tempo na FD sindical-socialista, pois, tal como explica Ansart (2005), "rejeitar a humilhação é, simultaneamente, rejeitar a temporalidade tal como construída pelo poder, é opor-lhe um outro tempo, instaurar o futuro e tentar impor sua própria temporalidade" (p. 20).

Finalmente, ressaltamos que as tramas entre passado, presente e futuro construídas sob orientações ideológicas distintas são constitutivas da temporalidade do discursivo, pois esta se forma negando, refutando, repetindo-as. Essas tramas, embora possam ser silenciadas, esquecidas, perturbam a imagem do tempo predominante, fazem-na tender ao equívoco. Daí a relevância de repararmos como representações temporais oriundas de outras formações discursivas intervêm no discurso em questão e abalam a percepção do tempo como categoria estabilizadora da enunciação.

Realizada a discussão sobre a relevância da memória "afetivo--discursiva" para a presente pesquisa, no próximo item, são apresentadas perspectivas teóricas sobre o tempo.

2.3 O TEMPO: percepções em diálogo com a AD

Para subsidiar a reflexão sobre o tempo na Análise do Discurso de linha francesa, recobramos inicialmente estudos sobre essa temática oriundos de outras linhas teóricas. Serão retomadas as perspectivas de Castoriadis (1982), no âmbito da Filosofia; de Émile Benveniste (1989), da Teoria da Enunciação; de Fiorin (1999), filiado à Semiótica Narrativa e Discursiva; e discutidas as considerações do geógrafo David Harvey (2001), que aborda o tempo e o espaço numa ótica materialista.

Após a breve apresentação das reflexões desses autores, dialogamos com seus apontamentos a fim de delimitar distanciamentos e possibilidades de articulação teórica.

2.3.1 A perspectiva de Castoriadis

Compreender a abordagem do tempo de Castoriadis (1982) requer atentarmos antes para a elucidação que ele faz sobre a sociedade e a história (p. 13). No estudo desenvolvido, o autor critica a "visão econômico-funcional" das instituições, exemplificada pelo marxismo, no qual elas têm a função de manter a organização social para obedecer às exigências da infraestrutura.

O autor declara que a visão funcionalista tem mérito por destacar que as instituições têm papéis indispensáveis à sociedade. Ao mesmo tempo, ressalva que essa explicação é reducionista, porque as instituições não constituem "um sistema simplesmente funcional, série integrada de arranjos destinados à satisfação das necessidades da sociedade" (p. 164-5). As comunidades criam constantemente novas necessidades e novas maneiras de supri-las, logo, existe sempre uma redefinição, que convida ao questionamento da função predeterminada das organizações sociais (141).

Ao definir a instituição, o autor lembra que cada uma delas sanciona uma rede simbólica, constituída de formas específicas de ligar significantes e significados, as quais devem ser aceitas socialmente (142). E a visão funcionalista, que necessita reconhecer a eficácia do simbolismo, não compreende sua real importância e ainda o limita. Isso ocorre porque o simbolismo é percebido como "neutro", isto é, a serviço de algo preexistente, ao qual nada modifica, ou é tido como totalmente "adequado" às funcionalidades (p. 142- 146). A alternativa é dar se conta de que "o simbolismo determina aspectos da vida da sociedade (e não somente os que era suposto determinar), estando ao mesmo tempo, cheio de interstícios e graus de liberdade" (p. 152).

A perspectiva de suposta estabilidade do simbólico não procede quando considerado indissociável do imaginário. Este, na sua acepção corrente, é algo inventado, podendo ser um deslocamento de sentidos, no qual símbolos preexistentes são ressignificados. O simbólico requer essa capacidade imaginária de ver no instituído novas significações e o imaginário necessita do simbólico para ter existência material (p. 154).

A instituição, a partir do entrelaçamento dessas duas instâncias, é definida como uma "rede simbólica, socialmente sancionada, onde se combinam em proporções e em relações variáveis, um componente funcional e um componente imaginário" (p. 159). Nesse âmbito, cabe ao imaginário garantir a "especificidade" e a "unidade" do simbólico, a "orientação" e a "finalidade" do funcional (p. 159).

As significações imaginárias fornecem respostas a perguntas que toda sociedade faz não explicitamente, referentes a identidades, necessidades e desejos, tais como: "quem somos nós, como coletividade? Que somos nós, uns para os outros? (...) Que queremos, que desejamos, o que nos falta?" (p. 177). O imaginário é um elemento unificador das redes simbólicas, faz prevalecer determinados sentidos em detrimento de outros, mas, paradoxalmente é criação, logo, possibilidade de deslocamentos dessas redes.

Reportando-se ao principal exemplo do funcionalismo, o marxismo, Castoriadis reconhece que Marx, quando tratava do fetichismo da mercadoria e sua implicação para o sistema econômico capitalista, valorizava o imaginário (p. 160). Entretanto, este era limitado por ter a função de ser o "elo 'não econômico' da cadeia 'econômica'". Por isso, a visão econômico-funcional desconhece que o imaginário "está na raiz tanto da alienação como da criação na história" (p. 161).

Se o simbólico é concebido como "cheio de interstícios e graus de liberdade", a história, a partir do qual se constrói, tem de ser revisitada (p. 152). A história existe através da linguagem, que simultaneamente a constitui e a transforma. Sobre esses aspectos, Castoriadis comenta:

> Ignorar esse lado da questão é estabelecer para sempre a multiplicidade dos sistemas simbólicos (e, por conseguinte, institucionais) e sua sucessão como fatos brutos a propósito dos quais nada haveria a dizer (e ainda menos a fazer), eliminar a questão histórica por excelência: a gênese do sentido, a produção de novos sistemas de significados e de significantes (CASTORIADIS, 1982, p. 168).

A compreensão da história (e da temporalidade), assim como não pode prescindir da mobilidade do simbólico, não pode prescindir do imaginário, definido por Castoriadis como "criação incessante e essencialmente indeterminada (social-histórica e psíquica) de figuras/formas/imagens, a partir das quais somente é possível falar-se de 'alguma coisa'" (p. 13). A "realidade" e a "racionalidade" são, inclusive, produtos do imaginário.

A partir dessa visão de criação histórica, Castoriadis argumenta que a sociedade e a história, pensadas sob a perspectiva da "lógica-ontologia herdada", têm suas significações limitadas. Ambas estariam subordinadas "às operações e funções lógicas" existentes, estando, portanto, presas ao estabelecido (p. 203). É então proposto que o social-histórico seja revisitado e considerado "por si mesmo". Dessa forma, será evidenciado que não obedece às categorias tradicionais e ainda demonstra suas falhas (p. 204).

O autor indaga o que é o social-histórico. Essa pergunta induz a outras: "o que é a sociedade?"; "o que é a história? (p. 204). E condensa as respostas tradicionais sobre essas questões em dois tipos: o fisicalista e o logicista. O primeiro reduz sociedade e história à natureza, compreendida primeiramente como natureza biológica do homem (p. 205). Ao explicar a história, "emergência da alteridade radical ou do novo absoluto", o fisicalismo transforma-se em "causalismo". Este nega a alteridade inerente à história por defender que há uma "identidade na repetição das mesmas causas produzindo os mesmos efeitos" (p. 207). O segundo tipo explica a totalidade da história humana e as diferentes sociedades através de uma mesma operação lógica, que se repete (p. 205). Transforma-se, mediante a história, em "finalismo racionalista", a partir do qual as explicações racionais estão inter-relacionadas e "seu desdobramento é a partir daí somente amostra, o novo é cada vez construído por operações identitárias (...) mediante o que já existe" (p. 207). Daí advém uma supressão da história e, consequentemente, uma redução da alteração temporal que lhe é inerente.

O "fisicalismo e logicismo" ou "causalismo e finalismo" estendem a "lógica identitária" à sociedade e à história, desde então explicáveis por relações de "causa a efeito, de meio a fim, ou de implicação lógica" (p. 210). Castoriadis opõe-se ao social como conjunto de elementos distintos e definidos e à história como separação de unidades discretas que mantêm entre si relações de causalidade, finalidade ou consequência (p. 218). Quanto ao social, afirma: é "um *magma* e até como um magma de magmas - pelo que compreendo não o caos, mas o modo de organização de uma diversidade não conjuntizável" (p. 217) [grifos do autor]. Quanto ao histórico, é "emergência da alteridade radical, criação imanente, novidade não trivial", a partir das quais deve ser pensado o tempo (p. 220).

Em sua abordagem do tempo, o filósofo caracteriza-o como integrante da representação imaginária que a sociedade cria do mundo. E destaca que essa "instituição social do tempo" não é desvinculável da "temporalidade instituída", exemplificada pela "*irreversibilidade* da sucessão dos acontecimentos ou fenômenos", dado "natural", preexistente e indispensável (p. 239) [grifos do autor].

Segundo Castoriadis, o que especifica as sociedades não é o fato de reconhecerem a irreversibilidade do tempo, mas o modo como essa característica é retomada "no representar e no fazer da sociedade". Nesse contexto, o relevante é voltar-se para a questão da irreversibilidade, compreendendo-a como integrante do tempo imaginário, do tempo instituído socialmente[21] (p. 240).

Na perspectiva ora retomada, a sociedade, previamente à instituição explícita, cria uma instituição implícita do tempo. Reproduzindo o autor,

---

21 São exemplos de criações imaginárias sobre a irreversibilidade do tempo "o retorno do antepassado no recém-nascido", "a eventualidade do milagre", a "possibilidade de metempsicose" (CASTORIADIS, 1982, p. 240). Esta é uma doutrina, segundo a qual, uma mesma alma sucessivamente pode estar em vários corpos (FERREIRA, A.B.H., 1999).

cada sociedade tem sua maneira própria de viver o tempo, mas: cada sociedade é também uma maneira de fazer o tempo e de o fazer ser o que significa: uma maneira de se fazer ser como sociedade. E esse fazer ser do tempo social-histórico que é também o fazer-se ser da sociedade como temporalidade não é redutível à instituição explícita do tempo social--histórico, ao mesmo tempo, que é impossível sem esta. O social-histórico é esta temporalidade, cada vez específica, instituída como instituição global da sociedade e não explicitada como tal (CASTORIADIS, 1982, p. 243).

A sociedade cria uma temporalidade própria e, por isso, não está fadada a ser prolongamento do instituído, tal como prevê o pensamento herdado. O autor acrescenta que as sociedades criam esse tempo implícito, concebido como uma "autoalteração", que, por sua vez, as determina, sem que necessariamente tenham consciência desse processo (p. 243).

Quanto à "instituição explícita do tempo", comporta duas dimensões: tempo identitário e tempo imaginário. O primeiro refere-se à medida do tempo e sua divisão em partes idênticas; é o tempo do calendário. O segundo é o "tempo da significação", "tempo significativo ou tempo imaginário (social)" (p. 246-7). Essas duas instâncias são indissociáveis, tendo em vista que o tempo identitário só é tempo por causa do tempo imaginário e este seria "irreferível" sem aporte no tempo identitário[22] (p. 247).

O autor ilustra suas reflexões através do capitalismo, repleto de instituições e significações germinais, que seriam impossíveis "fora da temporalidade efetiva", "fora desse modo particular de autoalteração da sociedade que irrompe com, no e pelo capitalismo, e que finalmente, em certo sentido, *é* o capitalismo" (p. 243-4) [grifo do autor].

A temporalidade efetiva, isto é, "seu modo de *fazer*" diz respeito ao tempo implícito (p. 246). Na temporalidade explícita, como tempo identitário, o capitalismo é "fluxo mensurável homogêneo, uniforme, totalmente aritmetizado"; como tempo imaginário, "é "infinito", ou seja,

---

22 Castoriadis (1982) exemplifica a inter-relação entre tempo imaginário e tempo identitário, mencionando que as "articulações do tempo imaginário dobram ou aumentam os marcos numéricos do tempo calendário" (p. 247).

representado como tempo de progresso, de crescimento ilimitado, de acumulação, de racionalização, de conquista da natureza, de aproximação cada vez maior de um saber exato total, de realização de uma fantasia de onipotência (CASTORIADIS, 1982, p. 244).

O capitalismo institui explicitamente os tempos identitário e imaginário, que são indissociáveis. Mas essa não é sua temporalidade efetiva, "*o que* o capitalismo *faz ser* como temporalidade, mediante o que ele *é* o que *é*" (p. 244) [grifos do autor]. E tal temporalidade efetiva não é "homogênea", pois, em uma "camada de sua efetividade, o tempo capitalista é o tempo da ruptura incessante, das catástrofes recorrentes, das revoluções, de uma destruição perpétua do que já é". Em outra camada, "é tempo da cumulação, da linearização universal, (...), da estatificação do dinâmico, da supressão efetiva da alteridade, (...) da inversão do 'ainda mais' no 'é ainda o mesmo'". Tais camadas estão intricadas e é das suas relações, inclusive contraditórias, que advém a especificidade do capitalismo (p. 244).

Tratando do tempo imaginário de um modo geral, Castoriadis explica que nesse âmbito são estabelecidos os "limites do tempo" e os "períodos do tempo". Quanto aos limites, as concepções de uma origem e de um fim dos tempos ou de ausência de origem e de fim não têm aporte nas explicações naturais ou lógicas; são puramente imaginárias. Mas uma delas deve vigorar na instituição social do tempo. Ou seja, o tempo social deve ser definido com um início e um fim ou como "infinito". Por isso, existe "'data' da criação do mundo ou simplesmente 'momento' ", "ciclos que se repetem", " 'fim' do mundo para esperar" ou "porvir indefinido" (p. 247).

No que diz respeito à "periodização", também faz parte das significações imaginárias das sociedades, que, por exemplo, instituem as eras, tais como a cristã e a muçulmana, e as idades, que podem ser de "ouro," "prata" ou "bronze". Essa divisão em períodos pode ser essencial na representação de mundo, o que é exemplificado pela diferença entre Antigo e Novo Testamento para os cristãos (247-8).

Castoriadis ainda destaca que, nas sociedades, há "a *qualidade* do tempo como tal, o que o tempo 'choca' ou 'prepara', aquilo de que 'está grávido'". Exemplificam o exposto o "tempo de sofrimento e de esperança para os cristãos" e o "tempo de 'progresso' para os ocidentais". Essa "qualidade do tempo como tal" evidencia que o tempo instituído não pode ser reduzido a seu aspecto mensurável, calendário. Isso é perceptível nas sociedades capitalistas, que, mesmo almejando essa redução, comportam uma "uma qualidade de fluxo temporal", correspondente ao "tempo do 'progresso', da 'acumulação'" (p. 248) [grifo do autor]. Essa redução do tempo ao tempo mensurável, também manifestação do imaginário, é uma necessidade social. Segundo Castoriadis, é preciso que o tempo seja neutralizado para que exista, retomando economistas, "uma taxa de atualização do futuro". Tudo parecendo calculável, mensurável, a significação imaginária da sociedade passa a ter um mínimo de coerência (p. 248).

Na abordagem ora apresentada, o *"tempo do representar social"* precisa ser instituído simultaneamente como tempo identitário e como tempo imaginário. Mas esse tempo não se dissocia do *"tempo do fazer social"*, ou seja, "tempo que deve ser instituído a fim de que o fazer social seja possível, o tempo no e qual esse fazer existe, o tempo que esse fazer faz existir" (p. 248) [grifo do autor].

O tempo do fazer deve, ao contrário do que pretende a "lógica--ontologia" herdada, ser instituído com especificidades não predeterminadas, com possibilidade de emergência do "irregular, do acidente, do acontecimento, da ruptura da recorrência" (p. 249). E, por isso, o tempo do fazer estaria muito mais próximo da "temporalidade verdadeira" do que o tempo do representar (p. 250).

O tempo imaginário funciona como encobrimento, ocultação, denegação da "temporalidade como alteridade-alteração". Esta deve ser imaginariamente restrita em prol do "eterno retorno do mesmo" (p. 250). Isso ocorre em virtude das "necessidades da economia psíquicas dos sujeitos enquanto indivíduos sociais". A sociedade obriga-os a se inserirem, independente de sua vontade, "no fluxo do tempo como instituído", porque exprime a lógica identitária-conjuntista.

Se a denegação do tempo é uma necessidade social é, consequentemente, uma necessidade das instituições. A instituição, embora tenha nascido através de uma ruptura do tempo, embora seja manifestação de uma autoalteração, precisa colocar-se "fora do tempo", recusar sua alteração e seguir a norma da "identidade imutável" (p. 251). Exemplifica a tentativa de supressão do tempo a valorização da sincronia em detrimento da diacronia, "moda dos últimos decênios", que oculta o social-histórico (p. 253). A observação da linguagem demonstra ser impossível a exclusão da diacronia, porque não se esgota, no estado sincrônico, a um conjunto de significações fixas. A linguagem está sempre aberta à transformação, é por ser "sincronicamente aberta" que surgem usos não habituais, irrompem novos discursos a partir do adquirido (p. 254). A impossibilidade de distinguir os pontos de vista sincrônico e diacrônico também se manifesta no "nível da consideração global":

> Nada, em nenhuma sociedade (por arcaica, por fria que seja) é, que não seja ao mesmo tempo presença inconcebível do que não é mais e iminência igualmente inconcebível do que ainda não é. Por mais repetitivos e por mais rígidos que sejam os ciclos de suas atividades e de seus ritos, a vida a mais estritamente presente de uma sociedade desenrola-se sempre na referência explícita ao passado, como na espera e a preparação daquilo que é "sonalmente certo", mas também na certeza da incerteza e diante da virtualidade da alteridade imprevista e imprevisível (CASTORIADIS, 1982, p. 256).

Após retomarmos os pontos avaliados como essenciais da abordagem filosófica de Castoriadis, destacaremos a validade de algumas reflexões para o desenvolvimento da noção de tempo discursivo, bem como nos oporemos a alguns aspectos incompatíveis com a AD.

No que concerne ao imaginário, Castoriadis opõe-se à apreensão psicanalítica, na qual o conceito relaciona-se ao "especular", "apenas imagem *de* e imagem refletida". Sua posição é que "o imaginário não *é* a partir da imagem no espelho ou no olhar do outro. O próprio 'espelho', e sua possibilidade, e o outro como espelho são antes obras do imaginário que é criação *ex-nihilo*". Para o filósofo, quem trata do imaginário como "reflexo", "especular", "fictício" reproduz, geralmente sem saber, uma afirmação que prende a "um subsolo qualquer da famosa caverna: é necessário que (este mundo) seja imagem *de* alguma coisa" (p. 13) [grifos do autor].

Recordemos que na AD, a noção de imaginário constrói--se no entremeio entre o Materialismo Histórico e a Psicanálise. Pêcheux e Fuchs (1997) recobram de Althusser a percepção da ideologia como uma instância não econômica, mas que contribui à manutenção do modo de produção existente, por interpelar os sujeitos causando a impressão de possibilidade de ascensão social, quando, na verdade, os conduz a ocupar uma posição que contribua à continuidade das hierarquias.

O imaginário, em AD, é uma evidência produzida pela ideologia à qual o sujeito está vinculado, mas, nem por isso podemos, a partir das considerações de Castoriadis, afirmar que nessa linha teórica o conceito é limitado, por estar a serviço apenas da alienação e não da criação. Pêcheux (1995) assegura ao imaginário uma dimensão criadora quando reavalia o sucesso do ritual da interpelação ideológica e supõe existirem falhas na identificação às formações discursivas. Dito de outra forma, o sujeito, embora imagine suas condições de existência a partir de uma FD, pode incomodar-se com as determinações exteriores e fazer representações imaginárias diferentes das esperadas. Além disso, comunica-se através de uma estrutura significante suscetível ao equívoco, produzido pela impossibilidade de significar e de simbolizar tudo. Sendo assim, as evidências imaginárias materializam-se no simbólico, que, por sua vez, é incompleto devido ao real; são nas lacunas da estrutura que deslocamentos de sentidos emergem e novas imagens surgem. Em suma, na AD, o imaginário tem uma constituição ideológica, mas não está fadado a ser mera reprodução das relações econômicas vigentes.

Convém relembrar que Althusser, baseando-se no ensaio de Lacan, "O estádio do espelho como formador da função do Eu" (1996), trata o imaginário como inerente às identidades. Assim como na fase do espelho, o bebê desconhece sua falta de coordenação, imaginando-se melhor do que é, no âmbito ideológico, o sujeito relega sua condição de descentrado e encontra uma imagem mais coerente de si "refletida no 'espelho' " de uma ideologia dominante (EAGLETON, 1996, p. 214).

Pêcheux, por recobrar Althusser, também mantém essa proposição, contudo, o primeiro autor, diferente do segundo, postula que essa imagem ganha realização simbólica e, consequentemente, possibilidade de quebra de unidade, de perda de coerência. Além disso, essa imagem oferecida pela FD, reiteremos, é assimilada por um sujeito desejante, logo, capaz de não aceitá-la como unificadora de sua identidade.

Fizemos essas explicitações para demonstrar que o imaginário em AD ancora-se fortemente na perspectiva psicanalítica dessa noção, mas a ressignifica a partir de uma leitura discursiva e aí reside outra divergência em relação a Castoriadis.

Para esse filósofo, conforme comentado, o imaginário é conceituado como "criação incessante e essencialmente indeterminada (social-histórica e psíquica) de figuras/formas/imagens" (p. 13). Silveira (2004), atentando para o adjetivo "indeterminada" desse fragmento, ressalta que, ao isentar o imaginário de determinação, o filósofo trata o sujeito de modo incompatível com sua condição de descentrado e constituído pela ideologia e pelo inconsciente, conforme preconiza a AD. Nessa linha teórica, o sujeito é influenciado pelas formações imaginárias reinantes na formação social que vivencia, mas está sempre tangenciando deslocamentos dessas formações. Assim, a autora propõe ampliar o "status" do imaginário como "fundador", tal como compreende Castoriadis, pois não está fechado sobre si mesmo, sendo continuamente ressignificado (p. 117-8).

Perceber o imaginário como criação não determinada pelo social-histórico e pelo psíquico é uma discordância com a AD. Mas, levando em conta as demais reflexões de Castoriadis, parece-nos que o adjetivo "indeterminada" suscita outra possibilidade interpretativa. Pode não se referir ao fato de o imaginário não sofrer determinação dos sujeitos, pois, como explica o filósofo, ele é criação incessante e essa percepção pressupõe que os indivíduos estejam continuamente reinventando significações, reavaliando as redes simbólicas, criando novas necessidades sociais. O autor inclusive menciona a luta de classes, afirmando que na oposição no interior das sociedades, é possível observar distanciamento e crítica do instituído, autonomia e "fissura do imaginário (instituído)". Nesse caso, há uma negação maciça da classe oprimida em relação ao imaginário social que a oprime (p. 187). Depreendemos então que "indeterminada" remete à incapacidade de as instituições (o social-histórico), com suas funções predeterminadas e usos simbólicos convencionados, impedirem a criação de novas necessidades, de novos discursos, de ressignificações de criações simbólicas há muito instituídas, remete à oposição do autor quanto ao modo como a psicanálise entende a formação do registro imaginário. Embora haja uma oposição ao postulado de Lacan sobre a constituição do imaginário, notamos adesão a outra tese do psicanalista, a que trata da contínua busca subjetiva do objeto perdido. Esse princípio não é explicitamente tratado pelo autor, mas está subjacente no seguinte fragmento:

> O homem não é *essa* necessidade que comporta seu "bom objeto" complementar, uma fechadura que tem sua chave (a encontrar ou fabricar). O homem só pode existir definindo-se cada vez como um conjunto de necessidades e de objetos correspondentes, mas ultrapassa sempre essas definições – e, se as ultrapassa (não somente em virtual permanente, mas na efetividade do movimento histórico), é porque saem dele próprio, porque ele as inventa (não arbitrariamente por certo, existe sempre a natureza, o mínimo de coerência que a racionalidade exige e a história precedente), portanto, que ele as *faz* fazendo e *se* fazendo, e nenhuma definição racional, natural ou histórica permite fixá-las em definitivo (CASTORIADIS, 1982, p. 164) [grifos do autor].

Independente de o autor ancorar-se ou não na teoria psicanalítica, estende a mudança subjetiva, a contínua redefinição de desejos às sociedades, vistas, por isso, como oscilantes entre o instituído (imaginário social) e o novo (fissura no imaginário social). Essa oscilação repercute no modo como o social usa o simbólico e vivencia a história (e o tempo).

O imaginário, quanto ao simbólico, funciona paradoxalmente: unificando redes simbólicas, conferindo-lhes fechamento e simultaneamente possibilitando deslocamento. E é devido ao imaginário que o simbólico, embora tenha um funcionamento controlado pelas instituições, está "cheio de interstícios e graus de liberdade" (p. 152).

Quanto à história, por se construir através do simbólico, compartilha as mesmas instabilidades que este e, por isso, é concebida como possibilidade de "emergência da alteridade radical", apreensão construída como negação à lógica identitária (p. 220). Para o autor, "a história é impossível e inconcebível fora da *imaginação produtiva* ou *criadora*", denominada "*imaginário radical*" (p. 176) [grifos do autor]. E a instituição do tempo na sociedade, fundamental à sua existência, transforma-se em uma "'dimensão' do imaginário radical" (p. 229). Basear-se em Castoriadis, quando caracteriza o social--histórico sempre instituindo novas temporalidades, é um viés para demonstrar como as distintas significações do tempo nos discursos - *o tempo do representar social* - estão estritamente vinculadas com as novas formas sociais de vivência do tempo - *o tempo do fazer social*. Enfim, essa visão filosófica vem, na presente pesquisa, explicitar a interferência que o discurso tem de suas condições de produção, porque esclarece o elo entre emergência de diferentes posições-sujeito sobre a organização temporal e o modo como o social-histórico "faz ser" o tempo.

A conferência à temporalidade instituída de um caráter criativo, novo, advindo dos deslocamentos do imaginário social, é propícia a ser desenvolvida na observação do funcionamento dos processos discursivos. Nesse contexto, pensamos que perceber mecanismos discursivos de interpelação a novas representações temporais, dentre eles, avaliar como formações imaginárias preexistentes sobre o tempo são retomadas no fio do discurso e desconstruídas em prol de novas formações, é uma possibilidade de compreendermos como o simbólico pode ser manejado para que se propaguem a crítica e o distanciamento quanto à imagem do tempo instituída. Assim, estaremos, a partir dos princípios pecheuxtianos, conferindo ao simbólico uma função tão relevante às rupturas sociais quanto a que tem o imaginário.

Outra via interpretativa sugerida por essa perspectiva teórica atenta à dimensão criadora da temporalidade é refletir, a partir do movimento entre a paráfrase e a polissemia, como na reformulação dos elementos de saber de uma dada FD referentes ao tempo, irrompem novos elementos, advindos de outras FDs. Dessa forma, revisitamos o postulado defensor do tempo como "alteridade-alteração" e compreendemos como se manifesta discursivamente.

Além de enfocarmos a irrupção de novas representações imaginárias, podemos refletir, no vai-e-vem entre o mesmo e o diferente, isto é, na alternância entre processos parafrásticos e polissêmicos intrínseca à linguagem, sobre a oscilação entre criação de novas imagens temporais e tentativa de manutenção do tempo instituído para encobrir a "alteridade-alteração". Lembremos que o tempo instituído deve ocultar, negar a dimensão criadora da temporalidade. Há, nesse sentido, uma necessidade de as instituições, seguidoras da "identidade imutável", reduzirem o tempo ao tempo mensurável, assim, o imaginário social parecerá coerente. Essas reflexões vão ao encontro das afirmações de Michel Pêcheux (1997c), que comenta o funcionamento dos Estados e das instituições, percebidos como "polos privilegiados de resposta" à necessidade que os sujeitos pragmáticos têm de fronteiras, de categorizações lógicas, de um mundo logicamente estável (p. 34). Dito isso, a partir da paráfrase e da polissemia, estaremos verificando como as novas formas de instituir o tempo vêm provocar fissuras na imagem soberana e como esta tenta banir a inerente mudança temporal em prol da necessidade de estabilidade lógica.

Concordamos com o autor, quando afirma haver um tempo explícito – tempo identitário e tempo imaginário – e um tempo implícito – a alteração que as sociedades, de maneiras específicas, fazem do tempo instituído, sem que necessariamente estejam conscientes desse processo.

A partir desses pressupostos, Castoriadis identifica uma sobreposição de representações do tempo no capitalismo. Dessa forma, atenta para as imagens contraditórias da temporalidade que podem caracterizar um modo de produção econômica e a sociedade na qual prevalece. São reflexões de suma relevância, tendo em vista que objetivamos refletir sobre a opacidade das representações imaginárias do tempo no discurso sindical cutista, um contradiscurso ao capital.

Entretanto, só é possível orientarmo-nos em Castoriadis, fazendo antes uma ressalva quanto à distinção do que é da ordem do explícito e da ordem do implícito. Acreditamos que apenas na análise das condições de produção específicas dos discursos poderemos identificar as imagens do tempo que estão sendo transparentes ou opacas. Antever isso sem elaboração de uma interpretação discursiva, implica conferir aos sujeitos, retomando Courtine (2006c), uma cegueira ou, se não for um caso extremo, uma miopia, e aos analistas a posição de donos de uma "máquina de ver" ou de ler, responsável por eliminar a ambiguidade, fazer emergir o real e retornar à clareza aos discursos (p. 20). Na sequência, apresentamos a abordagem benvenisteana da temporalidade.

2.3.2 A perspectiva de Benveniste

Na ótica enunciativa de Émile Benveniste (1989), a língua contém formas propícias ao exercício da subjetividade. Dentre essas formas estariam, por exemplo, os pronomes pessoais *eu/tu*, os demonstrativos *esse, este* e os advérbios, como *aqui, agora, hoje, ontem, amanhã*. Esses signos assemelham-se por serem "vazios", ou seja, seus referentes são renovados constantemente, delimitados apenas na nova e específica instância de discurso na qual são empregados (p. 279).

Quanto aos advérbios e demonstrativos significados apenas na menção à situação comunicativa, não é suficiente denominá-los "dêiticos"; é imperioso considerar que neles está implícita a referência ao "sujeito que fala", concebido como ponto central para estabelecer relações temporais e espaciais (p. 279-280).

Os signos "não referenciais com relação à 'realidade" tornam-se plenos quando o falante os utiliza (p. 280). E é o ato de conferir significação a formas linguísticas sem referente fixo que permite ao locutor apropriar-se da língua e instituir-se sujeito. Nas palavras de Benveniste, o papel dos signos em pauta é

> fornecer o instrumento de uma conversão, a que se pode chamar a conversão da linguagem em discurso. É identificando-se como pessoa única pronunciando *eu* que cada um dos locutores se propõe alternadamente como "sujeito" (BENVENISTE, 1989, p. 280-1) [grifos do autor].

Os pronomes *eu* e *tu* são cada vez únicos, já "ele", como afirma Benveniste, "pode ser uma infinidade de sujeitos – ou nenhum" (p. 253). Na utilização dos pronomes de primeira e de segunda pessoa, há referência aos interlocutores e também um discurso sobre eles. O pronome *eu* identifica quem enuncia e é acompanhado de um enunciado sobre o referente, pois "dizendo *eu*, não posso deixar de falar de mim" (p. 250) [grifos do autor]. O *tu* é instituído pelo *eu* e só pode surgir a partir de uma situação na qual esteja o *eu*, além disso, o que este enuncia funciona como um predicado de *tu*. Entretanto, na utilização da terceira pessoa, um predicado é enunciado sobre algo ou alguém, mas pode não se referir a uma pessoa específica. Outra diferença é que há uma inversão na qual *eu* e *tu* trocam de papéis, mas isso não é possível entre essas duas pessoas e a terceira (p. 253). Dessas formulações advém a constatação de que *eu* e *tu* têm a marca de pessoa, ausente em *ele*, não pessoa.

Na perspectiva benvenisteana, a enunciação é compreendida como um ato individual, no qual o locutor, ao pôr a língua em funcionamento, converte-a em discurso. Para tal conversão, o falante, no ato de enunciação, apropria-se do aparelho formal da língua e, assim, manifesta através de determinados recursos linguísticos sua posição (p. 84).

Para o linguista, o tempo, a pessoa e o espaço são categorias da enunciação, cujas formas são densamente descritas, contudo, sua função só aparece claramente quando observadas no uso da linguagem e na produção do discurso. Nas palavras de Benveniste, "são categorias elementares, independentes de toda determinação cultural e nas quais vemos a experiência subjetiva dos sujeitos que se colocam e se situam na e pela linguagem" (p. 68).

Essa abordagem da temporalidade (da pessoalidade e da espacialidade) enfoca o que é costumeiro nas diferentes sociedades e línguas e, por isso, é pertinente comentar a independência dessa(s) categoria(s) enunciativa(s) em relação às determinações culturais. Quanto ao fato de serem lugar de manifestação da subjetividade, vale relembrar que, para o autor, esta "é a capacidade do locutor para se propor como 'sujeito'" (p. 286). Para que assuma essa posição, deve dar significação a formas linguísticas "vazias", como aquelas que dizem respeito à pessoa (*eu/tu*), ao tempo (*agora, hoje, ontem*) e ao espaço (*aqui*).

No que tange especificamente ao tempo, tem representações diversas, porque há "muitas maneiras de colocar o encadeamento das coisas". Dentre elas, há o tempo físico do mundo – "contínuo uniforme, infinito, linear, segmentável à vontade" - e o tempo crônico, ou seja, "o tempo dos acontecimentos" (p. 70-1).

A continuidade e o não retorno do tempo crônico são vivenciados coletivamente. Mas podemos, como observadores, olhar os acontecimentos, inclusive os de nossa vida, em duas direções: "do passado ao presente ou do presente ao passado". Dessa forma, "o tempo crônico, congelado na história, admite uma consideração bidirecional, enquanto que nossa vida vivida corre (é a imagem recebida) num único sentido" (p. 71).

A perspectiva bidirecional é a versão subjetiva do tempo crônico, que coexiste com uma versão objetiva, necessária para diferentes culturas, em diferentes épocas e da qual resulta o calendário. O tempo crônico, objetivado através do calendário, tem três características. A primeira é *estativa*, ou seja, os calendários são organizados em função de um "ponto zero do cômputo", compreendido como um acontecimento relevante, responsável por dar à vida social uma nova direção (ex: nascimento de Cristo ou de Buda). A segunda é *diretiva*, no sentido que são estabelecidos "antes" e "depois" em relação a um determinado ponto de referência. E a terceira é *mensurativa*, quando se fixa "um repertório de unidades de medida que servem para denominar os intervalos constantes entre as recorrências de fenômenos cósmicos", por exemplo, o intervalo entre nascer e pôr-do-sol é o dia. (p. 72).

Benveniste explicita que

> a partir do eixo *estativo*, os acontecimentos são dispostos segundo uma ou outra visada *diretiva*, ou anteriormente (para trás) ou posteriormente (para frente) em relação a este eixo, e eles são alojados em uma divisão que permite *medir* sua distância do eixo: tantos anos antes ou depois do eixo, depois de tal mês e de tal dia do ano em questão (BENVENISTE, 1989, p. 73) [grifos do autor].

São estabelecidos pontos de referência, responsáveis pela posição objetiva dos acontecimentos e pela localização dos indivíduos na história. Sendo assim, o sistema temporal "obedece a necessidades internas que são coercivas", visto não ser possível mudar o marco referencial, estabelecido a partir de um fato conhecido socialmente. Além disso, os intervalos são fixos, ou seja, as divisões temporais (dias, meses, anos e também séculos, quinzenas, semana, hora, minuto etc.) obedecem a um padrão imutável. E isso é condição para nossa orientação mental, para a existência de discursos sensatos e para que não falemos a "linguagem da loucura" (p. 73). Por isso, afirma Benveniste, o tempo crônico é "fundamento da vida das sociedades" (p. 72). O terceiro nível de tempo é o linguístico, que manifesta "a experiência humana do tempo", à diferença do tempo crônico (p. 74). Sobre as regularidades na expressão do tempo, Benveniste afirma que nos diversos tipos de língua, sempre há recursos destinados a estabelecer relações temporais. E é regular nos sistemas linguísticos a diferenciação dos "tempos" tomando como ponto de referência o presente (p. 289). Este é o eixo a partir do qual serão delimitados o passado e o futuro. Por isso, o autor afirma que a única expressão temporal é o presente. Passado e futuro são não presentes, pois "a língua não os situa no tempo segundo sua posição própria (...), mas somente como pontos vistos para trás ou para frente *a partir do presente*" (p. 75) [grifos do autor].

A singularidade do tempo linguístico é o fato de se estabelecer em função da produção do discurso. Seu centro "gerador e axial" é o *presente*, responsável por equiparar acontecimento e momento de fala (p. 74). Essa capacidade de criar sempre um momento novo a partir de uma nova instância de enunciação é específica da linguagem, daí um motivo de o tempo linguístico criar ordem e divisões independentes do tempo crônico (p. 78).

Mas essa independência é relativa, pois quando alguém pronuncia "hoje", localiza o acontecimento como contemporâneo ao discurso que o descreve. Se esse "hoje" é extraído da instância enunciativa e inserido num texto escrito, perde a capacidade de associar o leitor à mesma localização temporal do autor. O único meio de utilizar esse signo é fazer correspondência a uma divisão do tempo crônico, por exemplo, "hoje, 12 de junho de 1924" (p. 78).

Esses aspectos atentam para as limitações da temporalidade linguística, também notável pelo fato que, por ser centrada no "hoje", só pode ser deslocada para frente e para trás até dois dias, ou seja, para trás, "ontem" e "anteontem", para frente, "amanhã" e "depois-de-amanhã". A terceira gradação, "trás-antes-de-ontem" e "depois de depois-de-amanhã" já não existe. E ainda é preciso considerar que "antes-de-ontem" e "depois-de-amanhã" não deixam de ser "ontem" e "amanhã" levados a um nível mais distante. Por isso, para Benveniste, restam apenas "ontem" e "amanhã" como "termos originais" indicando distâncias em relação ao presente.

E se houver necessidade de transposição do tempo para além de "ontem" e "amanhã", o discurso passa do tempo linguístico ao tempo crônico e suas respectivas unidades: "oito dias antes", "três meses depois", "naquele dia" (p. 79).

Além do exposto, é preciso explicitar que Benveniste trata da temporalidade a partir de uma noção que lhe é cara: a intersubjetividade. Comenta que o locutor, ao narrar, situa o passado em relação ao presente, ao momento da enunciação. Essa temporalidade organizada em função do sujeito, responsável por organizar seu discurso, não é exclusiva dele. É aceita sem dificuldade pelo alocutário. Nesse caso, o hoje (ou o ontem) do locutor converte--se no hoje (ou ontem) do outro. De modo recíproco, na resposta, a temporalidade do receptor será convertida pelo locutor como também sendo sua. A partir dessas reflexões, o linguista conclui que o "tempo do discurso" não é redutível ao tempo crônico, nem a uma "subjetividade solipsista". Melhor dizer que "funciona como um fator de intersubjetividade", imprescindível para a existência de comunicação (p. 78).

Embora a partir da "intersubjetividade", o "tempo do discurso" seja pensado sob um ponto de vista não egocêntrico, através das demais reflexões de Benveniste, é percebido sob a posição contrária, conforme demonstraremos a seguir, a partir da abordagem desenvolvida por Zoppi-Fontana (1997).

2.3.3 A perspectiva de Zoppi-Fontana

Zoppi-Fontana (1997), ao rever as distintas abordagens linguísticas da temática "subjetividade na linguagem", destaca a frequente utilização da "metáfora do olhar", desenvolvida, por exemplo, pela noção de distância do enunciador em relação ao enunciado, e da "metáfora da voz", relacionada ao conceito de polifonia. Essas metáforas, quando articuladas, fazem surgir a "metáfora do teatro" (p. 27).

Conforme explicações da autora, para Bréal[23] (1897), que já utilizava a "metáfora do teatro", o sujeito poderia tanto assumir a posição de autor como de espectador em relação à linguagem, à semelhança do que ocorre no sonho. Esse jogo entre presença e distanciamento, inerente ao "elemento subjetivo da linguagem", foi denominado "desdobramento da personalidade humana". Nesse contexto, seria inerente à língua a existência de formas manifestantes desse "desdobramento" (p. 29-30).

Zoppi-Fontana observa dois grandes deslocamentos sofridos pela "metáfora do teatro" nas teorias enunciativas. Uma vertente retoma o "desdobramento da personalidade humana", entendendo-o como "multiplicação dos lugares de enunciação disponíveis para o sujeito". Nesse caso, o locutor assume a função de autor ou de diretor da encenação, ou seja, transforma-se no organizador de um dizer totalmente planejado e ainda é "apagado", "mascarado" pelos personagens do enunciado. Outra vertente entende o "desdobramento" como "lugar de estranhamento", que supõe "uma posição de exterioridade do sujeito em relação a si", representada na língua. Essa proposição é retomada nas descrições linguísticas – como a de Benveniste, as quais passam a dividir *"formas subjetivas* (ou 'marcas de subjetividade') e *formas objetivas* (ou 'formas de apagamento do sujeito de enunciação')". Sendo assim, a oposição "dentro/ fora", oriunda da metáfora do olhar, é redefinida por alguns autores como uma oposição entre "formas subjetivas/formas objetivas", indicativas da presença ou da ausência do enunciador em relação ao enunciado (p. 32-4) [grifos do autor].

A posição de exterioridade apresentada por Bréal para pensar a dupla-posição que assume o sujeito (autor e espectador) na linguagem é deslocada ao ser compreendida "como função de uma interioridade primeira e originária: o sujeito enunciador, o *ego* inicialmente descrito por Benveniste" (ZOPPI-FONTANA, 1997, p. 34) [grifo da autora].

A Análise do Discurso, buscando não reproduzir no nível teórico essa perspectiva egocêntrica, considera a enunciação um espaço imaginário, no qual o sujeito age sob o efeito de duas evidên-

---

23 BRÉAL, Michel (1897). *Ensaio de semântica.* Ciência das Significações. Trad. Eduardo Guimarães et al. São Paulo, Pontes, 1992.

cias produzidas pela interpelação ideológica: a do sujeito e a do sentido. Por causa da primeira evidência, o sujeito imagina-se fonte do sentido, esquecendo que ele advém do complexo de formações discursivas. Por causa da segunda evidência, imagina-se capaz de controle da enunciação, esquecendo que as palavras são dotadas de caráter material, impossível de ser extinto na combinação sintagmática feita. Postula-se então que o sujeito erroneamente pensa poder reger a manifestação de suas posições-sujeito ao escolher determinadas formas de expressão em detrimento de outras.

Retomando Pêcheux e Fuchs (1997), teorias enunciativas preocupadas em analisar a enunciação por referência ou ausência de referência à situação, isto é, ao "'eu-aqui-agora' do locutor", fecham-na no "círculo do idealismo" (p. 174). Essas descrições linguísticas estão sob o efeito da ilusão subjetiva, que tanto "permite ao sujeito enunciador se representar como sendo livre e autônomo na relação com 'seus' enunciados", como "permite ao linguista 'reconhecer' *formas subjetivas* e *formas objetivas* no sistema da língua" (ZOPPI--FONTANA, 1997, p. 40) [grifos da autora].

Na visão discursiva da linguagem, uma forma de distanciamento da dicotomia formas "subjetivas/formas objetivas", descrita por Benveniste, é compreender que a subjetividade não está presa ao "eu", deslegitimado de sua posição central em prol do valor conferido à exterioridade. A subjetividade é inerente a toda a linguagem e manifesta-se mesmo quando inexistem formas linguísticas que implicitamente remetam ao locutor (LEANDRO FERREIRA, 2001, p. 22). Recobrando Orlandi,

> qualquer modificação na materialidade do texto corresponde a diferentes gestos de interpretação, compromisso com diferentes posições do sujeito, com diferentes formações discursivas, distintos recortes de memória, distintas relações com a exterioridade (ORLANDI, 2004, p. 14).

Zoppi-Fontana, ao avaliar descrições linguísticas centradas na dicotomia objetivo/subjetivo (BALLY, 1932[24]; DUCROT, 1984[25];

---

24 BALLY, Charles (1932). *Linguistique générale et linguistique française*. Berne, Francke, 1965.
25 DUCROT, Oswald (1984). Esboço de uma teoria polifônica da enunciação. In: ____. *O dizer e o dito*. Campinas, Pontes, 1987.

BENVENISTE, 1966)[26], considera o "lugar de observador/espectador" da metáfora do teatro uma posição discursiva, surgida quando o sujeito, sob o efeito da "ilusão de exterioridade", imagina-se num lugar externo, como se fosse um outro (p. 39). O "efeito de ilusão de exterioridade" não se restringe às formas linguísticas que dão impressão de distanciamento subjetivo. Elementos tipicamente classificados como índices da presença do sujeito também podem ser pensados como lugar de inscrição do efeito de "ilusão de exterioridade". A autora propõe então que ao invés da descrição das "marcas de subjetividade" e das "formas de distanciamento", passemos à compreensão dos processos discursivos nos quais se inserem esses elementos, com ênfase à "produção material do "efeito-sujeito", denominado "ilusão de exterioridade" (p. 41).

A partir das reflexões de Zoppi-Fontana, embasamos o distanciamento quanto aos argumentos de Benveniste para perceber algumas expressões linguísticas de tempo como manifestantes da presença do sujeito na linguagem. Pensamos serem outras as razões para a discussão da temática subjetividade-temporalidade. À semelhança da autora, consideramos que essas expressões podem ser a base material da "ilusão de exterioridade". Sob essa "ilusão", formas temporais são imaginadas como estabilizadoras da enunciação, como elementos que causam, no discurso no qual são utilizadas, a aparência de apreensão do real. Entretanto, devido à equivocidade característica do sistema, tais formas podem funcionar duplamente: ora estabilizando, ora desestabilizando o dizer. Refletir sobre a relação imaginária do sujeito com a língua, mais especificamente, com as formas temporais, parece-nos uma nova via à discussão da mencionada temática.

A "ilusão de exterioridade" também melhor explicita o funcionamento da posição discursiva de porta-voz, assumida pela CUT. Zoppi-Fontana, na análise do discurso de Raúl Alfonsín, parte da "ilusão de exterioridade" para compreender o que permite a esse porta-voz do povo argentino enunciar como observador privilegiado da história, cujo "excedente de visão" o diferencia de seus representados (p. 22-3). Importa destacar que o conceito

---

26 BENVENISTE, Émile (1966). *Problemas de linguística geral*. Trad. M. G. Novak & M. L. Neri. Campinas, Pontes, 1988.

de "excedente de visão", cunhado por Bakhtin para denominar a percepção diferenciada que os autores têm da narrativa e dos personagens, é ressignificado pela autora numa perspectiva discursiva e compreendido como um imaginário, produzido sob a "ilusão de exterioridade". Nas análises, revisitaremos essas formulações, pois supomos ser sob essa ilusão que a CUT põe-se a estabelecer representações temporais que devem fazer parte da identidade da classe trabalhadora para a almejada transformação social. Benveniste preocupa-se com o que é regular nas categorias enunciativas. À diferença do autor, não observaremos expressões de tempo independentemente das determinações culturais; verificaremos como em virtude de um contexto bem delimitado, funcionam discursivamente.

Quanto ao "presente", eixo das oposições temporais da língua, ao invés de considerá-lo apenas como "instância de discurso", "momento da enunciação", podemos compreendê-lo mais amplamente, isto é, como uma configuração específica das condições de produção, como uma tentativa de fixá-las num determinado "estado". Se o "agora" é, utilizando expressão de Le Goff (2003), um "corte ideológico"[27], pode ter sua constante renovação encoberta em virtude de uma tentativa de prolongamento do presente (p. 208.

Segundo Benveniste, tempo, no tempo crônico, é a "continuidade em que se dispõem em série estes blocos distintos que são os acontecimentos" (p. 71). Na perspectiva discursiva da temporalidade, a noção de acontecimento também é fundamental, mas, ao invés de "bloco", é o ponto de encontro entre atualidade e memória (PÊCHEUX, 1997c). Enquanto no tempo crônico, os acontecimentos recebem uma posição objetiva, uma localização temporal fixa, por serem dispostos a partir das características "estativa", "diretiva" e "mensurativa", no tempo discursivo, importa a significação dos acontecimentos à sua cronologia, interessa observar como recebem "localizações" – móveis – no domínio da memória. Explicitando o exposto, os processos discursivos, a partir de suas diferentes filiações ideológicas, procuram determinar o modo de inscrição dos acontecimentos na memória discursiva, tentam "estipular" a quais elementos de saber serão vinculados, como reor-

---

27 Segundo Le Goff (2003), definir o presente é um "programa, um projeto ideológico". E o corte passado/presente é um "corte ideológico", feito na maior parte dos povos e das nações (p. 208).

ganizarão os já ditos e se articularão a acontecimentos anteriores. Em contrapartida, os acontecimentos são profundamente opacos, recebem significações múltiplas e tendem a ser "deslocados" na memória, espaço cujos saberes podem ser alterados em virtude de novas condições de produção.

No que concerne à intersubjetividade, em Benveniste, diz respeito à organização que o locutor dá à sua enunciação em relação ao presente, aceita, sem dificuldades pelo alocutário. Diferentemente, em nossa pesquisa, a temporalidade diz respeito à imagem do tempo e, para que seja aceita pelo interlocutor, é realizado um árduo trabalho enunciativo.

2.3.4 A perspectiva de Fiorin

Fiorin (1999), para tratar da actorialização, da espacialização e da temporalização, recupera "teses centrais para qualquer Teoria do Discurso", tais como a compreensão de que o discurso, por um lado, obedece às exigências da estrutura, por outro, é lugar do acontecimento (da História), o qual necessita ancorar-se nas categorias de pessoa, tempo e espaço. Dessas teses advêm as seguintes consequências:

> a) o discurso é o lugar da instabilidade das estruturas, é onde se criam efeitos de sentido com a infringência ordenada às leis do sistema; b) compreender os mecanismos de temporalização, de espacialização e de actorialização é fundamental para entender o processo de discursivização (FIORIN, 1999, p. 15).

Instável, nessa abordagem, não significa caótico, sem seguir algum princípio; remete ao que não é fixo e adquire novas significações em virtude de determinadas condições de ordem discursiva (p. 20).

Para o linguista, as gramáticas tratam como ocorrências aleatórias e separadas as trocas de formas linguísticas que se referem à pessoa, ao tempo ou ao espaço. Fiorin retoma Benveniste, para o qual pessoa, tempo e espaço são "categorias da enunciação", visando afirmar que se há essa denominação, é porque deve haver uma explicação única para as instabilidades que ocorrem nas três instâncias mencionadas (p. 21).

O fato de o discurso, dada sua associação ao acontecimento, ser propício à observação da instabilidade da língua é basilar à abordagem ora apresentada. Fiorin objetiva mostrar minuciosamente que essa instabilidade, típica do funcionamento das categorias enunciativas, não é aleatória, mas tem uma causa determinada, quer também elucidar como essas categorias manifestam-se discursivamente e atentar para quais efeitos discursivos suscitam (p. 22-3).

O conceito de *embreagem*, em Greimas, explicaria essa instabilidade, contudo, como afirma Parret (1988)[28], é preciso que a semiótica e a narratologia descrevam os tipos possíveis de *embreagens* e de *debreagens* para tratar da espacialização, da actorialização e da temporalização (p. 21).

Com a finalidade de construir essa tipologia, o estudo ancora-se na sintaxe do discurso, que integra a semiótica narrativa e discursiva, cujo objeto são "as projeções da enunciação no enunciado e as relações entre enunciador e enunciatário" (BARROS, 1988[29], p. 73 *apud* FIORIN, 1999, p. 23).

Nessa perspectiva, Fiorin, retomando Greimas e Courtès (1979[30], p. 126), explicita ser a enunciação conceituada à semelhança de Benveniste, ou seja,

> como instância de mediação, que assegura a discursivização da língua, que permite a passagem da competência à *performance*, das estruturas semióticas virtuais às estruturas realizadas sob a forma de discurso (FIORIN, 1999, p. 36) [grifos do autor].

Quanto ao enunciado, resulta da enunciação e possui frequentemente elementos que a ela se referem, como pronomes pessoais, demonstrativos, possessivos, adjetivos e advérbios apreciativos, dêiticos espaciais e temporais (p. 36).

No tocante ao tempo, mais especificamente ao tempo linguístico, é recuperada de Benveniste a tese, segundo a qual, o *agora* é reinventado a cada nova enunciação, funcionando como "eixo ordenador do tempo" nas línguas, pois anterioridade e posterioridade são instituídas a partir dele (p. 143).

---

28   PARRET, Herman. *Enunciação e pragmática*. Campinas: Ed. da Unicamp, 1988. p. 167.
29   BARROS, Diana. *Teoria do discurso*: fundamentos semióticos. São Paulo: Atual, 1988.
30   GREIMAS, A. J.; COURTÈS, J. *Sémiotique*. Dictionnaire raisonné de la théorie du langage. Paris, Hachette, 1979.

O linguista acrescenta que o tempo linguístico, além de organizar-se em relação ao presente, "concerne às relações de sucessividade entre estados e transformações representados no texto". Com essa afirmação, o tempo, na língua, seria organizado em função do momento de referência do texto e em função do momento da enunciação (p. 144). Por isso, existem na língua dois sistemas temporais: o que for relacionado ao momento da enunciação denomina-se *sistema enunciativo*, o que for relacionado às ordenações do texto, do enunciado, denomina-se *sistema enuncivo* (p. 145). O autor ainda ressalva que o momento de referência (MR) é indissociável do momento da enunciação (ME), o responsável pelas oposições temporais na língua (p. 146).

Além do ME e MR, há o momento dos acontecimentos (estados e transformações) (MA). Os três constituem "momentos estruturalmente relevantes na constituição do sistema temporal" (p. 146).

Na perspectiva explicitada, é lembrado que um texto "opera com temporalizações globais diversas" inter-relacionadas (p. 229). Para tal explicitação, Fiorin retoma de Genette (1972; 1983)[31] alguns significados que o termo polissêmico *récit* (narrativa) recebe: a) "o discurso que conta acontecimentos, ou seja, o enunciado narrativo"; b) "a sucessão de acontecimentos, que constituem o objeto do discurso narrativo, isto é, o conteúdo da narrativa, aquilo que aconteceu"; c) "o ato de narrar, a narração" (p. 230).

Esses elementos da narrativa recebem de seu proponente denominações distintas, sendo o primeiro *récit* (narrativa), o segundo, *História* e o terceiro, *narração*. Esses aspectos possuem, individualmente, temporalidades específicas, que coexistem no texto. Logo, para o narratólogo, há um tempo da história, um tempo do enunciado (narrativa) e um tempo da enunciação (narração).

Fiorin atenta que Genette objetiva refletir sobre o tempo a partir das discordâncias de aspectos da temporalidade dos três elementos narrativos. Entretanto, trata de modo marginal a temática do tempo na narração, justo a mais relevante, pois, "no que diz respeito ao tempo linguístico, é a instância da enunciação que comanda toda e qualquer temporalização, que rege o tempo do enunciado" (p. 230).

---

31   GENETTE, Gérard. *Figures III*. Paris, Seuil, 1972. GENETTE, Gérard. *Nouveau discours du récit*. Paris, Seuil, 1983.

O linguista argumenta que só há dois tempos linguísticos possíveis: o do enunciado e o da enunciação (p. 233). Sugere então manter os três aspectos da narrativa, mas considerar apenas essas duas temporalidades. Explica que é possível relegar a temporalidade da história ao compreendermos seu estatuto teórico. O discurso comporta o enunciado e a enunciação. Já a história, o assunto, corresponde a outro nível, diferente do discurso.

Por isso, explica Fiorin, foi acolhida a proposta de Greimas[32], que, no estudo do percurso gerativo do sentido, separa o nível narrativo, dos acontecimentos (história), do discursivo. Esse percurso vai do mais simples e abstrato ao mais concreto e complexo. No narrativo, há um "simulacro da ação do homem no mundo" e um nível de abstração maior que no discursivo. Os acontecimentos estão no primeiro nível. Quanto ao enunciador, na passagem ao nível seguinte, elimina sua abstração conferindo-lhes "um investimento figurativo mais concreto" (p. 232).

Fiorin enfatiza que no nível narrativo, dos acontecimentos, não há temporalização, mas "relações de pressuposição lógica" (p. 232). Nas palavras do autor, "quando um sujeito enunciador toma o nível narrativo e transforma-o em discurso, temporaliza-o" (p. 232). Nessa ótica, a temporalização manifesta-se na linguagem somente quando há "discursivização das ações" (p. 140).

Concluída a apresentação da abordagem de Fiorin, passamos à exposição de alguns posicionamentos. O linguista ancora-se na abordagem enunciativa de Benveniste, mas apresenta uma proposta original, na qual se vale de alguns conceitos advindos da semiótica narrativa e discursiva para explicar as instabilidades que ocorrem nas três categorias enunciativas.

O autor tem a preocupação teórica de mostrar o funcionamento dessas categorias no discurso e identificar através de quais mecanismos são produzidos os efeitos de sentido de objetividade e de subjetividade. Apresenta uma rica descrição do sistema temporal, explorando as alternâncias possíveis no seu uso. Por esses motivos, sua abordagem constitui um material indispensável aos interessados em refletir sobre a linguagem a partir do tempo. Contudo, o diálogo com sua proposta requer alguns distan-

---

32   Fiorin reporta-se a Greimas (1979, p. 249). Vf. nota de rodapé 30.

ciamentos, porque o linguista explica as mudanças semânticas a partir de noções advindas de uma outra linha teórica, com outros enfoques epistemológicos. Além disso, a concepção de enunciação adotada é próxima à de Benveniste, ao qual já expomos objeções. E conceitos como os de "debreagem" e "embreagem", por exemplo, embora interessantes à demonstração de como os recursos da língua são trabalhados para criação de efeitos de sentido, não podem ser simplesmente transportados para outras vertentes da Linguística, sob risco de terem suas especificidades anuladas.

Convém tecermos considerações sobre a existência de dois tempos linguísticos possíveis, o do enunciado e o da enunciação, este comandante daquele. Na abordagem apresentada, a enunciação pode ser compreendida como um ato que permite a passagem da língua ao discurso, tal como demonstrado quando recobramos Benveniste (1989). Dessa ação resulta um produto, o enunciado, que pode conter ou não indícios de quem o gerou, quando e onde. A partir desse enfoque, Fiorin considera o "tempo da enunciação", referente ao momento de produção do discurso e o "tempo do enunciado", criado a partir de um momento de referência instituído no texto.

Na AD, é pensado diferentemente o par enunciação/enunciado e, por isso, essa divisão do tempo linguístico perde procedência. Prefere-se conceber a existência de condições de produção imediatas e sócio-históricas funcionando como uma exterioridade inscrita no discurso, inseparável de sua materialidade. Somente a partir de uma "ilusão de exterioridade", o sujeito controlaria, através de determinadas escolhas linguísticas, a manifestação ou a ocultação dessas condições específicas em seu dizer.

Conforme já comentado, a enunciação é vista como um processo que consiste em selecionar dizeres e rejeitar outros, não ditos, que ficarão "à espreita", podendo interferir na aparência de fechamento do dito. Essa seleção é feita sob a ilusão produzida pelos dois esquecimentos, que causam no sujeito a impressão de origem dos sentidos e de responsabilidade pelo dizer. Dessas ilusões também resulta a "ilusão de exterioridade", a partir do qual o sujeito pensa poder renegar as condições nas quais o enunciado foi produzido. O enunciado, por sua vez, é "unidade constitutiva do discurso", é onde essas ilusões ganham existência material (LEANDRO FERREIRA, 2001, p. 14).

Além disso, o tempo, bem como o espaço, os interlocutores e o assunto tratado são elementos das condições de produção que não funcionam empiricamente nos discursos. Nestes, temos formações imaginárias sobre esses elementos, por isso, o denominado "tempo da enunciação" equivale a um tempo empírico, que é projetado no discurso conforme as filiações ideológicas dos sujeitos. Essa projeção é materializada nos enunciados, a partir dos quais o analista de discurso tenta compreendê-la.

Pelos motivos expostos, é preferível a expressão "tempo discursivo", significando o imaginário do tempo, às expressões "tempo da enunciação" e "tempo do enunciado", que remetem a uma separação entre ato e produto, desfeita no quadro epistemológico da AD.

Fiorin, retomando Genette, renega a história, "a sucessão de acontecimentos, que constituem o objeto do discurso narrativo", como um dos tempos do texto, ao qual se unem o tempo da enunciação e o tempo do enunciado (p. 230). Ao refletirmos sobre o ponto-de-vista discursivo do tempo, a história torna-se basilar. Ao invés de ser pensada como "sucessão de acontecimentos", é uma "produção de sentidos" e não se liga necessariamente à cronologia e à evolução, mas às práticas sociais (LEANDRO FERREIRA, 2001, p. 17).

O linguista conclui sua abordagem destacando que o

> discurso, por meio de um complexo jogo entre as temporalidades da enunciação e do enunciado, entre simultaneidades, anterioridades e posterioridades, cria um tempo que simula a experiência temporal do homem. Se a narrativa é um simulacro da ação do homem no mundo, sua temporalidade é uma simulação da experiência do tempo, que se constitui a partir do momento em que o *eu* toma a palavra, em que o presente é transcurso, o passado é a memória e o futuro é a espera (FIORIN, 1999, p. 248) [grifo do autor].

Sob uma ótica discursiva, preferimos dizer que os discursos, através das distintas projeções feitas sobre a "sucessão dos acontecimentos", criam um tempo específico, o tempo discursivo, a partir do qual outras representações imaginárias são feitas. No discurso, não só revelamos formas distintas de apreensão e de vivência do tempo, mas também criamos novas relações temporais, estabelecidas, não a partir do "eu", mas a partir de filiações sócio-históricas.

2.3.5 A perspectiva de Harvey

Harvey (2001) discorre sobre o tempo e o espaço preocupando-se em explicitar vínculos entre mudanças culturais e processos político-econômicos. Para o autor, essas "categorias básicas da existência humana" raramente têm seu sentido questionado, são concebidas sob a ótica do senso-comum (p. 188). Contribui para isso o registro do tempo, cujas unidades (minutos, horas, dias, meses, anos, décadas, séculos e eras) dão-nos a impressão de que tudo tem o "seu lugar numa única escala temporal objetiva" (p. 188).

Entretanto, devemos desconfiar dos reinantes sentidos "naturais" ou consensuais sobre o tempo e o espaço e atentar para as divergências interpretativas sobre essas noções. Os conflitos decorrem não apenas de opiniões diversas, mas porque determinadas apreensões sobressaem-se em relação a outras nos grupos sociais e em diferentes épocas (p. 190).

Na sociedade moderna, por exemplo, coexistem o "tempo cíclico", o "tempo da família" e o "tempo do destino, do mito, dos deuses". O primeiro dá conta dos movimentos repetitivos (as atividades diárias ou festas populares, aniversários, férias) e tem a função social de oferecer uma sensação de segurança mediante as contínuas mudanças oriundas do progresso. O segundo, denominado por Hareven (1982)[33], diz respeito ao "tempo implícito em criar filhos e transferir conhecimento e bens entre gerações através de redes de parentesco". E o terceiro geralmente é solicitado em momentos de desespero ou exaltação (p. 187-8).

Mesmo com a diversidade de conceitos de tempo e os consequentes conflitos sociais, tende-se a se considerar as diferentes interpretações como variações de um sentido único e objetivo, instituído pela física, ciência que, inclusive, comporta divergências sobre essa temática. Para Harvey, nem ao tempo, nem ao espaço podem ser atribuídas significações objetivas sem considerar os

---

33   HAREVEN, T. *Family time and industrial time.* Cambridge: Cambridge University, 1982.

"processos materiais"; conclusões a que chega com base nas ideias de pensadores como Dilthey e Durkheim (p. 189).

Na perspectiva materialista adotada, cada modo de produção ou formação social comporta uma série de práticas e concepções espaciais e temporais, as quais estão arraigadas nos "processos de reprodução e de transformação das relações sociais" (p. 201). Corroboram essa tese as formulações de Gurvitch (1964)[34], para o qual a análise histórica revela a existência de oito categorias de tipos de tempo, existentes em diferentes formações sociais (p. 204). A seguir, "A tipologia dos tempos sociais de Gurvitch", apresentada por Harvey:

A tipologia dos tempos sociais de Gurvitch

Tipo	Nível	Forma	Formações sociais
Tempo permanente	Ecológico	Tempo contínuo em que o passado é projetado no presente e no futuro; facilmente quantificável	Parentescos e agrupamentos por localidade (particularmente sociedades camponesas rurais e estruturas patriarcais)
Tempo ilusório	Sociedade organizada	Duração longa e desacelerada mascarando crises e rupturas repentinas e inesperadas entre passado e o presente	Grandes cidades e "públicos" políticos; sociedades carismáticas e teocráticas
Tempo errático	Papéis sociais, atitudes coletivas (padrões) e amálgamas técnicos	Tempos de incerteza e de contingência acentuada em que o presente prevalece sobre o passado e o futuro	"públicos" não políticos (movimentos sociais e seguidores de padrões); classes em processo de formação

---

34 GURVITCH, Georges, *The spectrum of social time*, Reidel, 1964.

TEMPO NA ANÁLISE DE DISCURSO: implicações no
imaginário de trabalhador no discurso sindical da CUT

95

		Passado, presente e futuro projetados uns nos outros, acentuando a continuidade dentro da mudança; diminuição da contingência	Seguidores da astrologia; sociedades arcaicas em que prevalecem crenças mitológicas, místicas e mágicas
Tempo cíclico	Uniões místicas		
Tempo retardado	Símbolos sociais	O futuro se torna presente tão tarde que é superado assim que se cristaliza	A comunidade e os seus símbolos sociais; guildas, profissões etc.; feudalismo
Tempo alternado	Regras, sinais, signos e conduta coletiva	O passado e o futuro competem no presente; descontinuidade sem contingência	Grupos econômicos dinâmicos; épocas de transição (capitalismo incipiente)
Tempo à frente de si mesmo (acelerado)	Ação e inovação transformadoras coletivas	Descontinuidade contingência: triunfo da mudança qualitativa; o futuro se torna presente	Capitalismo competitivo; especulação
Tempo explosivo	Fermento revolucionário e criação coletiva	Presente e passado dissolvidos num futuro transcendente	Revoluções e transformações radicais de estruturas globais

Além de as reflexões de Gurvitch oporem-se à proposição de que há "um tempo para tudo", convidam à reflexão de como as tipologias coexistem atualmente e quais as combinações possíveis (p. 204). Nesse âmbito, Harvey considera ser instigante pensar que vivenciamos em 1968 um tempo "explosivo", que, por sua vez, surgiu do tempo "ilusório" do fordismo-keynesianismo, substituído, no final dos anos 70, pelo "tempo à frente de si mesmo" (p. 204).

O geógrafo, entretanto, considera "passiva" a tipologia apresentada e sugere enquadrá-la "na estrutura mais dinâmica das concepções materialistas históricas da modernização capitalista" (p. 206). Essa proposta concretiza seu objetivo de demonstrar que representações e práticas temporais e espaciais estão estritamente ligadas à ação social, e, consequentemente, a relações de poder.

Forma de dinamizar a grade de tempos sociais é questionar "como práticas e 'discursos' temporais (...) bem estabelecidos são 'usados' e 'trabalhados' na ação social", Como a tipologia do tempo social adquire "um conteúdo de classe, de gênero, ou outro conteúdo social numa dada situação histórica?" (HARVEY, 2001, p. 208). Exemplifica o modo como tempo e espaço podem ser manipulados para criação e manutenção do poder social a articulação dessas categorias com o dinheiro (p. 208). O capital, por exemplo, na busca de lucros, altera os modos de uso e definição dessas categorias: o espaço deve ter suas barreiras aniquiladas e o tempo de trabalho tem de ser dominado para que haja apropriação dos lucros. Mas o valor do tempo não é só um saber dos administradores, por isso, as tentativas de intensificação e aceleração do processo de trabalho continuam a ser motivo de conflito (p. 211).

Outro aspecto que diz respeito à associação entre tempo e dinheiro é o fato de o capitalismo perseguir o lucro através da diminuição do "tempo de giro do capital", isto é, a associação entre o "tempo de produção" e o "tempo de circulação da troca" (p. 209). Essa aceleração dos processos econômicos repercute nos processos sociais. No trabalho, privilegia-se a acumulação flexível ao modelo fordista de produção. Consequências são a aceleração na produção, o predomínio das subcontratações, a redução de estoques (sistema *just-in-time*), a intensificação das atividades, as mudanças contínuas de pré-requisitos necessários aos trabalhadores, a rotatividade de funcionários e a diminuição do poder de ação sindical (p. 257). Há também aceleração no ritmo de consumo, mediante o atendimento dos mercados de massa (e não apenas atendimento do mercado de elite), e oferecimento de "consumos de serviços" (serviços pessoais, comerciais, educacionais, de saúde, bem como de diversões, espetáculos etc.) em detrimento dos "consumos de bens". Outras consequências são a "volatilidade" e a "efemeridade" de "modas, produtos, técnicas de produção, processos de trabalho, ideias e ideologias, valores e práticas estabelecidas" (p. 258).

Esse cenário faz emergir uma "compressão do tempo-espaço", isto é, "processos que revolucionaram as qualidades objetivas do espaço e do tempo a ponto de nos forçarem a alterar, às vezes radicalmente, o modo como representamos o mundo para nós mesmos". A expressão "compressão" advém do fato de o capitalismo promover a aceleração do ritmo da vida e a extinção das barreiras espaciais. É da impressão de existência apenas do presente e de encolhimento do espaço que surge a expressão mencionada (p. 218).

As resistências individuais podem dar lugar a manifestações sociais que objetivam banir as racionalizações pelas quais passam o tempo e o espaço e construir uma sociedade alternativa, com novas relações entre essas instâncias e o dinheiro (p. 217). A luta social é o meio pelo qual mudanças nas "qualidades objetivas do espaço e do tempo" podem e geralmente são realizadas (p. 209). Para Harvey,

> movimentos de toda espécie – religiosos, místicos, sociais, comunitários, humanitários etc. – se definem em termos de um antagonismo ao poder do dinheiro e das concepções racionalizadas do espaço e do tempo sobre a vida cotidiana. A história desses movimentos utópicos, religiosos e comunitários atesta bem o vigor desse antagonismo. De fato, boa parte da cor e do fermento dos movimentos sociais, da vida e da cultura das ruas e das práticas artísticas e outras práticas culturais deriva precisamente da infinita variedade da textura de oposições às materializações do dinheiro, do espaço e do tempo em condições de hegemonia capitalista (HARVEY, 2001, p. 217).

Entretanto, esses movimentos enfrentam um paradoxo, pois embora lutem contra a racionalização do tempo e do espaço, têm de se submeter a ela em prol de sua sobrevivência. Logo, não conseguem fugir da dinâmica do capital. Este continua dominante em virtude da soberania que tem sobre "a coordenação do espaço fragmentado universal" e a "marcha do tempo histórico global do capitalismo" (p. 217).

Uma das conclusões gerais de Harvey é a não existência de neutralidade nas práticas temporais e espaciais, pois sempre lhes subjaz algum conteúdo social, motivo de embates. No capitalismo, por exemplo, tempo e espaço "são definidos por intermédio da organização de práticas sociais fundamentais para a produção de mercadorias", contudo, "a força dinâmica da acumulação (e superacumulação) do capital, aliada às condições da luta social, torna as relações instáveis" (p. 218).

Por isso, a já questionável proposição "tempo e lugar certo para tudo" perde progressivamente credibilidade. O capitalismo embora seja soberano na instituição de determinadas concepções do tempo e do espaço, torna-se vulnerável devido a essa instabilidade de princípios concernentes a essas categorias sobre os quais a sociedade se organiza (p. 219).

Posicionando-nos sobre as reflexões de Harvey, destacamos primeiramente que a vinculação entre mudanças na concepção do tempo – processos culturais – e processos econômicos vai ao encontro de nossa hipótese de pesquisa. Durante seus 25 anos de existência, a Central Única dos Trabalhadores deparou-se progressivamente com um aumento da intervenção do capitalismo e consequente diminuição do poder sindical. Supomos que, mediante novas condições socioeconômicas, há uma mudança na representação da temporalidade e do trabalhador, que discursivamente tende a ser encoberta em prol da "aparência" de manutenção dos mesmos sentidos desde a fundação da Central até a atualidade.

Segundo Harvey, mais interessante que identificar a coexistência de apreensões do tempo, é questionar como são usadas para manter ou destruir relações de poder. Essas considerações também vão ao encontro de nossas reflexões, pois a interpelação da classe trabalhadora à formação discursiva sindical-socialista e respectiva representação temporal vem funcionar como recurso à mudança estrutural, à desestabilização das hierarquias mantidas pelo capitalismo.

As sugestões de reflexão de Harvey, concernentes à dinamização da tipologia dos tempos sociais de Gurvitch, às formas como o tempo instituído é manejado na ação social, ao modo como os sentidos de tempo vinculam-se à luta de classes, merecem uma discussão mais apurada, a ser feita nas análises discursivas.

Relembremos que Harvey atenta para o paradoxo que vivencia tanto o capitalismo como os movimentos de resistência. Estes, embora queiram escapar ao domínio do capital e à sua "compressão do tempo-espaço", têm, para sobreviver, de se adaptarem às mudanças sociais instituídas pelo capitalismo. Este, embora determine o funcionamento social, banindo as barreiras espaciais e acelerando o "tempo de giro do capital", também está suscetível a instabilidades, oriundas da luta social. Essas considerações atentam-nos para a mobilidade das representações temporais sindical-socialista e capitalista e para os deslocamentos de saber das formações discursivas oriundas desses modos de produção econômica.

Concluída essa apresentação, no próximo item discorremos sobre a Central Única dos Trabalhadores.

2.4 A CENTRAL ÚNICA DOS TRABALHADORES: reconfigurações discursivas

Nessa parte, apresentamos brevemente a história da Central Única dos Trabalhadores. As informações objetivam atentar para as relações de força que se embatem na CUT e explicitar mudanças históricas relevantes à compreensão do funcionamento do seu discurso. Após, nos itens "O novo sindicalismo" e "O neoliberalismo", abordamos mais detalhadamente componentes sócio--históricos das fases "conflitiva" e "negociadora".

2.4.1 Breve histórico

Durante os primeiros anos da década de 70, a atuação sindical caracterizou-se pelas "operações tartaruga", que atrasavam a produção e forçavam os patrões a dialogarem com o operariado (ANTUNES, 1980, p. 82). Embora a resistência nesse período não tenha ocorrido através de movimentos em massa, mas a partir de um trabalho minucioso dentro das fábricas, foi importante, inclusive, para a afirmação da identidade dos operários como grupo. Esses pequenos embates foram muitas vezes considerados irrelevantes, mesmo assim criaram condições para as paralisações de 78 e para o surgimento de um sindicalismo diferente do existente até 1964 (RODRIGUES, 1997, p. 50-2).

O período de eclosão de greves foi compreendido historicamente como o retorno da classe trabalhadora à cena política após uma resistência mais silenciada. Através das mobilizações, foi afirmada uma nova identidade coletiva e propalada a luta social como instrumento para conquista de direitos básicos (SADER, 1988). Com a militância, os trabalhadores, organizados em sindicatos, participaram ativamente do processo de redemocratização pelo qual passava o país, reivindicando que a igualdade não fosse apenas retórica.

Conforme descrição de Rodrigues (1997), nos acontecimentos de 78 encontraram-se dois grupos distintos lentamente formados a partir da derrota de 64: a Oposição Sindical Metalúrgica de São Paulo, na capital paulista, e o Sindicato dos Metalúrgicos de São Bernardo do Campo e Diadema[35], na grande São Paulo (p. 53). A Oposição Sindical, surgida pós-64, teve uma importante influência da Igreja Católica e aglutinou militantes distanciados de seus movimentos de esquerda. Durante o regime autoritário, defendeu a organização dos trabalhadores pela base, a criação de comissões de empresa dentro das fábricas, o fim da estrutura sindical vigiada pelo Estado e a liberdade do sindicalismo (p. 54-5).

O Sindicato de São Bernardo, durante os anos 70, adquiriu o perfil de um sindicalismo de massas com uma preocupação deixada à margem por organizações anteriores: a solução de problemas que afligem aos trabalhadores no local de trabalho. Privilegiou, assim como a Oposição Sindical, a organização pela base dos operários e concebeu a empresa como lugar ideal para as discussões trabalhistas (p. 66). Essa prática sindical, por questionar as condições de trabalho e de vida, primeiramente dos metalúrgicos e posteriormente de amplas parcelas da classe trabalhadora, foi um "ponto de irradiação" para o movimento grevista que, iniciado em São Paulo, se alastrou pelo país (p. 70).

Quando surgiram as greves de 78, havia uma certa convergência de concepção e prática sindicais dessas duas vertentes, mesmo sem terem estabelecido contato mais direto até as greves de maio do referido ano (p. 79). Segundo Rodrigues (1997), também aproxima esses dois polos a estreita relação com a Igreja Católica, que, nos anos 60, chegou às periferias das grandes cidades e às zonas rurais atuando na organização de grupos de oposição ao regime militar e na conscientização da falta de direitos elementares (p. 84-5).

Nessa época, são criadas as Comunidades Eclesiais de Base (CEBs). Retomando frei Betto, o autor as define como "pequenos grupos organizados em torno da paróquia (urbana) ou da capela (rural), por iniciativa de leigos, padres ou bispos". As CEBs reuniram trabalhadores das classes populares com a mesma fé, pertencentes à Igreja, moradores da mesma região. Aglutinaram e instruíram pessoas carentes e oprimidas que necessitavam reivin-

---

35 Posteriormente, renomeado Sindicato dos Metalúrgicos do ABC.

dicar direitos de cidadania, assim, foram relevantes à formação política de muitos trabalhadores, alguns dos quais se tornaram líderes sindicais (p. 83-4).

A Igreja, focalizando a dignidade do trabalhador, ajudou a criar concepções sindicais semelhantes às defendidas pelos movimentos operários que se encontraram nos acontecimentos de 78. Ocorreu então uma confluência entre os militantes cuja formação era a Igreja Católica, os ativistas do Sindicalismo de São Bernardo e os oriundos do movimento de esquerda que constituía a Oposição Sindical. Dessa união surgiu o "novo sindicalismo", que agregou também divergências dessas três vias (p. 86-7).

Após o retorno do movimento sindical, suas várias tendências uniram-se para criar "organismos centrais de representação dos trabalhadores" (MARTINS-RODRIGUES, 1990, p. 5). Com essa finalidade, foi realizada a primeira Conferência Nacional da Classe Trabalhadora (CONCLAT), em 1981. Na ocasião, decidiram a criação de uma Comissão Nacional Pró-CUT para dar continuidade às resoluções aprovadas na Conferência e realizar no ano seguinte um Congresso Nacional da Classe Trabalhadora, importante para a formação de uma central única dos trabalhadores. Mas havia muitas divergências na CONCLAT e na Comissão Pró-CUT. Duas tendências eram evidentes:

> Uma delas, mais à esquerda, reuniu dirigentes sindicais do chamado "Bloco Combativo", tendo à frente o Sindicato dos Metalúrgicos de São Bernardo. Integravam também essa tendência militantes das oposições sindicais e da esquerda radical. Os primeiros, geralmente, estavam ligados à igreja; os segundos eram de orientação trotskista ou leninista. A outra ala, "a moderada" denominada às vezes de "Bloco de Reforma", reunia sindicalistas da tendência Unidade Sindical, que juntava dirigentes pouco engajados politicamente que controlavam sindicatos, federações e confederações importantes (...) (MARTINS-RODRIGUES, 1990, p. 6).

Conforme Martins-Rodrigues (1990), num extremo, estavam os sindicalistas moderados, que almejavam limitar "a ação sindical à luta pela consolidação do regime democrático", no outro, os combativos, interessados numa transformação social mais profunda, rumo ao socialismo (p. 7).

Ocorreu o adiamento do CONCLAT de 1982 e o bloco dos combativos realizou em agosto de 1983 o I CONCLAT, no qual foi fundada a Central Única dos Trabalhadores (CUT). A tendência oposta manteve por certo tempo o nome CONCLAT e depois substituiu, em 1986, por Central Geral dos Trabalhadores (CGT) (p. 7). A CONCLAT de 1983 decidiu formar uma central "independente dos patrões, do governo, dos partidos políticos e dos credos religiosos". Defendeu a "autonomia e a liberdade sindical, a organização por ramo de atividade produtiva e a organização por local de trabalho" (p. 7). Seu Programa de Lutas já discutia aspectos que seriam repetidos nos próximos congressos da CUT, "misturando demandas de caráter trabalhista com outras de reforma social mais radical". As primeiras, referentes ao salário-desemprego, à diminuição da jornada de trabalho, ao direito de sindicalização, à estabilidade etc., eram alcançáveis num sistema político plural. As segundas, referentes à reforma agrária, à coletivização de empresas capitalistas, por exemplo, só poderiam ocorrer mediante lutas que alterassem profundamente a estrutura social (p. 7-8).

No I CONCUT, realizado em agosto de 1984, foi entendido que o Plano de Lutas estaria além das possibilidades estruturais da recém-fundada Central, mas novamente o congresso aprovou outro Plano, ambicioso como o anterior. Entre suas promessas estavam o "rompimento com o FMI", o "fim do arrocho salarial", a "reforma agrária sob controle dos trabalhadores e terra para quem nela trabalha" e o "atendimento imediato das necessidades básicas da classe trabalhadora" (p. 9).

Na avaliação de Martins-Rodrigues (1990), os temas citados mais parecem "propaganda" do que um plano de lutas realizável (p. 9). O autor, que realizou um estudo até o IV CONCUT, observou não terem sido aplicados os planos de luta instituídos nos congressos. Também foram ignoradas "as palavras-de-ordem mais radicais". Ao indagar a aprovação de documentos repletos de demandas gerais que não norteiam, na prática, a atividade sindical, identifica uma necessidade de afirmação de identidade. Esta deve diferenciar a CUT de outras centrais sindicais e lhe garantir uma aparência de unidade, dissimuladora de suas divergências internas (p. 10).

Rodrigues (1997) também destaca a repetição das demandas a cada novo congresso e a abrangência das temáticas discutidas, semelhantes às de um programa de governo. Observa que nas resoluções, nos programas, nos manifestos, as diferentes facções da Central se unem, sendo esquecidas acirradas divergências. Para a aparência de unidade, são aprovadas propostas políticas amplas, não diretamente relacionadas às atividades dos sindicatos cutistas ou ao cotidiano dos trabalhadores filiados à Central (p. 113).

Para Martins-Rodrigues (1990), as promessas de mudança social estariam relacionadas à vinculação ideológica "anticapitalista" e "antiliberal" de muitos delegados dos congressos da entidade. Há uma conscientização das forças antagônicas sociais por parte dessas lideranças porque a CUT, embora tenha ativistas de origem operária, é uma Central, em comparação a outras, muito intelectualizada (p. 10).

Os militantes cutistas tiveram experiências diferenciadas no regime militar e, por isso, têm pretensões conflitantes quanto à função social da Central. Aqueles que tinham uma posição na estrutura sindical querem fazer da CUT um "organismo de coordenação das lutas sindicais". Aqueles que participaram da luta armada, das prisões, do exílio e atuaram em organizações políticas clandestinas querem fazer da CUT "um instrumento de luta pelo socialismo" (p.11).

A realização de uma prática sindical de inclinação socialista fica evidente no II CONCUT, realizado em 1986. Conforme nota Martins-Rodrigues (1990), no art. 2° do congresso de fundação, a perspectiva histórica era: "sociedade sem exploração, onde impere a democracia política, social e econômica". A adesão explícita ao socialismo apenas é feita no II CONCUT, quando aprovada resolução que o declara objetivo final dos trabalhadores (p. 13).

Esse congresso também demarcou as principais tendências da CUT, a Articulação Sindical (esquerda sindical ou contratualista) e a CUT pela Base (esquerda socialista). Esta teve seu último momento de destaque, pois, posteriormente, a Articulação e seus aliados passaram a ser mais influentes na determinação do "jogo político-sindical" (RODRIGUES, 1997, p. 109).

O Sindicato dos Metalúrgicos do ABC, interessado no "sindicalismo autêntico", organizou-se a partir de 1986 com aliados, formando a Articulação (RODRIGUES, 1997, p. 43). Essa corrente, assim como a outra, visa ao socialismo, mas almeja para a CUT a concentração em pautas tipicamente trabalhistas e a função de representante de organizações sindicais (MARTINS-RODRI-

GUES, 1990, p. 23). A CUT pela Base, advinda principalmente do Movimento de Oposição Metalúrgica da São Paulo (MOMSP), atrela à CUT a função política de combater o capitalismo. Por isso, as propostas devem exceder temáticas sindicais (RODRIGUES, 1997, p. 43 e 112).

A possibilidade de negociação entre Estado, empresários e trabalhadores, a denominada "negociação tripartite", exemplifica a divisão interna da Central. A Articulação busca a negociação e aceita a flexibilidade na relação capital/trabalho, aspectos renegados pela vertente mais revolucionária.

Perpassa os eventos realizados pela CUT e a prática cotidiana a indagação sobre a função social da Central. É consenso que apresente uma proposta à sociedade, devido à sua representatividade, entretanto, as correntes ideológicas se opõem quanto ao teor desse plano. Para a esquerda contratualista, um projeto teria de ser formulado em conjunto com setores da sociedade civil, partidos e parlamento. Haveria um fórum, do qual a CUT participaria. Para a esquerda socialista, o projeto cutista deveria ser alternativo, repleto de objetivos semelhantes aos definidos por partidos políticos. Essas questões são motivos de tensão e têm tamanha relevância que estão continuamente pondo à espreita a unidade da Central (RODRIGUES, 1997, p. 109 e 171)

O III CONCUT, realizado em 1988, foi o último congresso de massas e o maior de todos, com mais de 6 mil sindicalistas. Subjazia às discussões a natureza da CUT, voltada às questões sindicalistas ou a temáticas mais amplas, de cunho político (MARTINS--RODRIGUES, 1990, p. 20). Na ocasião, a chapa Articulação, majoritária, conseguiu a aprovação de um conjunto de alterações nos estatutos, referentes à periodicidade dos congressos, ao número de delegados e ao modo de escolha dos participantes. Conforme Martins-Rodrigues (1990), algumas mudanças eram necessárias, pois estava se tornando inviável manter o nível de participação dos congressos anteriores, com mais de 5 mil participantes, para o aprofundamento das discussões; o intervalo de dois anos entre um congresso e outro exigia constante envolvimento; e o elevado número de participantes requeria um permanente trabalho de captação de recursos (p. 22).

Embora benéficas, as mudanças contribuíram para que a tendência Articulação se mantivesse majoritária nos próximos congressos e, consequentemente, enfraquecesse as vertentes mais à esquerda. Estas alegaram que as mudanças estatutárias aumentariam o poder da direção dos sindicatos e enfraqueceriam a influência das bases (p. 23).

Para Rodrigues (1997), o III CONCUT representou, devido às mudanças estatutárias, o início da passagem de uma concepção "movimentista" para uma mais "organizativa", "burocrática", "administrativa". Nas palavras do autor,

> a trajetória da Central Única dos Trabalhadores, desde sua fundação até o seu terceiro congresso nacional realizado em 1988, representou o período de sua construção e afirmação, cuja fase mais movimentista, libertária, socialista e conflitiva, enfim, heroica, encerrava-se com o III CONCUT (RODRIGUES, 1997, p. 118).

Do movimento grevista de 1978, marcado pela crítica à estrutura sindical vigente e concepções radicais, aos anos 80, ocorreu uma mudança tanto no discurso quanto na prática da Central. De "revolucionária" passou a "reformista", "adaptando-se à estrutura e tentando transformá-la a partir de dentro" (p. 135-6).

As mudanças estruturais do III CONCUT foram aplicadas no IV Congresso, realizado em 1991 com muitas lideranças sindicais e poucos delegados. Essas condições propiciaram o enfrentamento político-ideológico, que culminou em "pancadaria" e impressão de que a Central se dividiria. Dois blocos fundamentais se confrontavam: de um lado, a tendência Articulação, com a Nova Esquerda, a Vertente Socialista e a Unidade Sindical, do outro, a CUT pela Base e aliados, Corrente Sindical Classista, Convergência Socialista e pequenos grupos denominados "Antártica", ou seja, "antiarticulação" (RODRIGUES, 1997, p. 182 e 185).

Rodrigues (1997), ao analisar quatro das dezesseis teses do IV CONCUT, evidenciou a menção, quase predominante, ao socialismo, acentuado pela Articulação (p. 194). Também verificou que as teses têm mais um papel de conscientização do que uma relação direta com as questões sindicais. Estas não são enfrentadas diretamente e têm sempre sua resolução adiada para quando a sociedade for reestruturada. Supõe que essa distância com a prática dos trabalhadores ocorre devido a um "forte componente moral e valorativo". Assim explica sua posição:

Talvez se pudesse afirmar que existe no sindicalismo-CUT a ideia de um "socialismo de todo o povo", de influência cristã[36], que embasaria o *ethos* de seus militantes e que se consubstanciaria num socialismo plebeu, que funcionaria como um poderoso instrumento de identidade junto aos pequenos grupos de esquerda revolucionária em atividade na Central e em parcelas da corrente majoritária, especialmente em setores de base desta tendência (RODRIGUES, 1997, p. 203).

À época do IV CONCUT, o sindicalismo cutista, além dos problemas internos, começava a enfrentar outros, advindos das novas condições político-econômicas. Em 1989, Fernando Collor, com um projeto neoliberal, elegia-se presidente da República. Além disso, o país começava a sentir os efeitos da reestruturação das empresas, cuja consequência foi a emergência do modelo de acumulação flexível ou *toyotismo*, em contraposição ao *fordismo-taylorismo*. Esses fatores e o processo de institucionalização da CUT, mais distanciada da base, contribuíram para uma "paralisia" no sindicalismo, já iniciada em 1988. A conformação deu lugar à negociação e a vinculação ao socialismo vem perdendo progressivamente credibilidade (RODRIGUES, 1997, p. 182 e 207). Na contracorrente, a Central segue reiterando sua vontade de instaurar um novo sistema político:

> O 5° CONCUT reafirma a posição da Central de luta pela perspectiva socialista nos marcos da recuperação do capitalismo (V CONCUT, 1994).

> O socialismo coloca-se como a única saída progressista para a humanidade, a única alternativa à degradação social (VI CONCUT, 1997).
> É indispensável que os trabalhadores adquiram a consciência de que só com a conquista de um novo regime social, o socialismo, estaremos no rumo de um caminho progressista para contornar a encruzilhada histórica à qual as elites governantes conduziram o Brasil (VII CONCUT, 2000).

---

36 Pretendemos revisitar essas considerações nas análises discursivas, mas a "influência cristã" não será abordada, em virtude da delimitação realizada na extensa revisão bibliográfica das ciências sociais sobre a CUT.

Realizada uma breve apresentação da história da Central, no próximo item, discorremos sobre a emergência do "novo sindicalismo" e o modo como esse período foi ressignificado.

2.4.2 O novo sindicalismo

De acordo com a abordagem de Marco Aurélio Santana (1999), no fim dos anos 70, os trabalhadores reivindicaram participação nos projetos políticos de transição para a democracia, dos quais estavam excluídos. Nesse período, os setores da esquerda concorreram com propostas políticas e sindicais que regessem as reivindicações trabalhistas (p. 104).

No sindicalismo nacional, disputavam, de modo mais relevante, dois blocos. O grupo dos "combativos", do qual surgiria o PT e a CUT, era formado pelos "sindicalistas autênticos" e pelas "Oposições Sindicais". Já o bloco "Unidade sindical", embrião da CGT, era constituído por lideranças tradicionais do sindicalismo, incluindo os "pelegos" e a "esquerda tradicional", da qual faziam parte o PCB, o Movimento Revolucionário 8 de Outubro (MR-8) e o Partido Comunista do Brasil (PC do B) (p. 104).

Os "combativos", preponderantes na formação do "novo sindicalismo", tinham um projeto contrário à "Unidade Sindical", concebida como "reformista" e/ou "pelega", por compactuar com a "colaboração de classes" e, assim, dificultar a luta dos trabalhadores. O primeiro bloco delineava sua proposta opondo-se ao sindicalismo praticado no pré-64 e, nesse contexto, focalizava o PCB, desprestigiando-o por seu vínculo com o "populismo" e sua consequente contribuição na derrota dos setores populares no golpe militar. Vale destacar que esse partido atuou entre 1945 e 1964 como representante da esquerda e disputava com outros grupos a organização do movimento de contestação que emergia no fim dos anos 70. O "novo sindicalismo" formou sua identidade tendo como importante contraponto a prática política do PCB, considerado um "fio de continuidade com o passado e, portanto, um elemento sobre o qual se poderia marcar uma ruptura" (p. 104).

O "novo sindicalismo" era então formado por "sindicalistas 'puros', trabalhadores 'genuínos'", organizados independentemente. A ruptura do passado também se fazia pela emergência de uma "classe trabalhadora jovem, nova no tempo e no espaço e, portanto, livre das 'fraquezas' dos velhos operários". Estes, por escolha própria ou pelos "equívocos" do PCB, aderiram ao "pacto populista". Sendo assim, o "novo" movimento constituiu-se negando as atividades do PCB, acusado de atender interesses políticos no passado e, por isso, inapto a vencer as disputas entre os setores de esquerda que concorriam na conjuntura política. Nas palavras de Santana, "a luta do presente trazia, assim, o passado como referência e instrumento de disputa" (p. 104-5).

O novo sindicalismo foi um movimento histórico significado a partir das articulações advindas tanto do campo político-sindical, como do acadêmico, no qual, vários intelectuais eram também militantes. Por isso, as demarcações entre o "velho" e o "novo", bem como as redefinições do período histórico em questão foram realizadas nesses dois âmbitos (p. 105; 115).

Santana revisita trabalhos acadêmicos que teorizaram o "novo sindicalismo" e divide-os em três linhas. Na primeira, estudos questionadores de marcos utilizados para diferenciar a prática sindical anterior e atual. Essas produções detiveram-se sobre a ação comunista, argumentando contra a sua desvinculação das bases e opuseram-se à percepção do sindicalismo pré-64 atrelado ao populismo. Na segunda linha, os trabalhos ativeram-se a pontos de continuidade entre o velho e o novo sindicalismo. E no terceiro segmento estão as reflexões sobre o "novo sindicalismo" não apenas em seus primórdios, mas também em seus desdobramentos. Nessa vertente, estão inclusas, por exemplo, as demonstrações de limitações dos "novos atores" e explicações do modo como as transformações do mundo do trabalho interferiram nos planos do movimento grevista de 1978 (p. 110-1).

Os avanços do "novo sindicalismo" são inquestionáveis, mas esse projeto não conseguiu pôr em prática suas bandeiras originais. Exemplifica isso a promessa de alteração da estrutura sindical e a organização nos locais de trabalhos, aspectos sobre os quais nos deteremos a seguir a partir das reflexões de Boito Jr. (1991) e Rodrigues (1991).

O processo de fortalecimento e ampliação pelo qual passou o sindicalismo brasileiro nos anos 80 e início dos anos 90 é compreendido por dirigentes sindicais e estudiosos como um rompimento com a intervenção do populismo nas organizações de trabalhadores (p. 45). Armando Boito Jr. (1991) revoga essa perspectiva, alegando haver, no período mencionado, permanência da antiga estrutura sindical corporativa dos anos 30, propícia ao "sindicalismo populista" (p. 46). No que diz respeito à estrutura sindical, Armando Boito Jr. (1991) desenvolve uma apurada reflexão que importa ser retomada, pois a democratização dos sindicatos é um dos principais objetivos do "novo sindicalismo" e consequentemente da prática sindical cutista. Durante o período de estabilidade da ditadura militar, 1968-1978, vigorava o "sindicalismo de governo", isto é, os sindicatos eram atrelados ao Estado e estavam sob a vigília dos governos militares. Nesse contexto, a maioria das diretorias sindicais eram "pelegas", "governistas" e caso surgissem direções opostas à estrutura, eram depostas. O funcionamento dos sindicatos era meticulosamente controlado: um estatuto padrão instituía as ações sindicais, havia fiscalização das eleições pelo Ministério do Trabalho e controle das despesas e receitas pelo governo. Aos sindicatos oficiais cabia unicamente a implantação e a expansão de serviços assistenciais, dentre eles, médicos, odontológicos, laboratoriais, colônia de férias, bolsas de estudo. Por isso, convertiam-se em "agências da Previdência Social", cujos beneficiados eram somente os sócios (p. 46-7).

Nos anos 80, ocorre um "progressivo afrouxamento" do controle sindical. O cenário político modifica-se devido às greves em massa entre 1978-80, à criação da CUT em 1983 e à política liberalizante iniciada, em 1985, por Almir Pazzianotto, ministro do Trabalho do governo de José Sarney. Integraram essa política a abolição do estatuto padrão, a suspensão do controle direto das Delegacias Regionais do Trabalho (DRTs) sobre as eleições sindicais, e o abandono da prática de deposição das diretorias sindicais contrárias à política econômica. Além disso, em 1988, foi promulgada Constituição que impunha obstáculos à interferência tão direta e meticulosa do governo nos sindicatos oficiais (p. 47-8).

Para Armando Boito Jr., esses elementos não indiciam a extinção da velha estrutura sindical herdada de 30, apenas sua reforma. O autor explica seu posicionamento, atentando para a diferença entre "estrutura sindical", mais estável, e seus "efeitos", os quais variam conforme a conjuntura (49-50).

A estrutura sindical pode ser definida como um "sistema de relações que assegura a *subordinação dos sindicatos* (*oficiais*) *às cúpulas do aparelho de Estado* – do Executivo, do Judiciário ou do Legislativo". O ponto-chave dessa estrutura é a exigência de que os sindicatos só poderão representar os trabalhadores caso tenham, junto ao Estado, um "reconhecimento oficial-legal" (p. 50-1) [grifos do autor].

À época da publicação do ensaio ora retomado (1991), era o Ministério do Trabalho o concessor desse registro. Por existir essa obrigatoriedade de "registro-reconhecimento", há uma "*representação sindical outorgada pelo Estado*" (p. 51) [grifos do autor].

O "reconhecimento oficial-legal" do sindicato pelo aparelho de Estado é importante para a manutenção da estrutura sindical, porque dele advêm os demais elementos dessa estrutura. Esta é composta não somente pela "representação sindical outorgada", mas também pela "unicidade sindical (= sindicato único por força da lei)", pelas "contribuições sindicais obrigatórias" e pela "tutela do Estado, particularmente da Justiça do Trabalho, sobre a atividade reivindicativa dos sindicatos" (p. 51).

O sindicato precisa do reconhecimento oficial para, por exemplo, ser o único representante de um segmento de trabalhadores; realizar negociações, acordos e contratos coletivos de trabalho; poder receber em seus cofres recursos das contribuições obrigatórias; ser reconhecido publicamente pelo patronato e pela mídia. (p. 52).

Um efeito dessa estrutura sindical é a possibilidade de o Estado regulamentar, de forma rígida ou flexível, o funcionamento dos sindicatos, podendo estabelecer, inclusive, punições às transgressões dos sindicalistas (p. 52).

Nos regimes ditatoriais, surge como consequência da estrutura sindical um "*modelo ditatorial de gestão e controle governamental sobre os sindicatos oficiais*", cujas implicações são a inibição de quaisquer ações reivindicativas; o domínio desses sindicatos pelos "pelegos"; controle do processo eleitoral; existência de um detalhado estatuto padrão; deposição de diretorias eleitas; controle das finanças dos sindicatos, os quais devem investir em serviços assistenciais; e reajustes salariais determinados unicamente pela política econômica do governo. Vale destacar que essas imposições somente são feitas pelo Estado, porque é este quem outorga aos sindicatos sua existência oficial (p. 53) [grifos do autor].

Na estrutura sindical descrita, o controle que o Estado exerce sobre os sindicatos pode ser mais rígido, tal como nos regime ditatorial, ou flexível, no caso do regime "democrático". É nesse contexto que surge o *sindicalismo de Estado*", iniciado pelos governos populistas (p. 54).

No sindicalismo populista, o Estado é mitificado como entidade que se põe a proteger os trabalhadores do excesso do capital, mediante a expansão das políticas sociais. A "política protetora" tenta compensar os recursos financeiros e a obrigatoriedade legal de negociação do patronato com os sindicatos. Visa compensar também "uma suposta debilidade e incapacidade organizativa congênita e insuperável dos trabalhadores". Assim,

> a tutela do Estado sobre os sindicatos aparece, então, aos olhos do trabalhador ou sindicalista penetrado pela ideologia populista, como uma vantagem. É assim que o legalismo populista legitima a estrutura sindical (p. 56-7).

O movimento grevista de 1978 não pôs em crise a estrutura sindical, mas sua consequência: "*o modelo ditatorial de gestão do sindicalismo de Estado*", implantado pela ditadura militar. Posteriormente, as correntes sindicais mais poderosas da CUT lutaram contra esse modelo, opondo-se ao "controle policial dos sindicatos", ao "monopólio do peleguismo sobre o aparelho sindical", à "determinação dos reajustes salariais exclusivamente através de decretos governamentais", por exemplo. Mas, na ótica de Boito Jr., tais correntes sindicais lutaram contra os "efeitos jurídicos tutelares da estrutura sindical", mas não se opuseram aos princípios basilares da estrutura sindical (p. 58) [grifo do autor].

No congresso de fundação, em 1983, são aprovadas resoluções genéricas sobre a defesa da liberdade e da autonomia sindical. No I CONCUT, em 1984, a CUT denuncia, por exemplo, o imposto sindical e o assistencialismo. Nas resoluções sobre a estrutura sindical aprovadas no II CONCUT, em 1986, há um grande avanço no discurso cutista. É a primeira vez que a CUT declara ser contrária à unicidade sindical, isto é, "o sindicato único imposto por lei". E no III CONCUT a Central avança, ao aprovar uma resolução sobre o Contrato Coletivo de Trabalho, que substituiria a tutela da Justiça do Trabalho na ação sindical (p. 80-1).

As formulações dos CONCUTs apontam para a superação da "ideologia da legalidade sindical", mas se contradizem com propostas mais específicas e com a prática sindical cutista. Por isso, é possível observar o discurso da Central com duas camadas sobrepostas: a mais visível tem afirmações genéricas, mais teóricas do que práticas sobre "a defesa da liberdade sindical, a oposição à unicidade, ao imposto, à tutela da Justiça do Trabalho"; a mais velada diz respeito às ações realizáveis e contradiz o conteúdo da primeira camada (p. 81-2).

A movimentação dos trabalhadores contra o regime autoritário criou a "falsa impressão" de que a estrutura sindical e seus "elementos remanescentes", tais como "reconhecimento do sindicato pelo Estado, unicidade sindical, contribuições sindicais obrigatórias, tutela da Justiça do Trabalho sobre a ação sindical", não mais imporiam limites à luta organizada dos trabalhadores. Mas, argumenta Boito Jr., embora haja "relaxamento" dos mecanismos de controle do Estado em relação aos sindicatos, a estrutura sindical mantém seu caráter limitador (p. 83).

A estrutura sindical impõe três limites básicos ao movimento sindical. O primeiro e mais geral é a restrição da *"luta sindical no terreno dos interesses políticos da burguesia"*. Explicitando o exposto: o sindicalismo, independentemente dos objetivos das diretorias dos sindicatos oficiais, é mantido afastado da luta pela "extinção da propriedade privada dos meios de produção e da exploração do trabalho assalariado, isto é, permanece separado da luta pelo socialismo" (p. 84) [grifos do autor]. O segundo limite, mais estreito, submete o sindicalismo aos interesses de quem controla a política de Estado. Torna-se mais rígido nos períodos de regime ditatorial, porque há um maior autoritarismo do governo sobre os sindicatos oficiais. E o terceiro limite consiste em "debilitar a organização e a luta sindical no seu conjunto, enquanto luta estritamente reivindicativa por melhores salários e melhores condições de trabalho" (p. 84-5).

Esses três limites seguem sendo aplicados pela estrutura sindical. Para tanto, esta utiliza mecanismos próprios, os quais não desapareceram com a eliminação do *"modelo ditatorial de gestão dos sindicatos oficiais"* e seguem eficazes, mesmo após a diminuição do controle estatal (p. 85).

O "mecanismo de base" tanto promove a dispersão dos trabalhadores, os quais são afastados da organização sindical, como cria a expectativa de uma intervenção espontânea do Estado, que tentaria atender às demandas trabalhistas (p. 85). Unem-se a esse "mecanismo de base" outros mecanismos típicos da estrutura sindical, os quais se mantiveram ao longo da década de 80: "divisão dos trabalhadores em categorias profissionais e bases municipais", "o efeito moderador da intervenção da Justiça do Trabalho e a presença das lideranças pelegas e direitistas à frente dos sindicatos oficiais" (p. 89). Tais mecanismos contribuíram para minar a animação da luta sindical no período mencionado (p. 90).

Embora o governo não depusesse mais direções sindicais combativas, valia-se da distribuição de cartas sindicais às diretorias pelegas afastadas de seus sindicatos. Tais cartas anunciavam o seguinte presente: um novo sindicato oficial. Dessa forma, o governo incentivava o sindicalismo de direita. Outro fator é que os pelegos aproveitavam-se do perfil atrasado de seus sindicalizados. Através do assistencialismo propiciado pelas contribuições sindicais obrigatórias, os pelegos formavam "clientelas eleitorais", que garantiam a sua continuidade nas direções sindicais (p. 89).

O sindicalismo de direita ainda tem força por causa da fraqueza que a estrutura sindical produz na classe trabalhadora e pela existência do "sindicalismo de Estado", que garante ao sindicalismo de direita "representatividade, amplitude e presença nacional" (p. 91). E correntes que formavam o sindicalismo de esquerda e lutavam pelo socialismo foram derrotadas pela permanência da estrutura sindical.

O autor denuncia que a CUT, tal como propala, não está presente nos locais de trabalho e sentiu os efeitos da fragmentação dos trabalhadores em categorias profissionais, o que repercute na sua autodefinição de "central sindical de massa". Boito Jr. corrobora sua análise retomando uma avaliação de dirigentes cutistas sobre a Central: é "apenas uma 'referência' política e sindical para os trabalhadores" (p. 90).

Quanto ao novo sindicalismo, embora perseguido pela ditadura militar, conseguiu eliminar o controle ditatorial no movimento sindical, ganhou a concorrência com muitos pelegos e progrediu. Mas, seu crescimento custou-lhe um preço: o afastamento de seus propósitos iniciais, que anunciavam um sindicalismo organizado e eficiente. No início dos anos 90, encontra-se limitado pela estrutura sindical oficial, cuja tendência populista ainda não foi abolida (p. 91).

Concluída a retomada das reflexões de Boito Jr., sigamos a revisão da literatura das ciências sociais sobre os marcos divisores entre o "velho" e o "novo sindicalismo". Além do rompimento com a estrutura sindical oficial, o novo sindicalismo surgiu focalizando a organização dos trabalhadores pelas bases. Dessa forma, foram incentivadas formas autônomas de agrupamento dos trabalhadores, as comissões de empresa, uma das estratégias do processo de democratização da estrutura sindical. Tais comissões são assim definidas por Rodrigues (1991):

> A comissão de empresa, geralmente, é um organismo eleito – em assembleia ou por votação secreta – pelo conjunto dos empregados de um determinado estabelecimento, com o objetivo de representar seus interesses junto à direção da empresa. Normalmente, seus representantes são escolhidos por seção, setor ou área, como forma de melhor representar todos os trabalhadores; possui estatuto próprio e é reconhecida pela companhia como organismo de representação trabalhista (RODRIGUES, 1991, p. 154).

As comissões contrapõem-se ao modo como o sistema capitalista concebe as relações trabalhistas; servem como um instrumento, permanente e institucionalizado, para intervir nos conflitos cotidianos das empresas; atuam tentando diminuir o poder gerencial e aumentar o poder de controle dos empregados sobre suas condições de trabalho (p. 158).

A organização dos trabalhadores nos locais de trabalho é uma prática antiga do movimento operário. As denominadas "comissões de fábrica", "comissões de empresa", "conselho de representantes dos funcionários", "comissões de garagem", existiram nas unidades produtivas nos anos 10, 20, 30, no imediato pós-guerra, anos 50 e 60 (p. 140 e 144). Por isso, pode-se argumentar que o ressurgimento dessas comissões no movimento grevista de 78 não é uma novidade. As comissões fazem parte da história do operariado e recebem, dependendo da conjuntura, maior ou menor vigor (p. 148).

O que seria "novidade" das comissões de empresa nos anos 80 em relação a outros períodos é a maior tendência à institucionalização, o aumento da estabilidade e abrangência nas categorias (p. 157).

Santana (1999), a partir da literatura das ciências sociais, comenta que outro fator diferenciador do "velho" e do "novo" era o imposto (contribuição sindical), considerado pelos "novos atores" uma forma de vínculo dos sindicatos ao Estado. Com o passar do tempo, o "novo sindicalismo" reformulou seu discurso radical contra o imposto, em prol de um reconhecimento das dificuldades de sua extinção, a qual prejudicaria o funcionamento de entidades sindicais (p. 114).

Para conferir um "status" de "novidade" ao seu projeto, o novo sindicalismo valeu-se de algo não inédito nos estudos acadêmicos, nem no movimento sindical, isto é, a ruptura com o passado. A história, nesse contexto, se dividia em períodos com ausência de relação entre si ou com uma "relação de desqualificação" (p. 112). Nesse contexto, convém retomar Ridenti (2006), que, ao analisar os ciclos da esquerda brasileira, constata a "ideologia do marco zero" como característica dos momentos de transição entre esses períodos (p. 35).

Na avaliação de Santana (1999), as análises do "novo sindicalismo" ancoraram-se na ideia de ruptura. E os grupos políticos que ensejaram esse movimento desejavam o corte com o passado. Tais fatores contribuíram para uma ênfase demasiada ao "caráter de novidade". Assim, foi prejudicada uma interpretação mais atenta aos problemas históricos da classe trabalhadora e suas formas de organização. Ao serem negadas as experiências passadas, dificuldades habituais foram tratadas como novidades e passíveis de soluções novas, mas a realidade mostrou-se complexa e relutante às modificações almejadas (p. 115).

Leila Blass (1999) também considera exagerada a "novidade" propalada pelos movimentos sociais em destaque no fim dos anos 70. Para a autora, tanto dirigentes e militantes sindicais, quanto pesquisadores prestigiam alguns acontecimentos do sindicalismo nacional nas últimas décadas e, assim, ofuscam tradições políticas e culturais, ou seja, induzem ao esquecimento de ações relevantes da luta das classes trabalhadoras brasileiras (p. 36). A consequência é tanto o menosprezo das práticas sindicais prévias como o apagamento das ambiguidades que caracterizaram o "novo sindicalismo" (p. 45).

O "direito de greve, a ação direta combinada às negociações, a regulamentação de direitos sociais, melhoria nas condições salariais e de trabalhos" e outras temáticas são, há muito, tratadas por lideranças e trabalhadores brasileiros. Quando o movimento operário e sindical adquire notoriedade, vale questionar se há inovação, porque o suposto "novo" pode estar ressignificando, recriando o "velho", sob novas circunstâncias (p. 36). A observação da história do sindicalismo e das lutas operárias revela que a permanência de certas práticas nas lutas trabalhistas prevalece sobre as rupturas e descontinuidades. Por isso, a necessidade de problematização do imaginário que circunda o "novo sindicalismo".

Santana (1999) propõe uma redefinição do "novo sindicalismo", afirmando que esse movimento reeditou práticas vivenciadas por setores do sindicalismo, que em outros períodos defendiam "posições progressistas" para encaminhar a mobilização dos trabalhadores. Logo, pode ser inserido na longa tradição do sindicalismo nacional. Esse movimento, como "o polo mais dinâmico da classe trabalhadora", foi, reconhecidamente, importante por lutar contra políticas conservadoras e restritivas que tolhiam o sindicalismo. Nas palavras do autor,

> ocupando um lugar que outras forças haviam ocupado no passado, o "novo sindicalismo" garantiu à classe trabalhadora um canal fundamental de representação e de encaminhamento de suas demandas. Porém, também como experiência do passado, o "novo sindicalismo" enfrentou e ainda enfrenta dificuldades cuja resolução continua sendo um desafio para a classe trabalhadora brasileira (SANTANA, 1999, p. 114).

Na linha argumentativa de Eder Sader (1988), o projeto de profunda transformação social almejado pelos movimentos sociais que se destacaram em fins de 70 não obteve sucesso. Por isso, as promessas ora são compreendidas como "ilusões, mistificações, erros de avaliação". Os movimentos sociais foram chamados a enfrentamentos importantes, quando a sua transformação em sujeitos políticos era recente. Dito de outro modo, "precocemente" vivenciaram embates políticos. Como afirma Sader, "o ritmo de suas histórias não era o mesmo que o da política instituída e foi esta que fixou as datas" (p. 315).

Através dessa breve incursão na literatura das ciências políticas e sociais sobre o "novo sindicalismo", demonstramos que a "aura" de novidade desse período é parcialmente aceita. Afastados historicamente do período de emergência do movimento grevista de 78, pesquisadores atentam à não valorização, por militantes e intelectuais, das experiências progressistas do operariado anteriores ao "novo sindicalismo".

Inseridas nos estudos da linguagem, interessa-nos observar mecanismos enunciativo-discursivos pelos quais a Central Única dos Trabalhadores "esqueceu" o passado e significou sua prática sindical instauradora de um novo tempo na história do sindicalismo nacional. Importa questionar do que a CUT lembra, do que esquece e de que forma a materialidade revela esse jogo entre reminiscências e esquecimentos típico da memória discursiva.

A seguir, discorremos sobre as características do "neoliberalismo", com o intuito de melhor explicitar as problemáticas enfrentadas pelo sindicalismo na década de 90.

2.4.3 O neoliberalismo

Segundo Armando Boito Jr. (1999), a ideologia neoliberal é uma retomada do "antigo discurso econômico burguês, gestado na aurora do capitalismo" sob novas circunstâncias. Na sua forma contemporânea, esse discurso é defensor do liberalismo econômico, isto é, há uma ênfase ao mercado, à concorrência e à liberdade de iniciativa empresarial, acompanhada de uma rejeição à interferência do Estado na economia (p. 23).

Para os defensores do neoliberalismo, há uma superioridade do mercado em relação ao Estado, tanto econômica como política e moral. No que tange à economia, o liberalismo econômico incentiva "o livre jogo da oferta e da procura" e, consequentemente, aumenta a liberdade de escolha do consumidor e seu poder de decisão. Boito Jr. especifica a perspectiva neoliberal, exemplificando que se o Estado, para o bem-estar público, monopolizar serviços como saúde ou educação, a soberania do consumidor e a concorrência desaparecem. Logo, o cidadão não tem como "punir" o desperdício ou a ineficiência do estabelecimento que oferece serviços de má-qualidade. Outro argumento dos neoliberais é que o Estado protege alguns, mas torna muitos dependentes. Habituados à proteção estatal, indivíduos não teriam iniciativa para resolução de problemas. Além disso, o cidadão, quando recebe serviços gratuitamente, não os valoriza, é indiferente ou transforma-se até mesmo em vândalo. Em contrapartida, as instituições não tratariam seus usuários com o devido zelo, já que nada lhes pertence. Enfim, as instituições públicas estão predestinadas ao término na atual forma que assume o capitalismo. Em relação à política e à moral, no neoliberalismo, há uma "soberania do consumidor", uma suposta "independência". No liberalismo econômico, é como se a liberdade de escolha dos produtos e do local onde comprá-los fosse similar, no liberalismo político, ao livre pensar e ao direito de voto (p. 25-7). Conforme Boito Jr., o liberalismo econômico não teve o êxito pretendido nem nos primórdios do capitalismo. Um dos motivos é a "concorrência perfeita" nunca ter existido, devido a "obstáculos políticos e econômicos à livre circulação do capital e das mercadorias". Outra razão é a impossibilidade de contínua soberania do consumidor, nem sempre com poder de compra ou devidamente informado (p. 27).

O liberalismo econômico, na passagem do "capitalismo concorrencial" para o "capitalismo dos monopólios e da especulação financeira", encontra mais dificuldades de pleno funcionamento. Enquanto o discurso neoliberal propala, teoricamente, o mercado, a concorrência, o poder do consumo, a livre-iniciativa, o crescimento da riqueza, na prática, está necessariamente vinculado a monopólios privados, ao imperialismo, à contenção do crescimento econômico e à concentração de renda (p. 28 e 125).

Acompanhando a argumentação dos neoliberalistas, concluiríamos sua contraposição ao monopólio em geral e não apenas ao público. Mas, o monopólio é negado apenas quando advém do Estado, quando é detido pelo setor privado não encontra resistência nos apologistas da liberdade e da disputa comercial (p. 29).

Boito Jr. propõe pensarmos o neoliberalismo através de uma série de três círculos concêntricos:

> a) o círculo externo e maior representando a política de desregulamentação do mercado de trabalho e supressão dos direitos sociais; b) o círculo intermediário representando a política de privatizações e c) o círculo menor e central da figura representando a abertura comercial e a desregulamentação financeira (BOITO JR., 1999, p. 51).

Os três círculos vão apenas ao encontro dos imperialistas e burgueses, enquanto os trabalhadores estão exclusos da figura. Cada esfera, da maior a menor, privilegia grupos mais restritos. A externa dá conta das pretensões do imperialismo e de toda a burguesia. Isso ocorre porque todas as empresas capitalistas, independente de sua estrutura, têm privilégios com a redução de salários e redução de investimento nos direitos sociais. Sobre a desregulamentação do trabalho, o autor cita uma das suas formas atuais: a informalidade, adotada, inclusive, por grandes empresas, adeptas dos serviços terceirizados, os quais permitem a exploração dos trabalhadores (p. 51).

A esfera intermediária favorece apenas uma corrente da burguesia nacional – o capital monopolista, representado por empresas do setor bancário, industrial e da construção civil, sendo relegados o pequeno e o médio capital. Enquanto o capital monopolista lucra com as privatizações, desaparece outra fração burguesa, denominada "burguesia de Estado", correspondente aos "agentes da burocracia de Estado que controlam as empresas públicas dos setores de mineração, industrial, bancário, de serviços urbanos etc." Essa corrente foi importante para a manutenção das relações de poder durante a ditadura militar. À época, o II Plano Nacional de Desenvolvimento, do governo Geisel, incentivou o crescimento dessa burguesia quando generais e coronéis dirigiram as estatais. Mas, o processo de democratização iniciou o definhamento da "burguesia de Estado", continuado pelas privatizações (p. 55-6).

Quanto ao terceiro círculo, divide o grande capital e privilegia, sobretudo, o "setor bancário do capital monopolista e o capital imperialista". Retomando Boito Jr., acompanha a abertura comercial e a desregulamentação financeira, definidoras desse círculo, e o valor pago nos anos 90 referente à dívida externa. Consequentemente, os sucessivos governos têm de aumentar as taxas de juros. A política neoliberal de elevação da taxa de juros torna-se inevitável e o lucro dos investimentos financeiros estrangeiros e dos bancos nacionais progressivos (p. 57).

Sobre a CUT, o autor comenta que, nos anos 80, se tornou um símbolo de resistência e uma representante da luta popular contra os governos Figueiredo e Sarney. O destaque da ação cutista deu-se à sua intervenção na consolidação da democracia e a seus confessos objetivos de transformação social, em oposição às estratégias político-econômicas do Estado. Embora palavras-de-ordem não tenham impulsionado as transformações propaladas, é preciso reconhecer sua eficácia. Esta é perceptível, por exemplo, na unificação da classe trabalhadora, cujas greves gerais reuniram milhões de militantes (p. 127-133).

O objetivo cutista era ultrapassar a luta por melhores salários e condições de trabalho e alterar o "bloco do poder", que passaria a incluir os trabalhadores entre seus privilegiados. Embora essa estratégia não tenha revertido a progressiva deterioração dos salários, obteve vitórias nem sempre lembradas pelos sindicalistas defensores da negociação em detrimento da revolução. Perseguindo a transformação da estrutura social, a CUT, nas palavras de Boito Jr., foi crucial "para a constitucionalização de inúmeros direitos políticos, sociais e trabalhistas", dentre eles, "o direito de greve, a aposentadoria por tempo de serviço e sem idade mínima, a jornada semanal de 44 horas, a extensão da legislação trabalhista aos empregados domésticos". Vitórias logradas com a intervenção cutista constituíram-se posteriormente em obstáculos ao avanço do neoliberalismo (p. 137).

Boito Jr. observa que a maioria dos analistas, observadores e dirigentes do movimento sindical destacam como traços distintivos da CUT, na década de 80, sua inclinação socialista, sua percepção de que o sucesso das reivindicações era dependente da organização a partir das bases e, logo, seu perfil como central sindical de massas. Para o autor, tais caracterizações são excessivas. No que respeita ao socialismo, é relevante sua propagação porque demonstra uma tentativa de filiação da CUT à tradição do movimento operário internacional. Entretanto, faltou detalhar esse socialismo e definir formas de implantá-lo. Essa menção superficial seria justificada pela CUT sob o pretexto de que o socialismo no Brasil teria de ser redefinido (p. 138-9).

A alteração da estratégia de ação cutista nos anos 90 foi dirigida pela Articulação, corrente majoritária que se empenhou na IV Plenária Nacional da CUT pela aprovação de um "sindicalismo propositivo", em substituição ao existente "sindicalismo defensivo". Em consequência, deixam de serem prioritárias as reivindicações e as greves, simultaneamente, são elaboradas propostas que deveriam ser apresentadas e negociadas em fóruns, cujos participantes seriam os sindicalistas, o governo e o empresariado (p. 131).

O programa de reivindicações dos anos 80 expressava a reviravolta do movimento popular após a repressão militar e explorava dificuldades dos governos dessa década: crise da ditadura, no governo Figueiredo; indefinições e fracasso no Plano cruzado no combate à inflação, no governo Sarney. A eleição de Fernando Collor de Mello através do voto popular e sua política neoliberal instauraram uma nova fase no sindicalismo, ora recuado. Mas a Articulação foi além e não apenas reconsiderou a ação defensiva, como também adotou o "sindicalismo propositivo". Desde então, a Central passou a ter uma prática hesitante e às vezes contraditória, por oscilar entre o afastamento e a conciliação com a política neoliberal (p. 142).

A nova estratégia sindical, ao contrário da anterior, não se confronta com a política neoliberal, prefere participar da definição dessa política. Essa participação da CUT nos fóruns tripartites – reunião de empresários, sindicalistas e representantes governamentais – deve ser do tipo ativa e não consultiva ou defensiva. Almeja-se que a Central apresente propostas originais, realistas, ou seja, que não induzam ao negado "confronto" e sejam possíveis de serem aprovadas nas negociações com o governo e o empresariado. Esses argumentos justificam a expressão "sindicalismo propositivo", que, ao apresentar propostas tanto aos governos neoliberais e às empresas quanto aos trabalhadores, "acredita ser possível conciliar a burguesia com os trabalhadores e os trabalhadores com o neoliberalismo" (p. 144).

No "sindicalismo propositivo", as greves gerais deixam de ser um instrumento adequado à oposição ao modelo econômico. Esse fator e o abandono da oposição em detrimento da conciliação desestimulam as mobilizações de massa. O neoliberalismo provocou uma hesitação e uma conformação ao cenário econômico. Enfim, preferem-se "propostas engenhosas e tecnicamente sofisticadas" às greves, avaliadas, na década de 90, como um meio "desgastado" de posicionamento político (p. 144).

Das greves gerais e campanhas adversas ao governo às tentativas de acordo com Collor, Itamar e FHC; assim pode ser sintetizada a nova prática sindical. Comparando a participação política da CUT nas décadas de 80 e 90, Boito Jr. constata que a Central teve estrutura e força para agir de modo combativo, mas não conseguiu comprometer governos e empresários nas negociações nacionais. A partir de dados específicos, o autor demonstra que os governos marginalizavam as posições sindicais quando lhes convinham. Por isso, "a estratégia de sindicalismo propositivo tem uma componente irrealista muito acentuada" (p. 148).

Há duas vertentes explicativas à questão "Por que a CUT mudou?". Uma delas argumenta que as decisões da corrente majoritária, a Articulação, foram determinantes à valorização do "sindicalismo propositivo"[37]. A outra considera que as condições objetivas foram cruciais à estratégia sindical adotada pela Articulação[38]. A primeira explicação, com um "enfoque voluntarista", advém, segundo Boito Jr., de intelectuais das organizações de esquerda do movimento operário e sindical, as quais se opõem à Articulação. A segunda, com um "enfoque objetivista", é predominante entre os intelectuais ligados à corrente majoritária, os quais são numerosos na esquerda universitária (p. 199).

Os oponentes às posições da corrente predominante consideram que, com vontade política, seria possível recuperar o sindicalismo de confronto. Já para os seguidores da Articulação, o sindicalismo propositivo é a única via possível nas condições existentes (p. 199).

As reflexões apresentadas são relevantes por demonstrarem as mudanças da prática sindical cutista em virtude de novas circunstâncias econômico-políticas. Algumas dessas alternâncias, embora comentadas nas publicações cutistas, são "esquecidas" na paráfrase de formulações-origens da época de fundação em prol da unidade de sentido.

Concluída a abordagem proposta, no item seguinte, delimitamos questões metodológicas.

---

37   O livro de Vito Gianotti e Sebastião Neto seria representante dessa corrente (p. 199). GIANNOTI, Vito; NETO, Sebastião. CUT ontem e hoje. Petrópolis: Vozes, 1991.
38   O autor reporta-se a Rodrigues (1997). Cf. bibliografia.

2.5 O CORPUS: processo de dessuperficialização

Ora trataremos do *corpus* da pesquisa, que é constituído de discursos da representante máxima do sindicalismo brasileiro destinados aos trabalhadores. Especificaremos por que o discurso cutista transformou-se em objeto de pesquisa; a delimitação do *corpus* empírico; o surgimento da FD de referência e a maneira como delimita suas fronteiras em relação a FDs com as quais convive no interdiscurso; e o dispositivo de interpretação criado para compreensão do funcionamento do *corpus* discursivo.

2.5.1 A escolha e a delimitação do *corpus*

Motivadas a melhor compreensão da prática discursiva revolucionária, optamos pela Central Única dos Trabalhadores por duas razões iniciais: representatividade e disponibilização virtual de acervo. Sobre o primeiro motivo, a CUT é a maior central sindical do Brasil, da América Latina e a 5ª maior do mundo, sua dimensão é observável nos índices de filiação ("3.299 entidades filiadas, 7.116.278 trabalhadores (as) associados e 21.092.160 trabalhadores (as) na base") e na sua estrutura horizontal (CUT nacional e CUTs estaduais) e vertical ("organizações sindicais de base e entidades sindicais por ramo de atividade econômica: sindicatos, federações e confederações)"[39]. Quanto ao segundo aspecto, a entidade, no seu *site*, demonstra preocupação em organizar e popularizar os materiais demonstrativos de sua história. Na Biblioteca Virtual, por exemplo, podem ser acessados jornais, artigos, documentos, atividades, dentre outros textos. Desse acervo, priorizamos o conteúdo da hemeroteca, pois supomos que os jornais, produzidos para a popularização do ideário cutista junto aos trabalhadores, são mais propícios à verificação dos mecanismos de interpelação à formação discursiva sindical-socialista. Também recorremos às resoluções de alguns Congressos Nacionais da CUT, os CONCUTs, conside-

---

39 Informação extraída da página virtual da CUT: www.cut.org.br. Acessado em 10/01/2010.

rando que o conteúdo desses documentos era divulgado através de publicações da Central.

Outro fator determinante para essa opção foi a história da instituição, tão repleta de complexidades a ponto de não deixar de suscitar questões de pesquisa, principalmente nas ciências políticas e sociais. O contato com as versões sociológicas, políticas e históricas a respeito da CUT colaborou para que compreendêssemos não apenas a sua história, mas os sentidos polêmicos que circundam seus enunciados. Essa proximidade também provocou-nos: como os estudos da linguagem, principalmente o aparato teórico-metodológico da Análise do Discurso de linha francesa, poderiam elucidar o funcionamento de uma prática discursiva tantas vezes objeto de densas pesquisas? O fato de nos confrontarmos com o discurso sindical cutista, optando por uma linha teórica não encontrada nas pesquisas consultadas apresentou-se como uma resposta inicial. A utilização de um aporte enunciativo-discursivo, ou melhor, a criação de uma "escuta" focalizadora da materialidade para "ouvir para lá das evidências", para identificar equívocos, inclusive onde se supunha homogeneidade, foi uma resposta secundária (ORLANDI, 2005, p. 59).

Para responder às questões norteadoras, detivemo-nos nas publicações de dois períodos históricos, para os quais convergia a revisão da literatura das ciências sociais. O primeiro começa com a fundação da CUT, em 1983, e se estende até a realização do III CONCUT, em 1988, quando a fase heroica, combativa da Central termina e inicia a fase negociadora (RODRIGUES, 1997). O segundo período começa em 1988 e termina em 2002, quando surge uma nova fase mediante a eleição do ex-líder sindical Luis Inácio Lula da Silva.

2.5.2 A FD de referência

Para conversão do *corpus* empírico em *corpus* discursivo, mobilizamos como formação discursiva de referência a sindical--socialista. Essa FD se configura na recusa de elementos de saber oriundos: a) de formações discursivas às quais os trabalhadores se filiaram antes do novo sindicalismo; b) da formação discursiva capitalista, que sofre deslocamentos no Estado Novo e no período militar.

Para que possamos explicitar a quais pré-construídos do espaço discursivo sindical a FD sindical-socialista se opõe para instituir-se como uma nova região do interdiscurso, resgatamos a seguir informações da história das organizações de trabalhadores. Gomes (1994), a fim de analisar a constituição da classe trabalhadora brasileira como ator político, seleciona dois momentos históricos: as décadas da Primeira República até a promulgação da Constituição de 1934[40], quando a "palavra operária" fora enunciada por diferentes lideranças trabalhistas; e o pós-30, quando a "palavra" passa a ser enunciada pelo Estado, à época, um influente interventor no processo de construção da cidadania brasileira.

Nos primeiros anos da República, novas possibilidades de organização social vislumbravam-se e dentre os elementos a serem revisitados estava o "poder", antes restrito ao imperador. Nesse contexto, em 1890, surge a corrente "socialista", cujas finalidades eram a construção de um "contorno social" à classe trabalhadora e o reconhecimento da importância desse grupo, até então conhecedor apenas de seus deveres, mas não de seus direitos "civis, políticos e sociais" (p. 27).

Antecedida pela tradição escravista e surgida na época da proclamação da "ordem" e do "progresso", essa tendência quis desatrelar o trabalho à "desgraça" e ao "atraso" para reconceituá-lo na época mais igualitária que seria a República. No novo regime, os trabalhadores tornaram-se "forças preponderantes na sociedade, seus elementos de prosperidade, de riqueza e de progresso" (p. 24).

A experiência socialista orientava os trabalhadores a serem "políticos", ou seja, precisariam ter representantes de suas reivindicações no Parlamento (p. 51). Ainda sobre a relação classe trabalhadora/política, vale destacar a importância atribuída pelos socialistas à formação de um partido político, compreendido como um instrumento de organização e de mobilização (p. 30).

O movimento socialista promulgava uma "reforma social" a ser efetivada através do respeito às leis e à ordem social. E a estratégia de ação deveria ser equilibrada, ou seja, com reivindicações demonstrativas do término da submissão, mas sem ações violentas.

---

40 Conforme Gomes (1994), "em julho de 1934, o Brasil ganhava uma nova Constituição, uma nova lei de sindicalização e um novo ministro do Trabalho, Indústria e Comércio", a qual estipulava pluralidade e autonomia dos sindicatos (p. 159).

De 1906 a 1919-20, foram os anarquistas que direcionaram o processo de formação identitária dos trabalhadores. Esse movimento objetivava que seus interlocutores se organizassem voluntariamente nas associações, pois as práticas assistencialistas e o vínculo com a política oficial, típicas dos socialistas, desvirtuariam o operariado. O percurso para a "transformação social" e não meramente política era a realização de greves, fruto da proposta de ação direta frente ao patronato e ao Estado, e uma profunda mudança da identidade do trabalhador, através da sua educação integral (moral e intelectual) (p. 71).

Segundo Matos (2009), para a emancipação social do trabalhador, era preciso libertá-lo "dos vícios e das ideologias da burguesia", isto é, afastá-lo dos jogos de azar, do alcoolismo e determinados festejos, como o Carnaval. O "atraso cultural", a "degradação moral", a "subordinação intelectual" eram causados pela educação da escola convencional e pela Igreja. Por isso, uma "cultura operária" deveria difundir-se através de "bibliotecas proletárias, centros de estudos, círculos culturais, escolas livres, teatro social e literatura engajada" (p. 49).

Para Gomes (1994), os "libertários", à semelhança dos socialistas, reforçaram a imagem do trabalhador como honesto, mas explorado pela estrutura econômica e social (p. 70). Nas palavras da autora,

> se os socialistas produziram uma *palavra operária* distinta dos discursos de todos aqueles que falavam do povo e do trabalho no início do século, os anarquistas enriqueceram esta palavra ensinando à classe trabalhadora seu significado através de múltiplos instrumentos culturais (GOMES, 1994, p. 71) [grifos da autora].

Ambos os movimentos enalteceram o "valor positivo do trabalho", a "dignidade da figura do trabalhador" e atentaram para a sua oposição em relação aos exploradores (p. 72). Também defenderam que a percepção da relevância da classe era condição para que o Brasil se desenvolvesse economicamente.

Outras tentativas de transformação da classe em ator político identificadas por Gomes são a formação de um Partido Comunista no Brasil, em 1922, e o surgimento da proposta cooperativista. Os comunistas objetivavam renovar a proposta socialista de criação de um partido político para a classe trabalhadora e recuperar a sua participação política através do voto. Retomando Matos (2009), o partido era uma "vanguarda revolucionária", apta a mobilizar os trabalhadores para tomarem o Estado e instituírem a sociedade socialista (p. 50). No que tange aos cooperativistas, conforme Gomes (1994), valorizavam o cunho assistencialista dos sindicatos, os quais deveriam agir através de cooperativas, oferecendo, por exemplo, crédito aos produtores, distribuição da produção, educação. Os "sindicatos profissionais" propunham-se a realizar acordos entre classe trabalhadora e o patronato e rejeitavam a ação direta e opressora. Eram bem diferentes, quando pensados em relação aos "sindicatos de resistência", almejados pelos anarquistas (p. 13 e 133).

O balanço de Gomes demonstra que, no fim dos anos 20, as diferentes propostas políticas empenhadas na construção de um novo lugar social para o trabalhador construíram "uma ética valorativa" desse ator e de sua função, "uma prática de relacionamento" com o patronato e vivenciaram formas de organização - partidos políticos e sindicatos. As conquistas dessa época, embora pequenas, exaltaram-se pela tentativa de formação identitária de um grupo social. Dessa forma, no fim da Primeira República, existia uma "figura do trabalhador brasileiro", repleta de elementos heterogêneos, e não um "cidadão-trabalhador" (p. 14).

Segundo Matos (2009), a conquista dos trabalhadores, com suas várias propostas, foi mais de cunho cultural que material. Ou seja, afirmaram a dignidade de sua classe e construíram uma identidade positiva, contrapondo-se à negativa, vigente nos quase quatro séculos de escravidão (p. 35; 59).

A partir dos anos pós-30 e no período do Estado Novo, a classe trabalhadora torna-se um ator no espaço político brasileiro, mas essa mudança resultou de um projeto realizado pelo Estado, mais especificamente por seu mentor, Getúlio Vargas.

No Estado do pós-30, subjazia à proposta de regulamentação do mercado de trabalho um pacto social, no qual o governo oferecia benefícios em troca de obediência política. Nessa situação, apenas os trabalhadores legalmente sindicalizados teriam acesso a direitos trabalhistas e punha-se em prática o pressuposto: "só *'quem tem ofício'* – quem é trabalhador com carteira assinada e membro de um sindicato legal – *'tem benefício'* ". Como o trabalhador almejava esses novos direitos, aderiu ao modelo de "sindicalismo cooperativista"; daí a perda de autonomia e a consequente submissão política (GOMES, 1994, p. 162-3) [grifos da autora].

Essa "lógica material" começou a obter resultados mais significativos no pós-40, época na qual se combinou com a "lógica simbólica" do discurso trabalhista. Na "ideologia da outorga", os benefícios sociais aparecem como um presente, uma doação, uma dádiva do Estado "humanizado", cuja benevolência deveria ser nacionalmente reconhecida. Formas escolhidas para uma representação paternal de Getúlio Vargas e de sua política eram as festividades realizadas no aniversário do Estado Novo e do presidente e no Dia do Trabalhador, além da criação do programa "Hora do Brasil" (GOMES, 1994, p. 165 e 201).

A proposição de uma identidade, denominada por Gomes "trabalhismo" brasileiro, foi um projeto vitorioso, porque quem o criou tinha poder para implementá-lo e impedir a intervenção de alternativas concorrentes (p. 10).

Gomes atenta para a dinâmica de construção do projeto de identidade operária, comentando que o discurso trabalhista, de um lado, ignora os já ditos das lideranças trabalhadoras da Primeira República, por outro, retoma "elementos-chave" da imagem do trabalhador, mas os ressignificando (p. 11). Exemplos de elementos dos anos 20 rearranjados pelo discurso trabalhista do pós-30 são:

> (...) uma ética de trabalho; a figura do trabalhador como homem honesto e sofredor; a centralidade de seu papel econômico na criação das riquezas do país; sua importância na sociedade em geral, e, por fim, a naturalidade de sua cidadania (GOMES, 1994, p. 9).

A valoração do trabalho como meio de ascensão social e a consideração da dignidade do trabalhador são eixos do discurso trabalhista. Neste, a cidadania advém de um pacto político entre Estado e classe trabalhadora, é compreendida como o usufruto de direitos sociais do trabalho e o aceite social das associações profissionais (p. 11). Por isso, é possível argumentar que se vivenciou uma inclusão controlada dos trabalhadores à cena política.

O Estado Novo propõe-se a revisitar a democracia, considerando-a um sistema legitimador do trabalho, o qual se transforma numa atividade central, um meio de valoração das pessoas. Estas, pelo labor, tornam-se dignas, respeitadas pela sociedade e protegidas pelo Estado (p. 185). Reverso da valorização do trabalhador e formas explícitas de proibição dos sindicalistas na cena política identificam o golpe militar. Nos primeiros anos da ditadura, dentre as ações repressivas, podemos citar a cassação de direitos políticos, a instauração de inquéritos policiais contra dirigentes sindicais, a perseguição de sindicalistas e criação de uma legislação autoritária que restringia o poder das associações de trabalhadores. Uma justificativa para o aparato repressivo contra os sindicatos era a contenção da crise econômica através do arrocho salarial e da superexploração da força de trabalho (MATOS, 2009, p. 101).

Nas palavras de Matos (2009), entre 1964 e 1967, "os sindicatos estiveram completamente amordaçados pelas intervenções e pelas perseguições aos militantes mais conhecidos do período anterior". Na década de 1970, houve uma revalorização dessas instâncias pelo governo, com a condição de que se transformassem num aparelho reprodutor da ideologia do Estado destinado à assistência social (p. 102-3).

Essa breve retomada de vertentes e fases históricas permite-nos precisar que a FD sindical-socialista delimita suas fronteiras contrapondo-se:

a) a elementos de saber advindos de outras FDs determinantes a mobilizações trabalhistas, tais como: - confusão do sindicalismo com política partidária; - quaisquer formas de submissão ao Estado; - "colaboração de classes"; - prática assistencialista; - sindicalismo populista.
b) a elementos de saber advindos da ideologia "trabalhista", tais como: intervenção estatal no sindicalismo; - perda de autonomia; - submissão política; - estrutura sindical.
c) a elementos de saber formulados na época da ditadura: - autoritarismo; - repressão; - violência; - "pelegos" no sindicalismo; - desrespeito à condição humana do trabalhador; manobras políticas que prejudicam os mais desfavorecidos.[41]

---

41   Considerações sobre a forma-sujeito da formação discursiva sindical-socialista são feitas no item "O discurso cutista, emergência e funcionamento", na introdução das análises discursivas.

Através da polemização desses pré-construídos que há muito integravam a memória discursiva dos trabalhadores, a CUT instituiu a FD sindical-socialista como uma posição ideológica nova na luta de classes. Nessa FD de referência, a central única não poderia ser equiparada a um partido político. A intervenção estatal no sindicalismo, seja sob a forma "paternalista" criada por Getúlio Vargas, seja sob a forma autoritária da ditadura, seria extinta. Da experiência desses dois períodos, ficou a vontade de democratizar o sindicalismo e torná-lo independente. Além disso, o Estado se tornaria "verdadeiramente" democrático, pois as classes populares participariam ativamente das decisões governamentais que lhe concerniriam. A prática sindical cutista embasa seu ineditismo na priorização da organização das bases, no caráter reivindicativo e no sindicalismo de massa. E, quanto ao trabalhador, teria sua dignidade resgatada. Na FD sindical-socialista, ele é o agente da transformação social, o protagonista do novo tempo, é uma figura que requer valorização, pois dele depende o avanço da sociedade.

Recordemos que, segundo Gomes (1994), elementos dos anos 20 foram realimentados pelo discurso trabalhista, a saber:

> a figura do trabalhador como homem honesto e sofredor; a centralidade de seu papel econômico na criação das riquezas do país; sua importância na sociedade em geral, e, por fim, a naturalidade de sua cidadania (p. 9).

Antecipamos que esses elementos são novamente rearranjados pelo discurso cutista, mas com a diferença de que na FD sindical--socialista não é mais o Estado quem outorga ao trabalhador sua nova condição social, é o próprio trabalhador, guiado pela sua representante máxima, que aprenderá a reconhecer sua força e irá conquistar, à base de mobilizações, uma sociedade mais igualitária.

Quanto à constituição da FD de referência, é importante explicitar que os elementos de saber postos em circulação pelo Estado Novo e pelo golpe militar continuam a ser polemizados pela CUT, mesmo na década de 90. Isso ocorre porque a "Nova República", a posterior fase de democracia consolidada e o neoliberalismo são períodos que, para a porta-voz dos trabalhadores, reeditam, sob novas formas, pré-construídos do governo Vargas e ditatorial.

Verificaremos, através da análise da formação imaginária sobre o tempo interligada à representação do trabalhador, se há deslocamentos da FD sindical-socialista na passagem da primeira fase do sindicalismo cutista para a segunda. Em prol de uma estabilidade semântica, a prática discursiva em análise busca manter, na segunda década de existência, imagens que irromperam à época da fundação. Entretanto, o acobertamento da interferência das mudanças conjunturais nos seus anseios "socialistas e democráticos" deixa de ser bem-sucedido porque a linguagem permite ao sujeito cutista se autoinstituir tanto uno como falho.

2.5.3 O dispositivo de interpretação

A intensa observação de sequências discursivas de referência que continham indícios de formações imaginárias sobre o tempo induziu-nos a mobilizar as seguintes noções: *efeitos discursivos de continuidade, efeitos discursivos de descontinuidade* e *efeitos discursivos de progressão*.

As retomadas teóricas demonstram que o "novo sindicalismo" construiu uma imagem de ineditismo alegando ter diferentes objetivos e formas de luta, quando comparado com movimentos reivindicativos prévios à sua criação. No intradiscurso, a relação de ruptura com o passado manifesta-se através dos *efeitos discursivos de descontinuidade*, releitura que fizemos dos *rituais discursivos de continuidade* cunhados por Courtine (1999). O autor explica através desse conceito uma determinada relação imaginária de formulações com o domínio da memória, na qual há um *continuum* entre passado-presente-futuro, que provoca uma anulação das mudanças históricas. Propomos o conceito contrário, o de *efeitos discursivos de descontinuidade* para indicar outra relação imaginária do intradiscurso com a memória discursiva. Nesse caso, no fio do discurso há expressões linguísticas que produzem o efeito de quebra, de ruptura, de descontinuidade entre passado-presente-futuro. É preciso destacar que preferimos "efeitos" a "rituais" porque essa última expressão é historicamente vinculada aos sentidos de reiteração, de fechamento, de conservação, os quais merecem certo distanciamento quando o escopo é o funcionamento do discurso revolucionário. Por isso, tanto na retomada do conceito de Courtine, como na releitura explicitada, preferiremos "efeitos" a "rituais"[42].

A análise de sequências discursivas de referência extraídas de publicações cutistas da década de 80 requereu-nos o conceito de *transição*, tal como abordado por Zoppi-Fontana (1997). De acordo com a autora, utilizam-se princípios de classificação da sociologia política para definir a *transição* como um período que se inicia com a abertura política e primeiras eleições pós-ditadura e se estende à fase de consolidação do regime democrático, com seu primeiro governo (p. 18). Já no plano discursivo, *transição* passa a ser redefinida por "categorias temporais semânticas". Assim,

> os primeiros governos democráticos pós-ditaduras foram caracterizados temporalmente tanto como o momento transitório entre dois regimes diferentes quanto como início de um processo inédito de reconstrução (ZOPPI-FONTANA, 1997, p. 19).

Há, então, no "discurso da transição" uma "clave temporal" constituída simultaneamente pelo "tempo transitório" e pelo "tempo fundador".

Consideramos que os *efeitos discursivos de continuidade* e de *descontinuidade* são manifestações intradiscursivas da coexistência do "tempo transitório" e do "tempo fundador". Entretanto, para dar conta da formação imaginária do tempo no primeiro momento histórico selecionado, foi preciso criar mais um efeito discursivo: o de *progressão*. Expliquemo-nos: o "tempo transitório" é um processo de renovação política não acabado. Por isso, no fio do discurso aparecem recursos linguísticos que apontam a indesejada permanência do regime anterior e a elaboração das novas formas de governabilidade. Essa projeção do passado no presente dá-se através dos *efeitos discursivos de continuidade*, cujas marcas linguísticas indicam repetição, sucessão, reiteração. A diminuição da repetição, o processo de instauração do novo sistema político exige a mobilização de um novo efeito discursivo, que, por sua vez, revela outra relação imaginária com o interdiscurso, outro "efeito de memória". Nos *efeitos discursivos de progressão*, o intradiscurso

---

42 Essa substituição terminológica foi realizada conforme sugestão da Profa. Dra. Ana Zandwais.

indicia a elaboração, a construção de novas significações entre passado-presente-futuro. O "efeito de memória" aí produzido é de um deslocamento em construção, de reelaboração histórica, de processo de consolidação do novo regime.

No "discurso de transição", marcado, conforme Zoppi--Fontana (1997), pela clave temporal "tempo transitório" e "tempo fundador", propomos que o "tempo transitório" é construído através da coexistência dos *efeitos discursivos de continuidade* e dos *efeitos discursivos de progressão* e o "tempo fundador", através dos *efeitos discursivos de descontinuidade*. Para abordagem do "status" fundador do discurso em análise, também mobilizamos o presente gnômico.

A noção de "efeito discursivo" advém de Courtine (2009), o qual salienta ser o intradiscurso um lugar de apropriação, pelo sujeito enunciador, de diferentes elementos de saber de sua FD. É preciso determinar as "modalidades" de "apropriação", pois "a sequencialização dos elementos do saber produz aí, de fato, diferentes efeitos discursivos resultantes desse ou daquele modo de linearização dos enunciados no intradiscurso" (p. 201).

Na presente pesquisa, a formação discursiva sindical-socialista regerá o processo de produção de sentidos de *continuidade*, de *progressão* e de *descontinuidade*. Dessa FD advirão os elementos de saber do discurso cutista, cuja linearização produz os efeitos discursivos explicitados.

A recorrência dos *efeitos discursivos de continuidade*, de *progressão* e de *descontinuidade* na primeira e na segunda fase do sindicalismo cutista, apesar das mudanças conjunturais, responderia a uma de nossas questões de pesquisa, referente à manutenção ou não da projeção temporal nos dois períodos históricos selecionados.

Para que pudéssemos formular explicações a outra indagação norteadora, a que diz respeito à interferência do real nas evidências imaginárias sobre a temporalidade, foi preciso tecer considerações sobre o real e a repetição, as quais apresentaremos na dessuperficialização das materialidades linguísticas. Verificando os modos de emergência da equivocidade na repetição, poderíamos elucidar como os efeitos discursivos mobilizados tanto estabilizam, como desestabilizam a enunciação sindical.

Dessa forma, estaríamos melhor delineando o procedimento metodológico inicialmente esboçado, no qual propomos verificar, no nível interdiscursivo, as lacunas provocadas pelo real na relação imaginária com o tempo – o tempo discursivo – e, no nível intradiscursivo, a desestabilização causada pelo real no imaginário linguístico.

Para que as análises discursivas sejam esclarecedoras do dispositivo de interpretação criado, a seguir analisamos cada um dos três efeitos discursivos nas fases "conflitiva" e "negociadora". As sequências discursivas que materializam os efeitos discursivos, embora produzidas em momentos históricos diferentes, apresentam regularidades linguísticas na expressão do tempo.

As sequências selecionadas são representativas de muitas outras, produzidas com recursos linguísticos similares e em condições sócio-históricas também similares. Por isso, preferimos uma análise mais apurada dos recortes a uma abordagem quantitativa. Essa opção metodológica, além de respeitar parâmetros da Análise do Discurso de linha francesa, condiz com o caráter repetitivo do *corpus*.

Por fim, destacamos que os efeitos discursivos mobilizados pareceram-nos compatíveis com os propósitos de pesquisa, porque, segundo Courtine (2009), uma mesma construção pode ser sobreposta de efeitos discursivos diferentes (p. 203). A CUT, através dos *efeitos discursivos de continuidade*, de *progressão* e de *continuidade*, constrói o "efeito de real", ou seja, a impressão de que as relações temporais podem ser plenamente visualizadas pela porta-voz dos trabalhadores. Elucidar como esses efeitos discursivos desconstroem o "efeito de real" que ajudam a produzir será um objetivo visado nas análises realizadas a seguir.

Como estamos pressupondo que a memória é "afetivo-discursiva", a análise dos referidos efeitos discursivos também atenta para o modo como a história construída discursivamente busca conferir relações de sentido ao obscuro foro íntimo. Os *efeitos discursivos de continuidade* constroem uma narrativa na qual persevera tanto as antigas marginalizações das classes populares como as conhecidas frustrações. Os *efeitos discursivos de progressão* anunciam tanto a reelaboração das continuidades, o processo de construção de um tempo em que os membros das coletividades não serão tão díspares, como revelam a "mutação da afetividade política", usando uma expressão de Ansart (2005, p. 20). Nesse caso, ainda se vivenciam situações indignas, contudo, relações mais igualitárias e edificantes despontam. Os *efeitos discursivos de descontinuidade* não só interrompem a antiga sequência de acontecimentos que mantêm os trabalhadores na condição de subordinados, mas também negam a memória do sofrimento e propõem o fim dos ataques à interioridade.

As reflexões precedentes elucidam que os três efeitos discursivos criam versões para a sucessão passado-presente-futuro e simultaneamente procuram organizar a emaranhada memória "afetivo-discursiva" dos trabalhadores. Os *efeitos discursivos de progressão* e de *continuidade* constituem o "tempo transitório" como um período em que permanecem agressões morais, mas estão sendo forjadas novas posições subjetivas, que gradativamente se rebelam contra a humilhação. Assim, conserva-se e alimenta-se a memória da humilhação. Os *efeitos discursivos de descontinuidade* atuam na construção do "tempo fundador" como uma fase de negação das desvalorizações sofridas, logo, de deslocamento da memória afetivo-discursiva.

As reflexões desenvolvidas no item "A memória discursiva: constituição da temporalidade" não nos permitem compreender o recurso à intimidade como algo que surge "por acaso", "por consequência" nos *efeitos de continuidade*, de *descontinuidade* e de *progressão*. Conforme explicitamos, na construção de uma temporalidade própria do discurso, os afetos podem ser chamados para legitimar ou deslegitimar as relações temporais estabelecidas.

Pensamos que a lembrança da humilhação vem subsidiar o tempo discursivo. A CUT, ao "rejeitar a humilhação", via sentidos de *continuidade*, de *descontinuidade* e de *progressão*, concomitantemente rejeita "a temporalidade tal como construída pelo poder". Com esse percurso, a Central tenta "impor sua própria temporalidade" (ANSART, 2005, p. 20).

Concluída a apresentação do percurso teórico-metodológico, passamos às análises discursivas.

3 A ANÁLISE DISCURSIVA

3.1 O discurso cutista: emergência e funcionamento

Na história do sindicalismo brasileiro, as paralisações de 1978, cujo "centro de irradiação" foi o Sindicato dos Metalúrgicos do ABC, representaram o início de uma nova fase na ação sindical, marcada pela possibilidade de participação na cena política de muitos trabalhadores, silenciados desde 1964 (RODRIGUES, 2004, p. 11-2).

Rodrigues (1997) retoma três explicações para o ressurgimento do movimento operário em 78, mencionando a superexploração da mão-de-obra[43], a resistência contra o modo de trabalho capitalista[44] e a defesa da dignidade[45], sentida como inexistente durante o período militar (p. 18-9). O autor acrescenta que o motivo seria também uma luta por direitos de cidadania, embora a razão imediata fosse a reposição salarial no segundo semestre de 1977, em virtude da manipulação dos índices da inflação de 1973 (p. 19).

Nas palavras do autor,

> além do sentimento de parte dos trabalhadores contra a exclusão social, a miséria, o despotismo das chefias e os baixos salários, e até por estas questões, a entrada em cena dos trabalhadores na política brasileira, no final da década de 70, representou a demanda mais ampla por direitos – em muitos aspectos elementares – de moradia, de melhorias salariais e de justiça social (RODRIGUES, 1997, p. 24).

A inovação da atuação sindical dos trabalhadores, denominada "novo sindicalismo", foi marcada por greves em massa, que podiam ser gerais ou realizadas por categorias e fábricas, em contraponto com as lutas mais defensivas e localizadas (RODRIGUES, 2004,

---

[43] ANTUNES, R. *A rebeldia do trabalho*. São Paulo: Editora Unicamp, 1988. HUMPHREY, J. *Fazendo o milagre*. Petrópolis: Vozes, 1982.
[44] MARONI, A. *A estratégia da recusa*. São Paulo: Brasiliense, 1982.
[45] ABRAMO, L. *O resgate da dignidade*. Dissertação de mestrado. Departamento de Ciências Sociais da USP: 1986.

p. 12). Essa expressão identifica ainda um período que surgiu com várias intenções, dentre elas, extinguir o controle governamental dos sindicatos, existente no Estado Varguista e no regime militar; ter direito à greve; realizar reivindicações em massa; estabelecer o conflito entre empregados e o patronato; melhorar os salários e as condições de trabalho.

No âmbito político, o movimento dos trabalhadores se opunha ao regime militar e lutava pela redemocratização. No âmbito do sindicalismo, defendia "um padrão de ação sindical mais preocupado com os trabalhadores em seus locais de trabalho e com sua organização a partir das empresas" (RODRIGUES, 1997, p. 52).

A Central Única dos Trabalhadores, como representante do "novo sindicalismo", atua como porta-voz que enfim explicita as necessidades reprimidas dos trabalhadores. Torna-se a entidade que manifesta as insatisfações dessa classe que almejava mais direitos de cidadania e participação mais efetiva na conjuntura política.

A criação de uma entidade nacional que aglutinasse os sindicatos existentes representou a continuidade do novo modo de ação coletiva, lentamente organizado após 64 e efetivamente iniciado em 1978. Os movimentos sociais que adquiriram notoriedade na época significaram, por suas linguagens, pelos locais de manifestação, pelos valores defendidos, "a emergência de novas identidades coletivas" (SADER, 1998, p. 27). Surgia um "novo sujeito", assim designado por ser coletivo, logo, destituído de duas imanências do sujeito burguês - a individualidade e a autonomia; por reivindicar um "lugar político novo", isto é, defender a valorização das experiências sociais cotidianas; e por realizar uma nova prática: a luta pelo direito de reivindicar direitos[46] (SADER, 1998, p. 12 e 26).

Mesmo já tendo surgido numa conjuntura de mudança subjetiva, a CUT precisava interpelar os trabalhadores para que continuassem se mobilizando na conquista da almejada "sociedade democrática e sem exploração". Era necessário, através de uma intensa prática discursiva, conscientizá-los de que eram sujeitos potencialmente independentes, capazes de promover a mudança nas condições de trabalho e de vida e que a CUT seria a entidade

---

46   A explicação da emergência do novo sujeito foi elaborada a partir das considerações de Sader (p. 26) e Chauí (p. 12), que escreveu o prefácio da obra do autor. Cf. bibliografia.

organizativa desse processo de transformação. Então, é construída discursivamente a imagem de um trabalhador cuja interiorização por uma massa de trabalhadores faria surgir a nova conjuntura econômica, política e social.

A ruptura com a formação discursiva capitalista e a tentativa de promover novas filiações sócio-históricas caracteriza o discurso cutista como fundador. Esse tipo de discurso, comenta Orlandi (1993), aproveita-se das falhas deixadas pelo ritual da interpelação ideológica para instalar uma nova filiação e desautorizar os sentidos existentes (p. 13).

Quando a CUT trabalha com as fraturas da interpelação da ideologia do capitalismo, procura dar visibilidade à contradição que constitui a forma-sujeito desse modo de produção econômica. Lembremos que o "sujeito-de-direito" é submetido às leis e sua distribuição de direitos e deveres, mas pensa ser livre e responsável por si. Tem-se no discurso sindical em pauta uma incessante demonstração da submissão imposta pelo aparelho jurídico e um questionamento da legislação, principalmente a trabalhista. A partir dessa explicitação da contradição do sujeito-de-direito, o sindicalismo de esquerda cutista legitima outra forma-sujeito, incompatível com o atual sistema econômico: o "sujeito-coletivo", utilizando a terminologia de Henry (1992, p. 138). O autor ressalva que a forma-sujeito "sujeito-coletivo" não é apenas representada em formações sociais, tais como "célula, seção sindical, partidos, massas", aparece também no interior da ideologia burguesa, entretanto "é a forma específica da categoria de sujeito constitutiva das formações ideológicas políticas da classe operária" (p. 151). Neste trabalho, consideraremos a referida forma-sujeito como organizadora dos elementos de saber da formação discursiva sindical-socialista.

Para que ocorra a desidentificação com o "sujeito-de-direito" e a identificação com o "sujeito-coletivo", o ritual de interpelação inclui em suas estratégias a promessa de uma nova história com a condição de que se constitua uma identidade coletiva. Essa irrupção de um novo tempo, essa "passagem de um mundo a outro" é típica do espaço discursivo revolucionário, no qual circula o discurso cutista (PÊCHEUX, 1990, p. 9). Também é inerente a esse espaço a relação com o invisível:

Assim, a questão histórica das revoluções concerne por diversas vias as contato entre o visível e o invisível, entre o existente e o alhures, o não realizado ou o impossível, entre o presente e as diversas modalidades da ausência (PÊCHEUX, 1990, p. 8).

Levando em conta essas reflexões de Michel Pêcheux (1990), observamos que um novo tempo, objetivo da luta do sindicalismo--CUT[47], é ainda invisível, inexistente, mas no meio sindical existem aparatos visuais, práticas e jogos com a materialidade linguística que dão visibilidade a essa sociedade "igualitária" inexistente, mas possível de irrupção através da luta: são bandeiras, faixas, camisetas, gestos, passeatas, congressos, marchas, publicações, relatos de conquistas, asserções, palavras-de-ordem, imagens etc.

Esses aparatos funcionam duplamente: mostrando que o "não realizado" é possível e, inclusive, já adquire existência material através dos discursos e práticas de uma central sindical e denunciando as relações de poder "invisíveis" que o capitalismo perpetua.

Essas distintas materialidades interpeladoras garantem sua eficácia junto à classe trabalhadora mobilizando principalmente os afetos que estão relacionados a determinados saberes na memória discursiva. Ou seja, os sentimentos de injustiça, opressão, desigualdade, dispersão são relembrados e identificados enquanto são denunciadas as estratégias políticas que excluíram e excluem os trabalhadores do progresso. Simultaneamente à denúncia, os trabalhadores são reunidos, persuadidos à luta, organizados, politizados, induzidos a serem protagonistas na movimentação dos saberes sobre a exclusão presentes na sua memória afetivo-discursiva. Feitas a denúncia e a injunção ao confronto, cabe aos trabalhadores mudarem a história, reorganizarem a memória para, enfim, sentirem justiça, igualdade e unidade. O jogo com a memória e a afetividade parece ser a "fórmula" para que surjam as novas subjetividades, agentes da transformação estrutural da sociedade e fundadoras do novo tempo.

Subjetividade e temporalidade revelam seu entrecruzamento no funcionamento do discurso cutista. A identificação com a forma sujeito "sujeito-de-direito" implica filiação à representação do tempo existente na formação social capitalista. Podemos esboçar que nesse sistema econômico, os acontecimentos passados, presentes e

---

47 Expressão de Rodrigues (1997).

futuros são concebidos como pertencentes a um processo contínuo e ininterrupto de reprodução social. Já a identificação com a forma-sujeito "sujeito-coletivo", aqui concebida como organizadora dos elementos de saber de uma formação discursiva sindical-socialista, implica filiação com outra representação da temporalidade. Nesse caso, a história é mutável e a reprodução social passível de paralisação. Para tanto, a condição é que exista uma entidade que politize a coletividade, promova a identificação ideológica entre seus componentes, fadados à dispersão e à diferença.

A CUT, oriunda do agrupamento dos trabalhadores, torna-se a organizadora dessa coletividade. Essa dinâmica é típica da figura do porta-voz, na qual seus representados, embora sejam "enunciadores originários" da palavra, também são "destinatários" (ZOPPI-FONTANA, 1997, p. 25).

Quem assume essa posição, na acepção pecheuxtiana, é o sujeito, simultaneamente, ator e testemunha do acontecimento. Por ser ator, participa das ações do grupo representado, mas se diferencia deste por ser o mediador das negociações com o adversário. Logo, é alvo privilegiado do olhar alheio. Por ser testemunha, tem visibilidade do acontecimento assim como o grupo, contudo, diferencia-se deste por visualizar melhor a participação de todos. Há, então, uma contradição constitutiva da figura do porta-voz: ora "igual" aos representados, ora "diferente" (PÊCHEX, 1990; ZOPPI-FONTANA, 1997).

Parece-nos viável observar como a CUT, na condição de "testemunha privilegiada da história", representa as posições de sujeito assumidas pelos trabalhadores identificados com a forma-sujeito da formação discursiva sindical-socialista. É a partir dessa imagem que a Central regula procedimentos enunciativo-discursivos julgados necessários à contenção, ilusória, da dispersão de posições-sujeito.

É a visibilidade dos processos históricos, típica do porta-voz, que cria, utilizando expressão de Courtine (2006), o "efeito de real", ou seja, a aparência de que a CUT apreendeu com totalidade o que é ser trabalhador (p. 79). Portanto, a imagem do tempo – o tempo discursivo - é predominante e funciona como legitimadora de outras imagens, dentre elas, a do destinatário.

Na presente pesquisa, um princípio basilar é a determinação que o imaginário sofre do real. Explicando o exposto: na Análise do

Discurso de linha francesa, as imagens são produtos da formação discursiva à qual o sujeito está filiado, contudo, este não está predestinado a só fazer representações correspondentes à FD que o determina. Consideramos que as imagens adquirem existência material através da língua, estrutura afetada pelo real e, por isso, equívoca. Sendo assim, a instabilidade do simbólico afeta a suposta estabilidade das evidências imaginárias.

Entretanto, o sujeito, guiado por um desejo de completude, dissimula o caráter equívoco da língua. Ele negocia com o real, nega-o, tentando mostrar que o apreendeu com plenitude. Ao analista de discurso, fica a tarefa de entender como são produzidos "efeitos de real", isto é, compreender como o discurso constrói o efeito de completude.

Já mencionamos que a CUT legitima o imaginário do trabalhador a partir da imagem do tempo, que funciona estabilizando seu dizer. Mas, é preciso ir além e não cair na mesma representação ilusória do sujeito analisado. O tempo é um tempo imaginário e o imaginário tem lacunas porque existe o real. Nessas brechas, manifestam-se elementos de saber oriundos de outras formações discursivas, os quais abalam a ilusória homogeneidade do sujeito e do sentido.

Feitas essas observações preliminares, passemos à análise do "tempo fundador", expresso na linearidade através dos *efeitos discursivos de descontinuidade* e do presente gnômico.

3.2 O tempo fundador

Nesse item, observamos como os *efeitos discursivos de descontinuidade* e o *presente gnômico* prestam-se à constituição e à manutenção do "status" fundador do discurso cutista. Primeiramente, abordamos o funcionamento dos referidos efeitos nas fases "conflitiva" e "negociadora". Secundariamente, discorremos sobre o presente gnômico nos dois períodos históricos em análise. Com esse percurso metodológico, atentamos para a instauração da equivocidade na repetição do tempo discursivo.

3.2.1 Efeitos discursivos de descontinuidade

3.2.1.1 A fase conflitiva da CUT

Observaremos uma sequência discursiva de referência extraída do *Manifesto aos trabalhadores: "Não dá mais!"*, publicado em 1985, no Boletim Nacional de 1º de maio.

Abaixo, o referido texto:

> vir:imaram o Senhor Tancredo Neves e apresenta condolências à sua família.
> 2. Diante do impedimento definitivo do Presidente, a Central Única dos Trabalhadores vê como inaceitável qualquer medida que signifique retrocesso e acredita que os trabalhadores e o povo saberão repudiar qualquer tentativa neste sentido, reagindo para garantir a caminhada rumo à democracia.
> 3. Cremos que cabe a todos envidar esforços para impulsionar a conquista da democracia no país. A CUT entende que este impulso deve ser dado através de duas medidas que se tornaram aspirações inquestionáveis de 130 milhões de brasileiros:
> — a convocação de eleições diretas para Presidente da República;
> — a convocação de uma Assembléia Nacional Constituinte livre e soberana.
> 4. A CUT entende que, neste momento, é necessário viabilizar de forma urgente:
> — as mais amplas liberdades e garantias democráticas;
> — a liberdade e autonomia sindical com a ratificação imediata da Convenção 87 da OIT (Organização Internacional do Trabalho);
> — a garantia da livre expressão e atuação para todos os partidos políticos;
> — a revogação de toda a legislação repressiva e o fim de seus organismos.
> 5. Finalmente, a Central Única dos Trabalhadores considera fundamental o avanço à democracia em nosso País para impedir que predominem neste momento interesses contrários à ampla participação do povo na determinação de seu destino.
>
> São Paulo, 22 de abril de 1985
> Executiva Nacional
>
> **1º DE MAIO**
>
> **Manifesto aos trabalhadores: "Não dá mais!"**
>
> Companheiros, neste momento milhares de trabalhadores estão em greve. Metalúrgicos em São Paulo, mineiros na Bahia, vigilantes no Paraná, aeroviários e aeronautas no Rio e em São Paulo.
> Ferroviários, metroviários do Rio e São Paulo já marcaram data para parar, motoristas e cobradores de ônibus de São Paulo também. Grandes assembléias de trabalhadores têm decidido: não dá mais! Não dá para continuar do jeito que está.
> Não dá para esperar enquanto dez milhões de trabalhadores estão desempregados; enquanto 11 milhões recebem o irrisório salário mínimo e só com comida gastam dois terços dele; enquanto 16 milhões de trabalhadores rurais já foram expulsos de suas terras e perambulam pelo país em busca de sobrevivência.
> Não dá para se calar quando o governo promete pagar a dívida externa de 100 bilhões de dólares, feita pela ditadura militar e que nos custará outros 19 bilhões, só de juros, neste ano. Quantos milhões morrerão ainda de fome para que o dinheiro deste país vá engordar os cofres dos banqueiros norte-americanos? O FMI, as multinacionais e seus aliados querem que sejamos nós trabalhadores a pagar pelos empréstimos que Delfim e
>
> Cia. fizeram!!
> Os patrões estão falando mais uma vez que é preciso esperar para reivindicar. Mas, nós sabemos que o lucro das empresas cresceu, que os bancos aumentaram como nunca seus patrimônios e nenhum patrão morreu de fome nestes vinte e um anos. Nós, trabalhadores, ao contrário, vimos nossos salários violentamente arrochados e milhões de pessoas jogadas na mais brutal miséria.
> Não dá mais para ouvir falar em democracia enquanto os trabalhadores continuam apanhando nas portas das fábricas e camponeses sendo perseguidos pelo latifúndio.
> Que lei é essa que só serve para proteger os patrões? Que lei é essa que prende trabalhadores e dirigentes sindicais mas deixa soltos os ladrões de dinheiro público na Capemi, no Sulbrasileiro, no Brasilinvest? Que lei é essa que protege a propriedade dos patrões mas permite que se arranque dos trabalhadores seu único bem — o direito ao trabalho? Que lei é essa que permite o saque das riquezas do país pelas multinacionais? Leis que proíbem a livre organização do povo e o impedem de escolher os prefeitos das capitais e o próprio presidente da República?
> Companheiros, são ainda as leis da ditadura, impostas goela abaixo do povo brasileiro nestes vinte e um anos de miséria e repressão. Contra isto nos levantamos e na campanha das Diretas, milhões à rua, dissemos: **basta, chega de ditadura!**
> É preciso mudar. Estamos de acordo.
> É preciso acabar com a fome, já.
> É preciso garantir o trabalho, já.
> É preciso garantir a independência nacional e as riquezas deste país. É preciso garantir a democracia. E não há democracia sem terra e trabalho para o povo.
> Por tudo isto, nós, trabalhadores, viemos cruzando os braços, lutando por nossos direitos ao trabalho e ao salário decente; lutando pela soberania da nação contra a pilhagem do FMI.
> Muitos estão dizendo que não é este o momento para reivindicar. Mas, quando é o momento? Quando não restar mais que o bagaço deste país, de suas terras e de sua gente?
> É preciso mudar. Por isto, estamos exigindo a redução da jornada para mudar o quadro de desemprego. Por isto, exigimos as reposições trimestrais de salário: para enfrentar um inflação que nestes três primeiros meses de 85 já chega a 45%.
> Por isto, exigimos a reforma agrária sob o controle dos trabalhadores e rejeitamos o Estatuto da Terra.
> Por isto, exigimos liberdade e autonomia sindical como parte das mais amplas liberdades democráticas. Por isto rejeitamos pactos sociais que nada têm a oferecer aos trabalhadores. Por isto, defendemos a convocação de uma Assembléia Nacional Constituinte livre e soberana, as eleições diretas para presidente da República e exigimos o rompimento com o FMI.
> Companheiros, neste dia, quando milhões de trabalhadores e trabalhadoras no mundo todo gritarão que sua libertação será obra dos próprios trabalhadores, a CUT declara:
> Trabalhadores do Brasil, unamo-nos em torno de nossas bandeiras. Unifiquemos nossos movimentos e nossas lutas pela recomposição do salário mínimo, pelas 40 horas, pelo reajuste trimestral. Deixemos claro aos patrões e ao governo que somos maioria e que este é a nossa vontade.
> Queremos democracia, pão, terra e trabalho, já.
> Por isto, estamos em luta e para isto propomos cerrar fileiras em todo o país.
>
> Assinam: Jair Meneguelli
> Paulo Renato Paim
>
> Boletim Nacional da CUT • maio de 1985

No manifesto, são relembradas as greves que estão ocorrendo em diferentes cidades brasileiras e motivado o engajamento nas lutas. Esse relato demonstra a continuidade da 1ª Campanha Nacional de Lutas, iniciada em outubro de 1984, que reivindicava, entre outras bandeiras, redução de 48 horas sem redução de trabalho, reajuste trimestral, salário-desemprego e reforma agrária.

Nessa época, as greves constituíam um eficaz instrumento de luta da CUT e conferiam identidade à Central, cuja originalidade era o "sindicalismo combativo", em oposição à estrutura sindical existente, menos conflitiva em virtude do controle feito pelo Ministério do Trabalho.

O motivo da 1ª Campanha Nacional de Lutas era também a conjuntura econômica, deteriorada pelas duas décadas de regime militar e dois anos de submissão econômica ao FMI[48]. Conforme explicações publicadas no I CONCUT (1984), a consequência era uma crise econômica grave, sentida principalmente pela classe trabalhadora, cujas condições de vida e de trabalho atingiram o ápice da precariedade (p. 23).

Passemos à análise comparativa das duas SDR:

SDR 5 - Manifesto aos trabalhadores: "Não dá mais!"

SDR 6 - Ferroviários, metroviários do Rio e São Paulo já marcaram data para parar, motoristas e cobradores de ônibus de São Paulo também. Grandes assembleias de trabalhadores têm decidido: não dá mais! Não dá para continuar do jeito que está (BOLETIM NACIONAL DA CUT, n.1, maio, 1985, p. 2-3).

Temos nas SDR duas formas de discurso relatado, o direto e o indireto, respectivamente. A frase "Não dá mais!", embora repetida, aparece em modalidades de discurso diferentes, acompanhada de expressões linguísticas também distintas, o que traz implicações para a significação.

Na SDR 6, o uso do discurso indireto demonstra que a CUT está sendo a tradutora da decisão que os trabalhadores vêm tomando. A ausência de aspas atesta a não separação entre o discurso da Central e o discurso do outro - o trabalhador. Um apagamento revelador de uma identificação entre a porta-voz e seus representados.

Na SDR 5, título do manifesto, o uso do discurso direto é ambíguo. Por um lado, posiciona a CUT como porta-voz que mantém uma relação de simetria com o grupo, pois reproduz

---

[48] Fundo Monetário Internacional.

fielmente suas palavras. Por outro, o uso da preposição "aos" em "manifesto aos trabalhadores" seguida do uso do discurso direto mostra que "Não dá mais!" não é somente uma decisão dos trabalhadores, mas a orientação que a CUT lhes dá. Aí é instaurada a assimetria, a separação entre o discurso do porta-voz e de seus representados, fato comprovável pelo reaparecimento das aspas.

Destinar aos trabalhadores uma frase que já estava sendo enunciada por eles não só revela a dinâmica típica à figura do porta-voz, mas também parece significar que, segundo a CUT, "Não dá mais!" ainda não está sendo enunciada por toda a coletividade, talvez porque muitos de seus integrantes ainda não tenham sentido a revolta, a rebeldia, o desejo de negar o passado e o presente, sentimentos necessários à enunciação de "Não dá mais!". No manifesto, além da sequência em análise, há outros recursos na linearidade que impedem a estagnação e convidam a luta, tais como: enumeração de problemas que afligem a mão-de-obra; descrição das indignas condições de vida e de trabalho; explicação de decisões governamentais com implicações prejudiciais à população; indagações sobre um sistema jurídico que privilegia o patronato e o governo, em detrimento dos populares e dá seguimento às leis da ditadura. Essas materialidades são mecanismos que interpelam os trabalhadores à movimentação de sua memória afetivo-discursiva e à negação eufórica de "Não dá mais!".

A CUT está enfatizando sua posição de "testemunha privilegiada da história", que consegue avaliar a dimensão do engajamento, à diferença de seus representados. Sabe que o empenho, a revolta, a mobilização têm de ser urgentes, conhecimento ainda não assimilado pelos trabalhadores. Essa observação confirma-se no uso da perífrase verbal "têm decidido" na SDR 6, que indica uma ação não acabada, prolongada no tempo, cujo agente é o trabalhador. Em oposição, somente a frase "Não dá mais!", apropriada pela CUT, tem um aspecto cessativo e não durativo.

A mediação da palavra é do trabalhador para o porta-voz e deste para o trabalhador. Mediação necessária para organização da coletividade e contenção da dispersão de posições-sujeitos, assumida na materialidade. Conforme podemos interpretar através do uso da perífrase "têm decidido" em detrimento da forma verbal "decidiram", muitas dessas posições são representadas como plenamente identificadas com a forma-sujeito da formação discursiva sindical-socialista e, inclusive, têm propalado seu assujeitamento em grandes assembleias trabalhistas, enquanto outras ainda mantêm relações diferentes com essa forma-sujeito, que podem ser de contraidentificação ou desidentificação[49]. É porque existem essas outras "modalidades", outras formas de tomar posição que é preciso enunciar a frase-de-ordem "Não dá mais!" aos trabalhadores. Esta tenta corrigir as falhas do ritual de interpelação à FD sindical-socialista.

Paráfrases do enunciado em análise certamente já foram ditas no meio sindical em outros momentos de resistência. Mas, quando o enunciado "Não dá mais!" surge apegado ao acontecimento de 78 - o surgimento do "novo sindicalismo" e ao acontecimento seguinte – a fundação da entidade nacional representativa dos trabalhadores, sua significação é atualizada, revigorada pela situação de enunciação. Sendo assim, "Não dá mais!" pode ser compreendido como um pré-construído de que o discurso cutista se apropria e coloca sob sua total responsabilidade.

A estrutura da frase, composta pelo operador de negação topicalizado modificando o verbo "dar" no presente do indicativo e a exclamação, imprime um aspecto cessativo. O uso dessa aspectualidade materializa um princípio do discurso fundador: o término do existente, a ruptura. Além de a frase estar sendo enunciada nesse tipo de discurso, é apropriada por um sujeito "porta-voz", logo, por um observador privilegiado da história. Tais evidências permitem-nos afirmar que "Não dá mais!" está sendo transformada no discurso sindical da CUT em "formulação--origem do domínio da memória" (COURTINE, 1999, p. 19). A formulação em pauta adquire esse "status" em detrimento não só das propriedades discursivas mencionadas, mas também em virtude das condições de produção: em 1985, a emergência do "novo sindicalismo" e também de "novas subjetividades" ainda

---

49 Segundo Pêcheux (1995), no processo de interpelação ideológica há um desdobramento, de um lado, está o locutor, ou o sujeito da enunciação, que é quem "toma posição", de outro lado, está o sujeito universal, o sujeito da FD (p. 214). A relação entre o sujeito universal e o sujeito da enunciação ocorre através da forma-sujeito e pode apresentar diferentes modalidades. Numa delas, há uma superposição entre o sujeito da enunciação e o sujeito universal, ou seja, há uma identificação do sujeito do discurso com a forma-sujeito, o que resulta no "bom-sujeito". Em outra modalidade, o sujeito da enunciação volta-se contra o sujeito universal, contrapondo-se à forma-sujeito. Daí resulta o "mau-sujeito". A terceira modalidade remete à desidentificação, ou seja, o sujeito se desidentifica com a formação discursiva e identifica-se com outra (p. 215-7).

subsidiava as mobilizações, a CUT, fundada há apenas dois anos, organizava uma série de lutas em massa, às quais a adesão crescia progressivamente.

Courtine (1999) criou o conceito de *rituais discursivos de continuidade* para denominar a sucessão entre passado, presente e futuro, produzindo uma "anulação imaginária do processo histórico, com sua duração e suas contradições próprias". Surgem então "efeitos de memória", que dão a impressão de que a história é imóvel e eterna (p. 20-1).

Parece-nos viável, conforme comentado, mobilizar o conceito contrário, o de *efeitos discursivos de descontinuidade*, que promoveriam a ruptura do passado e do presente com o futuro. Nesse caso, temos uma "anulação imaginária" da longa repercussão temporal de determinados acontecimentos históricos. Para constituir esse efeito, há recursos na linearidade que criam a fundação de uma nova história, desta vez, mutável.

A frase em análise, através dos recursos linguísticos supracitados (negação modificando verbo no presente do indicativo, ponto de exclamação, aspecto cessativo), insere-se nos *efeitos discursivos de descontinuidade*, que dão existência material à representação da temporalidade da formação discursiva sindical-socialista.

A construção em análise vem unir-se a outras e, junto com essas, fundam uma nova rede de memória, cujos alguns saberes são: existência de uma "organização sindical de massas", "de caráter classista"; objetivo de "defesa dos interesses imediatos e históricos da classe trabalhadora"; "melhores condições de vida e de trabalho"; "engajamento no processo de transformação da sociedade brasileira"; greves como principal instrumento de luta[50].

Tendo em vista a mobilização da memória "afetivo-discursiva", podemos considerar que os *efeitos discursivos de descontinuidade* invalidam a continuidade dos mecanismos políticos de ofensa ao trabalhador e criam novos "efeitos de memória". Estes dão a impressão de que a história de privações será recontada, a interrupção dos acontecimentos políticos que provocam danos coletivos é possível, novos "saberes-afetos" podem ser inscritos na memória da classe trabalhadora.

---

50 Informações observadas nas publicações da Central e disponibilizadas no site, no *link* "Quem somos".

A sequência "Não dá mais!" produz esses "efeitos de memória" através de sua inter-relação com demais fragmentos do manifesto. O enunciado em análise, dado seu "status" de título, funciona como representante de outras negações, dentre elas: "Não dá para esperar (...)", remissiva à conjuntura marcada pelo desemprego, baixos salários, expulsão de trabalhadores rurais de suas terras; "Não dá para se calar (...)", referente ao pagamento da dívida externa enquanto necessidades básicas estão desassistidas; "Não dá para falar em democracia", sobre a agressão física a trabalhadores e a perseguição de camponeses; "Basta, chega de ditadura!", que diz respeito à continuidade das formas de recessão econômica e de controle.

As negações presentes no documento são intensificadas pelo título e, em contraparte, o especificam, pois detalham "o quê" "Não dá mais!". Com essas inter-relações, a CUT lembra o sofrimento, conserva a memória afetivo-discursiva e chama à indignação, ao deslocamento do foro íntimo, à pronúncia coletiva das negações do rebaixamento. Vale relembrar que o manifesto dirige-se "aos trabalhadores", logo, subjaz a imagem de que todos os destinatários da CUT sofrem humilhação, sem distinção das diferentes vivências e sentimentos dos membros de uma classe.

Passemos à análise da SDR seguinte, na qual destacaremos aspectos que nos permitirão complementar as reflexões até então apresentadas.

3.2.1.2 A fase negociadora da CUT

Na década de 90, já havia começado a reestruturação da CUT, que, após o III CONCUT (1988), passou de uma fase "mais movimentista, libertária, socialista e conflitiva, enfim, heroica" para uma fase mais "organizativa", "burocrática" e "administrativa" (RODRIGUES, 1997, p. 117-8). A Central tornou-se mais institucionalizada e distanciada da base. Além disso, a conjuntura política havia sido caracterizada pela vitória de Fernando Collor como presidente da República nas eleições de 1989, o que simbolizava o ganho de um projeto neoliberal, que seria mantido por Fernando Henrique Cardoso. Somam-se a esses aspectos o fato de o Brasil sentir com mais veemência as consequências da crise do mundo do trabalho, marcado pela reestruturação produtiva e acumulação flexível, as quais já haviam afetado países de capitalismo maduro desde a década de 70 (RODRIGUES e RAMALHO, 1998). A "acumulação flexível" estimula a flexibilidade nas relações trabalhistas em contraponto com a rigidez do fordismo. A consequência é logo sentida pelo sindicalismo, que tem suas possibilidades de atuação contidas devido à dispersão dos trabalhadores. Esta é ocasionada pela flexibilidade nos contratos de trabalho, nos horários e pela rotatividade dos funcionários. Outro motivo da estagnação da ação sindical é o desemprego estrutural, oriundo da reestruturação das empresas (HARVEY, 2001). A prática sindical combativa da CUT é paralisada e recebe primazia a prática negociadora. As dificuldades para o sindicalismo são assumidas pela Central[51], entretanto, essa mantém, no fio do discurso, a utilização de marcas temporais que remetem aos *efeitos discursivos de descontinuidade* e indiciam a imagem do tempo como ruptura na sucessão passado-presente-futuro. Observemos a sequência discursiva selecionada:

SDR 7 - É hora de dar um basta a essa situação inaceitável (INFORMA CUT, n. 268, jan., 1998, p. 9-10).

Antes de discorrermos sobre as referidas marcas, convém explicitar que essa SDR foi extraída do *Manifesto por trabalho, terra e cidadania*, publicado em 1998 no Informa CUT. Abaixo, o manifesto:

---

51 A seguir, um exemplo da conscientização da CUT quanto às dificuldades: "O Brasil dos anos 80 é muito diferente daquele dos anos 90. As exigências de qualidade de ação e organização sindical serão muito grandes nesse novo período histórico para a CUT se afirmar como um projeto estratégico dos trabalhadores brasileiros". "O sindicalismo reivindicativo-contestatório, que foi o 'motor' da CUT até aqui, não é mais suficiente. Não basta mais mobilizações e greves das campanhas salariais das datas-base ou de momentos conjunturais de reação em determinadas situações de demissões, acidentes de trabalho etc. Não basta mais a ação sindical centrada na denúncia e na atuação nas 'portas de fábrica', ou seja, fora dos locais de trabalho, e onde o trabalhador vai ao sindicato e o sindicato não está presente no cotidiano do trabalhador". Fragmentos extraídos do artigo "Sindicalismo cutista: ruptura ou renovação", escrito por Jorge Lorenzetti, membro da Direção Executiva Nacional da CUT (Revista *Forma e Conteúdo*, n.5, dez., 1993).

POR TRABALHO TERRA E CIDADANIA

Manifesto por Trabalho, Terra e Cidadania

No momento em que nos reunimos, o povo brasileiro sofre com o pacote do governo Fernando Henrique Cardoso. Concretizando sua política, ele ataca brutalmente a Nação. Novas demissões somam-se ao já dramático quadro de desemprego. Tudo é feito para favorecer interesses minoritários, dos que lucram com os juros altos e com a miséria do povo. Uma das maiores empresas privadas do Brasil, a multinacional Volkswagen, por exemplo, ameaça com 10 mil demissões os metalúrgicos que recusaram uma redução dos salários.

Por que o Brasil é um dos países mais atingidos pela crise financeira que estourou do outro lado do mundo? Porque a política de Fernando Henrique nos deixou à mercê da agiotagem internacional. E qual foi a reação do governo? Primeiro dobrou os juros, na esperança de aplacar o apetite dos agiotas. Depois, baixou o Pacote de Novembro, arrancando 20 bilhões de reais da sociedade para cobrir os efeitos da alta dos juros.

Fernando Henrique mentiu. Prometeu desenvolvimento, mas trouxe recessão, desemprego e quebradeira. Falou em distribuição de renda, mas enriqueceu os ricos e empobreceu os pobres. Anunciou justiça social, mas só ajudou os banqueiros e especuladores. Acenou com a reforma agrária, mas pôs a polícia para perseguir e massacrar os sem-terra. Posou de democrata, mas governa por medidas provisórias, comprou deputados, favoreceu os financiadores da sua candidatura, aliou-se aos filhotes da ditadura e às oligarquias mais corrompidas, desnaturou a Constituição da República com a manobra da reeleição. Disse que ia investir em saúde e educação, mas empenhou os recursos do Estado e da Nação no pagamento dos juros das dívidas externa e interna. Para pagá-los, liquidou o patrimônio das estatais mais importantes e lucrativas, aumentou os impostos, investiu contra os direitos dos aposentados, dos trabalhadores dos setores público e privado.

É hora de dar um basta a essa

situação inaceitável. Rejeitamos essa política. Falamos em nome de milhares de organizações, movimentos, entidades e partidos, de todos os Estados da Federação. Representamos os interesses populares e democráticos, a maior parte da sociedade organizada do país. Não fazemos oposição ao Brasil, como o presidente insinua em sua arrogância imperial. Nós somos o Brasil, os brasileiros e as brasileiras, o país de carne e osso que vive, sofre e luta fora dos palácios de Brasília.

Somos os sem-emprego e o sem-carteira assinada, os sem-terra e os sem-aumento de salário, os sem-casa, sem-segurança, sem-aposentadoria, os usuários dos serviços públicos que o governo sucateia. Somos as maiorias sociais, a juventude ameaçada pela perspectiva da barbárie neoliberal, as mulheres violentadas pela discriminação de gênero, os não-brancos oprimidos pelo racismo. Somos os estudantes e professores, os trabalhadores das ciências e das artes, os intelectuais que não se vendem. Somos os pequenos empresários e agricultores sufocados pela política atual. Somos, em uma palavra e com muito orgulho, o povo brasileiro.

Temos consciência do passo inédito que damos aqui, no Ginásio do Ibirapuera, em São Paulo. Pela primeira vez reunimos tantos representantes de tão vastos setores e de todos os recantos do país, respeitando e valorizando nossa diversidade e construindo com ela um novo patamar da nossa unidade. Os que virão depois de nós hão de ter a dimensão histórica do passo que damos hoje.

Reafirmamos nossa plataforma comum anti neo liberal, de luta por trabalho, terra e cidadania. Defendemos o desenvolvimento sustentável, soberano e solidário, a reforma agrária, uma nova política industrial, de defesa do trabalho e do salário, a redução da jornada de trabalho sem redução de salário, a reforma urbana e o reengajamento do Estado na promoção da saúde e da educação, medidas de distribuição da renda, de combate à exclusão, preservação do meio ambiente, defesa da Amazônia, resgate da soberania nacional no enfrentamento da dívida externa, radicalização da democracia. Esta é uma alternativa concreta para a transformação da sociedade, oposta à modernidade perversa de Fernando Henrique e do FMI.

A vitória será nossa. Ao repudiarmos uma globalização que divide o planeta em globalizadores e globalizados, estendemos as mãos a nossos irmãos da América Latina e de todos os continentes. Somos companheiros da mesma resistência, que por toda parte cresce, dá frutos e impõe derrotas ao neo liberalismo.

A condição para a vitória é a mobilização concreta de milhões por seus direitos e interesses. Juntos, construiremos essa grande mobilização nacional. Desde já reforçamos o combate às demissões, a defesa da Previdência, dos direitos dos trabalhadores e do povo, convergindo para uma grande Marcha pelo Emprego a partir de 1º de Maio de 1998. Lançamos aqui as sementes que germinarão em lutas do povo. Outros companheiros reforçarão e enriquecerão o movimento. Juntos, avançaremos na conquista de um Brasil soberano, livre, próspero, feliz.

Mais de 5 mil lideranças participaram do Encontro Contra o Neoliberalismo

Esse documento sintetiza a proposta do "Encontro Popular contra o Neoliberalismo", ocorrido em dezembro de 1997, no Ginásio do Ubirapuera (SP). Na ocasião, reuniram-se quase quatro mil delegados de todos os Estados brasileiros e centro e treze entidades. Esse encontro representou a continuidade de mobilizações que vinham sendo realizadas pela articulação entre diferentes entidades (movimentos e partidos) que se opunham ao neoliberalismo e na época seu principal protagonista: Fernando Henrique Cardoso. A CUT foi uma articuladora desses setores e coordenadora das atividades realizadas. Dessa forma, deu prosseguimento ao Plano de Ação "Reage, Brasil", publicado nas resoluções da 8ª Plenária Nacional (1996).

A SDR 7 foi enunciada pela CUT em diálogo com outros porta-vozes[52] e destinada a um grande grupo de excluídos, conforme exposto no manifesto: "sem-emprego", "sem-carteira assinada", "sem-aumento de salário", "sem-segurança", "usuários do serviço público que o governo sucateia", "sem-casa", "sem--aposentadoria" "sem-terra", "juventude ameaçada pela perspectiva da barbárie neoliberal", "estudantes", "mulheres violentadas pela discriminação de gênero", "não brancos oprimidos pelo racismo", "intelectuais que não se vendem", "pequenos empresários e agricultores sufocados pela política atual".

O uso de "É hora de dar um basta a essa situação inaceitável" pode ser considerado um procedimento enunciativo-discursivo de regulação da identificação das posições-sujeito com a forma--sujeito da formação discursiva sindical-socialista. Essa frase, por estar sendo enunciada em um discurso defensor do aumento da coletividade como estratégia inovadora para a emergência da nova história, funciona tentando garantir a "plena identificação dos trabalhadores". Além disso, interpela mais grupos a imaginarem o tempo de modo condizente com o que propaga a FD sindical--socialista. Para que ocorra essa identificação, no manifesto, as contradições do neoliberalismo são tornadas "visíveis", é movimentada a memória discursiva dos trabalhadores e, simultaneamente, é suscitada a sua revolta.

As manobras políticas de FHC, suas falácias, o descompromisso com os interesses trabalhistas e as consequências danosas de sua política aos menos favorecidos são denúncias de desrespeito à cidadania. E há diversas formas de agressão à condição cidadã, expressas nas denominações dos excluídos: "sem-emprego", "sem--carteira assinada", "sem-aumento de salário", "sem-segurança", "usuários do serviço público que o governo sucateia", "sem-casa" etc.

---

52 Alguns desses porta-vozes são: Confederação Nacional das Associações de Moradores – CONAM; Confederação Brasileira dos Aposentados – COBAP; União da Juventude Socialista- UJS; União Brasileira de Mulheres – UBM; Coordenação Nacional de Entidades Negras - CONEN; Partido dos Trabalhadores - PT, Partido Comunista do Brasil - PCdoB; Partido Socialista dos Trabalhadores – Unificado - PSTU, Partido Democrático Trabalhista - PDT; Instituto Brasileiro de Análises Sociais e Econômicas – Ibase; Confederação Nacional dos Trabalhadores na Agricultura – CONTAG; Conferência Nacional dos Bispos do Brasil - CNBB; Movimento dos Trabalhadores Rurais Sem-Terra - MST. Informações extraídas do *Informa CUT*, n. 266, 1997, p. 16-20.

O enunciado "Não dá mais!" visava ao deslocamento da memória afetivo-discursiva dos trabalhadores. A negação aí incidia sobre condições de vida naturalizadas pelo discurso dominante e interpelava os destinatários a lembrarem há quanto sofriam com os regimes governamentais.

Em "É hora de dar um basta a essa situação inaceitável", a negação incide especificamente sobre as decisões governamentais de Fernando Henrique Cardoso. Nesse caso, realimenta-se a memória da humilhação, porque novas estratégias para diminuir o outro estão em voga. A tão antiga limitação das classes populares, praticada na ditadura do Estado Novo e na ditadura militar, agora vem "atualizada" em diferentes restrições impostas ao cidadão, é praticada inclusive nos regimes ditos democráticos. A SDR 7, ao inserir-se nos *efeitos de descontinuidade*, vem cessar essa longa história, representar a memória da humilhação como passível de deslocamentos. Para tanto, os trabalhadores devem reproduzir os "enunciados de basta" de sua porta-voz.

Pressupondo o término da fase heroica da CUT, essa frase funciona como tentativa de reviver a combatividade e o "sobressalto" típicos dessa época. Também é um modo de conferir unidade ao discurso e prática da Central, que, mesmo perante novas condições de produção, ainda representa o embate e a união como estratégias de ação principais.

Nessa SDR, a topicalização do advérbio de tempo significando a emergência de um novo momento, a utilização do substantivo "basta" e a negação expressa através do prefixo –in funcionam conferindo um término à situação em questão: a prática política de Fernando Henrique Cardoso, norteada pelo neoliberalismo. O aspecto cessativo, conforme havíamos comentado, materializa um princípio do discurso fundador: a ruptura.

A partir dessas características, podemos considerar a SDR 7 como uma reformulação da formulação-origem "Não dá mais!". Essa retomada no nível do intradiscurso significa a repetição de um saber da memória sindical cutista: a possibilidade de irrupção de uma nova história, com melhores condições de vida e de trabalho. A repetição desse saber funciona, aparentemente, propalando a manutenção da representação da temporalidade existente na formação discursiva sindical-socialista.

Como afirma Courtine (1999), memória e esquecimento encontram-se no espaço político. Se a reformulação atualiza a promessa cutista de desautorização dos sentidos existentes e instauração do novo, demonstra o esquecimento de que a frase em análise, sob outra forma, já fora enunciada e, entretanto, apesar das conquistas trabalhistas, o lugar social do trabalhador continua sendo no domínio dos excluídos, dada a elaboração do Plano de Ação "Reage, Brasil", que culminou no "Encontro popular contra o Neoliberalismo".

Courtine e Marandin (1981[53] *apud* Courtine, 1999) descreveram algumas formas de repetição, como "repetição de elementos em extensão", que seria na ordem de uma "memória cheia, saturada". É observada no discurso político uma outra forma de repetição, denominada "repetição vertical",

> que não é aquela da série de formulações que formam enunciado, mas o que se repete a partir disso, um não sabido, um não reconhecido, deslocado e deslocando-se no enunciado: uma repetição que é ao mesmo tempo ausente e presente na série de formulações: ausente porque ela funciona aí sob o modo do desconhecimento, e presente em seu efeito, uma repetição na ordem de uma *memória lacunar ou com falhas* (COURTINE, 1999, p. 21) [grifos do autor].

Dessas considerações, Courtine conclui que há dois modos de determinação do interdiscurso: ou este funciona como "preenchimento, produtor de um efeito de consistência no interior do formulável" ou como "oco, vazio, deslocamento, cuja intervenção ocasiona um efeito de inconsistência (ruptura, descontinuidade, divisão) na cadeia do reformulável" (p. 22).

A SDR "Não dá mais!", ao receber o "status" de formulação--origem na ordem de um discurso fundador, parece ser determinada por um interdiscurso preenchedor, que lhe confere consistência, pois a frase mencionada, em virtude das suas condições de produção, estaria efetivamente rompendo o instituído, ruptura apenas prometida em enunciações sindicais anteriores. Já "É hora

---

53 COURTINE, J.-J; MARANDIN, J.-M. Quel objet pour l'analyse du discours. *Matérialités discursives*, Presses Universitaires de Lille, 1981.

de dar um basta a essa situação inaceitável" é produzida em outras condições de produção, cujas características, conforme explicitado, são a crise no mundo do trabalho, o advento do neoliberalismo e a mudança na estratégia de ação cutista. A SDR 7 tem como exterioridade um interdiscurso produtor de deslocamento, pois as enunciações já ditas que se inseriram nos *efeitos discursivos de descontinuidade*, dentre elas, "Não dá mais!", não instauraram o novo e constituíram-se em já ditos que ainda significam promessas. O interdiscurso confere então inconsistência à reformulação.

Embora nos dois enunciados analisados tenhamos, no intradiscurso, marcas identificadoras de *efeitos discursivos de descontinuidade*, no interdiscurso, a relação da exterioridade com a linearidade é distinta.

A inconsistência conferida à SDR 7 pelo interdiscurso e as condições de produção na década de 90 induzem-nos a compreender "É hora de dar um basta a essa situação inaceitável" como também pertencente aos *efeitos discursivos de continuidade*. Ou seja, através do deslocamento instaurado pelo interdiscurso, o enunciado em questão torna-se "dividido"[54]: quando observamos o fio do discurso, percebemos que ele propala a emergência de um novo tempo, faz parecer que a história é mutável (*efeitos discursivos de descontinuidade*), quando atentamos para a sua relação com o campo do já dito, com a rede de memória instaurada pela CUT, podemos considerar que propaga a sucessão passado-presente-futuro. A história dos trabalhadores, repleta de acontecimentos excludentes, ainda não foi modificada, parece eterna (*efeitos discursivos de continuidade*).

Se, no intradiscurso, a representação da temporalidade na formação discursiva sindical-socialista tem uma aparência de fechamento, de consistência, no âmbito do interdiscurso, essa mesma representação parece inconsistente e inclusive contraditória, assemelhando-se com a imagem do tempo da formação discursiva oponente, a capitalista.

Se, através da dessuperficialização de "Não dá mais!", notamos que o sujeito-trabalhador, quando inserido numa coleti-

---

54 Enunciado dividido, segundo Courtine (1982), é o enunciado no qual podemos identificar duas posições-sujeito antagônicas, reveladoras de duas formações discursivas distintas. Cf. Bibliografia.

vidade politizada, é concebido como o agente da transformação social, o fundador da nova história, a partir do estudo de "É hora de dar um basta a essa situação inaceitável", a representação diverge. O trabalhador é imaginado "aparentemente" como potencialmente capaz de instaurar um novo tempo, desde que se alie a outros excluídos, no entanto, é apreendido como preso às amarras da formação ideológica capitalista, incapaz de reverter a submissão instaurada pelo sujeito-jurídico.

O fato de a SDR 7 ter o funcionamento expresso faz-nos pensar que o discurso cutista, de fundador, passou a ser "fundacional". Esse tipo de discurso, segundo formulações de Celada e Zoppi-Fontana (1993[55] apud ZOPPI-FONTANA, 1997), "se autorrepresenta como fundador, embora não o seja" (p. 72).

As observações feitas demonstram que a rede de memória instaurada pela CUT, por um lado, funciona dando consistência às suas palavras. A defesa de uma sociedade igualitária, de uma organização sindical classista, a permanente vigília dos direitos trabalhistas, a necessidade de emergir um novo tempo são alguns dos saberes propagados desde a fundação da Central e que integram a sua memória discursiva. Tais saberes legitimam, dão sentido ao enunciado "É hora de dar um basta a essa situação inaceitável". Por outro lado, temos de considerar que a memória não é um "reservatório" e sim "um espaço móvel de divisões, de disjunções, de deslocamentos e de retomadas" (PÊCHEUX, 1999, p. 56). Assim, podemos entender que os saberes da memória discursiva da CUT movimentaram-se, tornaram-se polêmicos devido à emergência de novas condições de produção, que passam a deslegitimar a construção da SDR 7.

Essa deslegitimação, essa inconsistência provém do fato de a memória ser lacunar. A partir das reflexões de Courtine (1999), compreendemos que a memória recebe essa característica porque na retomada das formulações-origem pode surgir um "não sabido", um "não reconhecido", ou seja, podem emergir outros sentidos além daqueles instituídos (p. 21). Nesse caso, o estatuto "lacunar"

---

55 CELADA, M.T. A fundação de um destino para a pátria Argentina. In: ORLANDI, E. (org.). *Discurso fundador*: a formação do país e a construção da identidade nacional. Campinas: Pontes, 1993. ZOPPI-FONTANA, M. Sonhando a pátria: os fundamentos de repetidas fundações. In: ORLANDI, E. (org.). *Discurso fundador*: a formação do país e a construção da identidade nacional. Campinas, Pontes, 1993.

da memória provém de sua mobilidade, de sua possibilidade de abrigar novos saberes. Também podemos considerar que a memória é lacunar porque existe o real. Ou seja, é inerente à memória a incompletude, oriunda do fato de que na simbolização dos acontecimentos, algo sempre escapa, devido à impossibilidade de totalização dos sentidos. Logo, o dizer se constitui a partir de já ditos não plenos, tal como afirma Teixeira (2005):

> (...) ela [a memória] tem o efeito enganador de reconstituir os *sempre-* já *ditos,* dando-lhes "ares" de evidência e universalidade, mas ela é também o lugar em que esses trajetos podem ser desfeitos, pois *isso* que fala antes, em outro lugar, não se diz todo.
> Se a *memória,* pela qual se atualiza o passado, pode ser desestruturada é porque há algo no acontecimento que escapa às redes de sentido já construídas, o que implica reconhecer que o *pré-construído* – efeito de evidência próprio ao interdiscurso – não se totaliza, pois há aí um resíduo não integrável no simbólico (TEIXEIRA, 2005, p. 181) [grifos da autora].

Os saberes da memória estão sempre se deslocando e, com isso, desestabilizando os discursos, os quais se sustentam através da retomada dos já ditos. Essa mobilidade pode desconstruir o "efeito de real", de completude, criado pelo sujeito para dissimular a possibilidade de o sentido sempre ser outro[56].

A SDR 6 ilustra o exposto. Quando "Não dá mais!" passou de uma construção que rompia com os já ditos para transformar-se em um enunciado que reproduzia esses já ditos ofereceu inconsistência à construção (SDR 7) que retomou essa formulação-origem. A mobilidade desse já dito desconstruiu o "efeito de real" da SDR 7. E a temporalidade, usada para criar esse efeito, funcionou desestabilizando o dizer.

Foi a mobilidade do interdiscurso que fez a imagem do tempo funcionar como desestabilizadora do discurso sindical em análise. E foram as falhas existentes no interdiscurso que transformaram a representação da temporalidade em incompleta, com

---

56 Essa mobilidade também poderá contribuir para a constituição do efeito de completude, sempre passível de ruptura em virtude de novos deslocamentos.

brechas, por onde emergiram elementos oriundos da formação discursiva capitalista, justamente a oponente à formação discursiva sindical-socialista.

Concluímos que embora a falha seja inerente aos elementos de saber da memória e aos discursos que os retomam sob a forma de pré-construído, sua irrupção depende dos deslocamentos do campo do já dito. Esclarecendo o exposto, se "Não dá mais!" não tivesse seu sentido modificado face às mudanças das condições de produção, o interdiscurso teria funcionado como "preenchedor" das brechas abertas pelo real. O interdiscurso teria dado consistência à SDR 7. Mas, conforme já explicitado, devido à mobilidade das construções que remetiam aos *efeitos discursivos de descontinuidade*, o interdiscurso funcionou como deslocamento, não preenchendo essas brechas. Por isso, a SDR 7 manifestou a equivocidade e funcionou como um "enunciado dividido".

Essas considerações trazem implicações à constituição da Central como porta-voz. As lacunas na imagem do tempo põem à deriva a sua condição de "testemunha privilegiada da história" e, consequentemente, a projeção que faz dos elementos do processo discursivo, dentre eles, do trabalhador. Contudo, o fato de a CUT unir-se a outros porta-vozes restitui sua visibilidade e ainda a amplia, pois a Central, através dessa aliança, não somente projeta os trabalhadores como transformadores sociais, mas também assim qualifica os demais excluídos.

A adesão de mais filiados ao sujeito-coletivo da formação discursiva sindical-socialista possibilitará o surgimento do novo tempo. Um novo saber que vem movimentar a memória discursiva da CUT, aliar-se ao ideal de uma identidade coletiva como condição para a revolução. Um novo saber que vem denunciar um reconhecimento: os trabalhadores não são capazes de transformar suas condições de vida e trabalho sem que se aliem a outros grupos para mudar primeiramente a estrutura econômica e política brasileira.

Segundo Mariani (2003a),

> a falha, enquanto lugar de resistência, pode engendrar rupturas e consequente transformação no ritual, ou pode vir a ser absorvida pelo discurso hegemônico, contribuindo para a permanência dos sentidos legitimados historicamente (MARIANI, 2003a, p. 8).

Através da amplitude de destinatários da SDR 7, o sujeito cutista inseriu um novo elemento de saber na memória discursiva. Guiado pelo desejo de completude, absorveu a falha e demonstrou que a adesão em massa ao "sujeito-coletivo" é a estratégia, a "resposta--chave" para fundar o novo tempo. A falha da SDR 7, observada através da relação linearidade – exterioridade, foi encoberta pelo discurso cutista e a temporalidade novamente transformada em homogeneizante. Reflexões que exemplificam as afirmações pecheuxtianas: o discurso é um efeito das redes de memória e simultaneamente uma possibilidade de "desestruturação-reestruturação" dessas mesmas redes (PÊCHEUX, 1997c, p. 56).

3.2.2 O presente gnômico

Abordarmos o presente gnômico constituindo o discurso em fundador porque essa expressão de tempo estabiliza a nova tradição de sentidos e presta-se à construção do efeito de evidência, necessário para que as significações instituídas pela CUT fixem-se no espaço discursivo sindical.

As sequências discursivas de referência da categoria de análise "presente gnômico" assemelham-se por serem enunciados definitórios, os quais foram agrupados de acordo com três temáticas: enunciados da CUT sobre a CUT, a FD oponente e as soluções para as problemáticas sindicais.

Mobilizamos essa subdivisão na análise da "fase conflitiva" do discurso de esquerda em estudo. Na "fase negociadora", apresentamos um quadro com sequências discursivas da primeira fase, comparando-as com recortes da segunda fase, os quais foram selecionados pela recorrência do verbo *dicendi* "reafirma". Para a dessuperficialização das construções organizadas no referido quadro, desenvolvemos uma proposta de articulação entre o real e a repetição, a partir de um deslocamento dessas noções na ótica psicanalítica.

Para que apresentemos a visão discursiva do presente gnômico, retomemos reflexões de Fiorin (1999), às quais apresentaremos distanciamentos. O autor considera a existência de dois sistemas temporais na língua: um deles relaciona-se ao momento da enunciação – sistema enunciativo - e o outro, ao momento de referência instaurado no texto – sistema enuncivo (p. 145). Mas, este último está sempre relacionado ao momento da enunciação, responsável pelas oposições temporais da língua.

Ao momento da enunciação, o autor aplica a "categoria topológica *concomitância* vs não *concomitância (anterioridade* vs *posterioridade)*" para estabelecer três momentos de referência: concomitante, anterior e posterior ao momento da enunciação. Quando o momento de referência é concomitante ao momento da enunciação, temos o sistema enunciativo, pois tudo está organizado em função do momento da enunciação. Quando o momento de referência for anterior ou posterior ao momento da enunciação, há dois momentos de referência: um pretérito e um futuro, formadores de dois subsistemas temporais enuncivos (p. 146) [grifos do autor].

Além do momento da enunciação (ME) e do momento de referência (MR), há o momento dos acontecimentos (estados e transformações) (MA), obtido através da relação com os momentos de referência.

Quanto aos tempos verbais, dividem-se em tempos enunciativos e enuncivos. No âmbito dos tempos enunciativos, o presente exige uma tripla coincidência: MA = MR = ME. Como o momento da enunciação engloba o momento de referência, observa-se a coincidência entre este e o momento do acontecimento. O presente omnitemporal ou gnômico aparece quando o momento de referência é "ilimitado", é um "*sempre*" implícito". Logo, o momento do acontecimento também assume essas características.

Esse tipo de presente é propício à enunciação de "verdades eternas ou que se pretendem como tais", aparecendo, por exemplo, na ciência, na religião, na sabedoria popular. É utilizado, mais especificamente, nos "provérbios" e "máximas", nas "definições", na "descrição de estados tidos como imutáveis", no "relato de transformações consideradas necessárias" (p. 151).

De acordo com o exposto, Fiorin observa o tempo considerando o "momento da enunciação" e o "momento de referência" instituído no texto, além do momento dos acontecimentos. Sobre tal questão, nos posicionamos anteriormente, quando argumentamos que, pelo fato de a Análise do Discurso de linha francesa conceber o par enunciação/enunciado diferentemente da teoria enunciativa, não é cabível mobilizarmos a divisão "tempo do enunciado" e "tempo da enunciação". É preferível a expressão "tempo discursivo" significando o imaginário do tempo.

Não há a mencionada separação, logo, não há razão para verificar a concomitância ou não concomitância entre o momento de referência (tempo do enunciado) e o momento da enunciação (tempo da enunciação). Sob a ótica da AD, as relações temporais observáveis no enunciado indiciam as formações imaginárias do sujeito sobre suas condições de produção. Dito de outra forma, o "tempo da enunciação", na teoria discursiva, seria um tempo empírico, então, é relevante a observação das projeções imaginárias sobre esse tempo e o modo como adquirem existência material nos enunciados.

Quanto ao "tempo dos acontecimentos", lembremos que a noção de "acontecimento", na abordagem de Fiorin, é desenvolvida tendo como parâmetro a semiótica narrativa e discursiva. Acontecimentos, nessa perspectiva, estão no "nível narrativo" e interessa observar sua sucessão, o modo como se ordenam no discurso narrativo.

Pressupondo o modo como a AD compreende o acontecimento, observamos como discursivamente é compatibilizado com o "tempo discursivo". Expliquemo-nos: as sequências discursivas de referência em análise foram extraídas de jornais cutistas. O discurso jornalístico, reproduzindo Mariani (1998), tem a pretensão de desambiguizar o mundo, de criar um efeito de homogeneidade, de literalidade para os sentidos. Por isso, põe-se a didatizar os acontecimentos, a explicá-los, a inseri-los numa ordem, a filiá-los semanticamente a uma memória e a tratá-los em seus desdobramentos futuros. Daí, a pertinência de verificarmos como o acontecimento é discursivizado para assegurar a "coerência" da história narrada nos jornais cutistas sobre o conflito entre trabalhadores--Estado-patronato. Ou seja, interessa observar o modo como no espaço discursivo sindical os enunciados atrelados aos acontecimentos contribuem para que estes sejam significados condizentemente com as formações imaginárias sobre o tempo.

Quanto ao "presente", ao denominado "momento da enunciação", preferimos compreendê-lo, utilizando um termo de Le Goff (2003), como um "corte ideológico". O presente representa uma tentativa, guiada pela exterioridade, de estabilização de determinadas condições de produção. O presente gnômico funcionaria então encobrindo a constante renovação do "agora" em prol da

longa duração do tempo imaginado, o qual se torna um sempre implícito, ilimitado.
Feita essa breve introdução, passemos à dessuperficialização das SDR.

3.2.2.1 A fase conflitiva da CUT

3.2.2.1.1 A CUT

SDR 8 – A Central Única dos Trabalhadores, construída há apenas dois anos, representa a vontade política dos trabalhadores em organizar-se sindicalmente a nível nacional de forma democrática (...) (BOLETIM NACIONAL DA CUT, n. 2 jun./jul., 1985, p.11).

SDR 9- Soberanamente os delegados definiram que: "o princípio fundamental da CUT é a defesa intransigente dos direitos das reivindicações e interesses gerais ou particulares dos trabalhadores brasileiros, bem como o povo explorado em geral" (BOLETIM NACIONAL DA CUT, n. 3, ago., 1985, p. 3).

SDR 10 - A CUT, hoje, estruturada em 23 Estaduais e 26 Regionais, reunindo mais de doze milhões de trabalhadores, presente nas lutas, nas empresas e locais de trabalho, mostra que é uma alternativa inédita de organização e representação da classe trabalhadora deste país e um instrumento fundamental para que os próprios trabalhadores possam realizar seus objetivos imediatos e históricos (BOLETIM NACIONAL DA CUT, n. 3, ago., 1985, p. 3).

Na estrutura sintática desses enunciados, "A Central Única dos Trabalhadores (...) representa X" (SDR 8), "O princípio fundamental da CUT é X" (SDR 9), "A CUT (...) mostra que é X" (SDR 10), o predicativo, expresso em X, pode ser considerado, embora sob a forma assertiva, a negação de pré-construídos sobre as organizações de trabalhadores.

Lembremos que, no governo Vargas, foi criado o modelo de sindicalismo tutelado, cujos efeitos mantiveram-se mesmo com o fim da ditadura do Estado Novo. Nesse modelo, o sindicato deveria praticar uma política de "colaboração de classes", controlando as ações mais combativas e funcionando como uma agência de prestação de serviços assistenciais. O governo, além dos mecanismos de controle das organizações sindicais, investia na disseminação de um discurso paternalista, calcado na valorização do trabalhador e no empenho com as questões sociais.

A estrutura sindical criada no Estado Novo foi transformada na ditadura militar em um mecanismo de censura das organizações de trabalhadores. E o regime ditatorial acentuou a falta de liberdade, já vivenciada pelos setores do sindicalismo que não compactuavam com o Estado. Por causa desses aspectos, o predicativo "a vontade política dos trabalhadores em organizar-se sindicalmente a nível nacional de forma democrática" (SDR 8) funciona como uma negação da intervenção estatal e militar nas lutas trabalhistas.

Na SDR 9, a proposta de "defesa intransigente dos direitos", quando remetida ao passado do movimento operário, nega o sindicalismo conformado aos interesses governamentais e afirma que as alianças serão exclusivamente com os trabalhadores. Na SDR 10, a CUT avalia-se como uma "alternativa inédita" porque recrimina as anteriores estratégias de ação tanto de movimentos sindicais de esquerda, como de direita, considera-se um "instrumento fundamental" porque propõe autonomia e independência, ambas há muito dificultadas.

Isso que foi dito antes, em outro lugar, independentemente retorna, sob a forma de construções predicativas "polêmicas", isto é, predicados que funcionam como a negação do já dito. Essas construções polêmicas, típicas do contradiscurso revolucionário, são uma tentativa de organização tanto dos elementos de saber da FD sindical-socialista, como dos saberes da(s) FD (s) contrária (s). Ou seja, os predicativos em estudo movimentam a memória discursiva dos trabalhadores, por um lado, significando a prática sindical pré-CUT no domínio do "mesmo", do "velho", do "equivocado", do "desautorizado", por outro, instituindo a Central no domínio do "novo", do "inédito", do "certo", do "autorizado".

O presente gnômico transforma esses enunciados em axiomas, eterniza a "novidade" da ação cutista, confere efeito de "verdade" às atribuições do predicativo ao referente "CUT". Por isso, é um dos recursos linguísticos propícios à criação do mito de fundação do novo tempo.

Nessas SDR, a porta-voz dirige-se aos trabalhadores a partir de um excedente de visão que lhe permite antever a prática sindical necessária às relações igualitárias. Enunciando como testemunha privilegiada da história, torna-se autorizada a interpretar a "vontade" (SDR 8), os "interesses" dos "trabalhadores" e do "povo" (SDR 9) e qual seu necessário "instrumento" de luta (SDR 10). A Central institui a classe trabalhadora como um todo coletivo, sem distinções. Há, portanto, um apagamento da heterogeneidade de posições-sujeito constitutiva dos grupos sociais. Isso se manifesta no fio do discurso em expressões generalizantes, do tipo "representa a vontade política dos trabalhadores" (SDR 8), "interesses gerais ou particulares dos trabalhadores brasileiros, bem como o povo explorado em geral" (SDR 9), "uma alternativa inédita de organização e representação da classe trabalhadora" (SDR 10).

3.2.2.1.2 A FD oponente

SDR 11 – Para os trabalhadores, ilegal é a fome; ilegal é a grilagem de terras; ilegal é que tantos brasileiros não tenham como sobreviver enquanto uns poucos se apropriam das riquezas nacionais. Ilegal é a exploração do país pelos banqueiros internacionais (BOLETIM NACIONAL DA CUT, n. 9, ago./set., 1986, p. 8).

SDR 12 – O governo disse que as greves são ilegais pois os bancos, os servidores públicos são essenciais. Essencial *é* ter o que comer. Essencial *é* garantir que o povo trabalhador não passe fome neste imenso e rico país. Ilegal *são* os juros que só enriquecem meia dúzia de grandes banqueiros. Ilegal *é* a miséria em que milhões de brasileiros são obrigados a viver (INFORMA CUT, n. 9, abr., 1987, p. 48).

SDR 13 – Ilegal *é* a miséria. Essenciais *são* condições dignas de vida e trabalho (INFORMA CUT, n. 9, abr., 1987, p. 48).

Essas três sequências assemelham-se intradiscursivamente por serem enunciados definitórios, constituídos de sujeitos e predicativos: "Para os trabalhadores, ilegal é X; ilegal é X; ilegal é X. Ilegal é X" (SDR 11); "Essencial é X. Essencial é X. Ilegal são X. Ilegal é X" (SDR 12); e "Ilegal é X. Essenciais são X" (SDR 13).

A SDR 11 foi extraída do "Manifesto do 2º Congresso", realizado em 1986. À época, de um lado, a classe trabalhadora enfrentava um agravamento da crise econômica, da fome, do desemprego e da miséria; de outro, o governo concentrava riquezas, a dívida externa mantinha-se estatizada, havia denúncias de manipulação dos índices de inflação e de remissão de dinheiro aos banqueiros estrangeiros.

As SDR 12 e 13 foram retiradas do mesmo documento: uma nota da Direção Nacional da CUT publicada na Folha de São Paulo em 31/03/1987. Sua enunciação ocorreu quando 700 mil bancários, depois de mais de um mês de tentativa de diálogo com os banqueiros, paralisaram, enquanto outras categorias profissionais realizavam campanhas salariais. Sobre a conjuntura, a política econômica apontava para o insucesso do plano cruzado e para o agravamento da recessão, do empobrecimento, enquanto os banqueiros e grandes empresários enriqueciam.

Na SDR 12, notemos como o que é circunstancial, isto é, a paralisação dos bancários e os problemas enfrentados pela classe trabalhadora em 1987, expressos nos predicativos, passa por um deslocamento. As circunstâncias deixam de ter caráter momentâneo, pois são, através da estrutura sintática e do presente gnômico, estatizadas. É como se os enunciados em análise esquecessem o caráter imediato de certas condições, da fluidez do tempo, da sua constante renovação e lembrassem quais elementos ocasionais mantêm-se ilesos às mudanças temporais. Os juros exorbitantes cobrados pelos banqueiros exemplificam o exposto. Na SDR 11, verifica-se o mesmo processo na remissão à "grilagem de terras" e à "exploração do país pelos banqueiros internacionais". Essas dificuldades típicas de uma conjuntura determinada são inscritas em enunciados que eliminam sua efemeridade e as eternizam como ilegais. A CUT faz um "corte ideológico" de problemas que devem deixar de ser conjunturais para tratá-los como elementos perenes da narrativa que conta sobre o embate da classe que representa e a classe dominante. Nesse caso, acontecimentos, como a greve dos bancários (SDR 12) e a remissão de dinheiro aos banqueiros estrangeiros (SDR 11), são significados de modo a manter a continuidade do tempo projetado.

A SDR 11 é construída tendo como contraponto um pré--construído assim linearizado no manifesto: "Declaram [governo da Nova República] as greves ilegais". Os enunciados cutistas retomam o vocábulo "ilegal" do já dito do discurso capitalista para inseri-lo numa construção predicativa, na qual passa a referir-se aos problemas enfrentados pela classe trabalhadora – "fome", "grilagem de terras", miséria – e à situação econômica – escassez de uns e riqueza de outros, "exploração do país pelos banqueiros internacionais".

Semelhantemente à SDR 11, as SDR 12 e 13 linearizam no intradiscurso o já dito do discurso capitalista: "O governo disse que as greves são ilegais pois os bancos, os servidores públicos são essenciais". Esse pré-construído, além de retornar através do discurso indireto, retorna através da repetição dos vocábulos "ilegal(is)", "essencial (is)" para ser imediatamente ressignificado. Diferentemente da SDR 11, as SDR 12 e 13 linearizam não só o que é ilegal – juros exorbitantes, miséria, mas também o que é essencial – "ter o que comer", não passar fome (SDR 12), ter "condições dignas de vida e de trabalho" (SDR 13).

As SDR em foco, devido ao presente omnitemporal, transformam-se em axiomas, logo, é atribuído um caráter incontestável à ressignificação feita nos elementos de saber da FD capitalista. Em outras palavras, a CUT realizou um deslocamento de sentido no modo como linearizou o pré-construído do discurso oponente. Nesse contexto, o presente omnitemporal foi importante para transformar o equívoco instaurado no discurso-outro em "verdade".

A CUT desautoriza o que é "ilegal" e "essencial" para o governo a fim de explicar o que é "ilegal" e "essencial" para os trabalhadores. Dessa forma, tenta organizar o domínio da memória de seus representados, propondo uma explicação simultânea tanto para os saberes da formação discursiva capitalista, como para os saberes da formação discursiva sindical-socialista.

A delimitação de fronteiras entre as duas FDs também é feita com recurso à memória afetivo-discursiva. Aquilo que é *essencial* na FD sindical-socialista – "ter o que comer", "garantir que o povo trabalhador não passe fome neste imenso e rico país" (SDR 12), "condições dignas de vida e trabalho" (SDR 13) – e *ilegal* – "fome", "miséria" (SDR 12 e 13) – representa necessidades básicas para a sobrevivência, os mínimos requisitos de quem almeja ser tratado dignamente. Aquilo que é *essencial* na FD capitalista – "servidores públicos" (SDR 12) – e *ilegal* – greves (SDR 11, 12 e

13) – diz respeito a uma categoria de profissionais e a um tipo de manifestação. A CUT recorre a direitos elementares do cidadão para mostrar o quão são discrepantes as representações das FDs em confronto sobre o que é "essencial" e "ilegal". A Central aciona a questão do sofrimento para delimitar que na FD sindical-socialista prioriza-se algo desconsiderado pela FD oponente: a preservação da dignidade, o cuidado com o foro íntimo.

3.2.2.1.3 As soluções

SDR 14- Um avanço no sentido de consolidação de uma nova conjuntura social e econômica, a consolidação de verdadeiras liberdades democráticas, fundamentalmente a liberdade de expressão e organização, e o rompimento com as amarras impostas pelo capitalismo internacional *são* conquistas que interessam fundamentalmente à classe trabalhadora e que devem ser a base de nossa proposta (BOLETIM NACIONAL DA CUT, n. 9, ago./set., 1986, p. 8).

SDR 15 – Questões sobre o salário mínimo, jornada de trabalho, Lei de Greve, liberdade e autonomia sindical *são* vitais para a melhoria das condições de vida do trabalhador (BOLETIM NACIONAL DA CUT, n. 12, abr., 1987, p. 29).

Nas duas sequências, os elementos enumerados podem ser considerados recortes de uma memória recente e antiga. Ou seja, saberes históricos e outros mais imediatos, como o "rompimento com as amarras impostas pelo capitalismo internacional" (SDR 14), "questões sobre o salário mínimo" e "Lei de Greve" (SDR 15) são retomados, condensados via enumeração, e "costurados" na construção predicativa que os seguem.

Ao transformar em referente tanto elementos de saber de uma memória mais recente, como mais antiga, a CUT faz uma "costura" que os reinveste de significações. A porta-voz, com sua visão omnihistórica, institui necessidades que emergiram em diferentes períodos históricos como parâmetros "que devem ser a base" (SDR 14) de sua proposta, como "vitais para a melhoria das condições de vida do trabalhador" (SDR 15). Os diferentes elementos enumerados, quando unificados na ordem de um discurso fundador, transformam-se *todos* nas "soluções" visualizadas pela CUT, transformam-se *todos* em "objetivos" da prática sindical cutista.

Podemos, inclusive, compreender esses enunciados como reformulações do princípio cutista de "defesa dos interesses imediatos e históricos da classe trabalhadora", como tentativas de conferir completude a esse saber da formação sindical-socialista.

As sequências em análise fazem um movimento pendular entre passado-presente-futuro: linearizam elementos de saber de uma memória mais recente e mais longa; tornam, pelo presente omnitemporal, esses saberes constantes, sempre atuais; reinvestem--nos semanticamente, pois são definidos como parâmetros identificados e almejados pela CUT, para a construção da futura sociedade.

Na análise de enunciados definitórios remissivos aos princípios cutistas, aos elementos de saber da FD capitalista e às soluções carecidas pelos trabalhadores, observamos como o presente gnômico, propício à materialização da visibilidade histórica típica do porta-voz, institui o discurso cutista em fundador.

Dito de outra forma, a CUT, na sua condição de testemunha privilegiada da história, define o sindicalismo ideal, delimita fronteiras "eternas" entre a FD sindical-socialista e a FD capitalista e "lista" as necessidades do grupo que representa. O presente gnômico contribui para que a central fixe suas formações imaginárias sobre esses três aspectos como estáveis e inquestionáveis. Assim, legitima uma tradição de sentidos, aos quais quer ser convencionada como fundadora.

A seguir, comparamos enunciados definitórios sobre os princípios cutistas produzidos nos dois períodos históricos selecionados. Demonstraremos como o presente gnômico não manteve a estabilidade semântica da enunciação cutista, pois na reformulação de construções com essa expressão de tempo surgem falhas. Estas revelam a incompletude da formação imaginária da CUT sobre um de seus mais relevantes princípios e põem à deriva o excedente de visão inerente ao porta-voz; aspectos que ressignificam o "status" "fundador" do discurso em estudo.

3.2.2.2 A fase negociadora da CUT

A fase conflitiva	A fase negociadora
SDR 16 - A CUT (...) tem como compromisso a defesa de interesses imediatos e históricos dos trabalhadores (RESOLUÇÕES DO II CONGRESSO NACIONAL DA CUT, 1986). SDR 17 - (...) a CUT, desde a sua origem, nasce classista e comprometida em articular nas lutas os objetivos imediatos e históricos da classe trabalhadora (RESOLUÇÕES DO II CONGRESSO NACIONAL DA CUT, 1988).	SDR 18 - (...) a CUT reafirma sua posição de luta pela conquista dos interesses imediatos e históricos dos trabalhadores e o seu compromisso de luta e organização da classe trabalhadora (INFORMA CUT, n. 86, jan., 1990, p. 4). SDR 19 - (...) A CUT reafirma sua posição de entidade voltada aos interesses da classe trabalhadora (...) (INFORMA CUT n. 80, nov., 1989, p. 3). SDR 20 - A CUT reafirma a sua permanente disposição de debater e implementar as reivindicações dos trabalhadores (INFORMA CUT, n. 93, mar., 1990, p. 2).

Nas sequências da primeira fase, o presente gnômico é construído através do verbo "ter" na 3ª pessoa do singular do presente do indicativo e da forma nominal particípio "comprometida". As definições selecionadas têm como regularidade o comprometimento da CUT com os interesses e/ou objetivos "imediatos e históricos" da classe trabalhadora. Na SDR 17, o aposto "desde a sua origem" e o verbo "nascer" seguido do complemento "classista" constroem um "sempre implícito" na vinculação da representante máxima dos trabalhadores com seus representados.

Tais explicações da prática sindical cutista são lugar de inscrição da "ilusão de exterioridade", identificada quando o sujeito enuncia como se fosse um outro. Notamos a presença dessa ilusão, porque a CUT assume uma posição de detentora de saberes, enuncia ciente das históricas e imediatas necessidades de toda a classe trabalhadora. Ou seja, estamos mediante enunciações que costuram memória, atualidade e devir: o comprometimento do sindicalismo com os trabalhadores e não com Estado e o patronato, a prática sindical classista são os princípios "ausentes" em movimentos sindicais pré-CUT; a expressão linguística utilizada confere uma dimensão atemporal aos elementos-chave do "novo sindicalismo", transformado numa realidade permanente; o futuro aí se vislumbra, pois os enunciados, ao referenciarem a CUT como uma instituição sindical, que diferente das anteriores, manterá alianças exclusivamente com seus representados, são soluções para a fundação das novas relações sindicais, que ensejarão novas relações sociais.

As construções da segunda fase foram recortadas do *corpus*, dada sua coexistência com o presente gnômico dos enunciados da primeira fase. Se antes foi enunciada, por uma posição sujeito omnitemporal, uma "verdade" para sempre válida, logo, indubitável, porque "reafirmar" a sua manutenção (SDR 18, SDR 19, SDR 20) e ainda indicar a "permanente disposição" da CUT de tratar dos interesses trabalhistas (SDR 20)?

Segundo Ernst (2009), o *excesso*, a *falta* e o *estranhamento* são três conceitos-chave, pois se apresentam como regularidades nos processos discursivos que podem nortear o gesto de interpretação do analista de discurso. Com base nessas reflexões, podemos questionar o que significa o *excesso* ao qual nos reportamos no quadro acima. Conforme a autora, o *excesso*, isto é, *"a* estratégia discursiva que se caracteriza por aquilo que está demasiadamente presente no discurso", é um "acréscimo necessário" para o sujeito, que, através das repetições, institui como relevantes saberes de uma determinada formação discursiva (p. 4).

Os enunciados da segunda fase assemelham-se tanto pela construção sintática – sujeito "CUT", núcleo do predicado "reafirma" e complemento verbal constituído de retomadas das posições, concepções e compromissos instaurados na fundação da Central, quanto pela produção de um "efeito de lembrança", de continuidade das imanências do sindicalismo cutista. Estamos frente a uma rede de repetibilidade de elementos de saber referentes aos compromissos da CUT com os trabalhadores.

Sobre o prefixo – RE, Costa (1990), ancorada em outros autores, considera que a expressão do aspecto nos verbos é restrita aos sufixos, tendo em vista que os afixos não são tratados como marca de aspecto nem nas gramáticas normativas. Exceção é feita aos prefixos – RE, que, para alguns estudiosos, seria expressão do aspecto "iterativo". No entanto, Costa, ancorada em Travaglia e Castilho, não considera esse prefixo ou qualquer outro com marca aspectual (p. 41). Entretanto, discursivamente, essa coexistência significa. O presente gnômico, nas análises precedentes, funcionou como propício à construção de uma história eterna, com anulação das mudanças temporais, transformou os enunciados nos quais incidiu em axiomas e, assim, foi propício à constituição do discurso fundador. Para que compreendamos a implicação do verbo *dicendi* "reafirma" no funcionamento do discurso em questão, façamos um breve, mas necessário desvio.

A proposta de pesquisa – a interferência do real na representação imaginária do tempo – e o caráter repetitivo das formulações cutistas induziram-nos ao tratamento da articulação entre o real e a repetição numa ótica discursiva. Para tanto, remontemos primeiramente ao estatuto da repetição na psicanálise para esclarecermos os deslocamentos realizados.

Na conduta do sujeito, algo volta continuamente, sem que haja um controle desse retorno. Essa volta adquire um caráter "compulsivo" e aparece como um "automatismo"; daí a utilização dos termos "compulsão à repetição" ou "automatismo de repetição" (CHEMAMA, 1995, p. 190). Sobre a diferença entre reprodução e repetição, aquela é acionada voluntariamente pelo sujeito, enquanto esta independe deste.

Das considerações psicanalíticas sobre a repetição, percebemos na definição do neologismo lacaniano "disque-ursocorrente (disque-ourcourant)" ponderações atinentes à presente pesquisa. Essa expressão, a partir de 1972, remete ao fato de todo o discurso ignorar sua "própria causa, isto é, o impossível (ou o Real), a partir do qual ele se constitui" (CHEMAMA, 1995, p. 50). Devido a essa recusa,

> nos discursos efetivamente falados, mesmo que sua sintaxe pré-consciente esteja ligada ao retorno da reserva inconsciente que neles se imiscui, as frases do sujeito serão comandadas pela evitação desse núcleo de *real*. É preciso, então, constatar uma *resistência* do próprio *discurso*, e não mais apenas uma resistência do eu (CHEMAMA, 1995, p. 50-1) [grifos nossos].

Tais explicações demonstram ser o *discurso* o lugar de *resistência ao real* e a *repetição*, as voltas, os contornos do sujeito em torno do que para ele é indizível num determinado momento. Sob a perspectiva discursiva, seria pertinente um deslocamento que não deixasse de fazer eco a essas proposições. A repetição pode ser compreendida, no nível do (intra) *discurso*, como uma *resistência* mais ou menos consciente - mas, indiscutivelmente, atravessada pela ordem do inconsciente - do eu imaginário ao *real*.

O sujeito não descobre o real, mas com ele se depara. Nesse encontro, assume uma posição mediante isso que lhe é não simbolizável. A repetição indicia uma posição de recusa da incompletude; é a manifestação, no fio do discurso, de uma repulsa da equivocidade inerente às discursividades.

Por isso, a repetição pode ser dubiamente pensada como:
- um recurso para a construção do "efeito de real". Através das retomadas, o eu imaginário tenta assegurar que apreendeu a totalidade dos referentes. Quem enuncia, sob a determinação do imaginário linguístico, pensa que a língua é transparente e expressa perfeitamente as significações. Sob essa ilusão, a repetição transforma-se em uma forma de alcançar a desejada estabilidade semântica e "mostrar" o fechamento da formação discursiva que regula o processo de "reformulação-paráfrase";
- uma proteção e uma forma de resistência à impossibilidade de tudo apreender, que funciona, à revelia do sujeito, como marca reveladora da existência do recusado. Ou seja, negar a existência da incompletude é reconhecer sua existência. Retornando, contornando, redizendo, o sujeito, pelo *excesso*, assume a *falta*, inerente à captura do real. Concluímos então que o *excesso* revela uma ilusão de que a *falta* pode ser suturada, por isso, a repetição torna-se lugar de inscrição do equívoco.

No domínio do *simbólico*, a linguagem, via repetição, adquire "status" de apreensora do *real*, contudo, as constantes voltas, giros do discurso são incapazes de acobertar o furo que o real provoca na estrutura. E apenas sob a determinação do *imaginário* linguístico, é possível a enunciação tornar-se uma forma de "proteção", de "defesa" do eu face àquilo que desestabiliza seus enunciados.

A repetição dos princípios cutistas nas orações cujo núcleo verbal é "reafirma" revela uma estratégia de manutenção da costura entre memória, atualidade e devir, já feita no período de fundação. Essa é uma forma de assegurar a manutenção de sentidos que particularizam o sindicalismo cutista. Interessa-nos verificar que a formulação desses princípios deu-se através do presente gnômico e sua reformulação, através de um verbo cujo prefixo significa duração, repetição, continuidade.

Os enunciados da segunda fase foram produzidos quando a FD oposta – a capitalista – tornou-se uma força progressivamente poderosa no confronto ideológico com a FD sindical-socialista. Esta, num ajuste às novas circunstâncias de embate, deslocou os sentidos de "luta". A conformação à ordem vigente, algo que não podia, nem deveria ser dito, deixou de ser exterior à FD em questão. A exclusiva aliança com os interesses e objetivos dos trabalhadores tornou-se dúbia porque a CUT passou a preferir a negociação com o Estado e o patronato, ao invés do antigo enfrentamento. Isso promoveu deslizamentos de sentido no princípio de "defesa dos interesses imediatos e históricos da classe trabalhadora".

Os enunciados da segunda fase, via repetição de formulações--origem, são um apagamento do referido deslocamento de fronteiras. Na direção do intradiscurso em relação ao interdiscurso, procuram assegurar o fechamento da FD como memória do dizer, produzir uma anulação das derivas a que os dizeres estão sempre suscetíveis, promover um esquecimento das mudanças históricas. Portanto, constituem-se em resistência ao equívoco, são uma forma de construir um efeito de apreensão do real no espaço discursivo sindical.

Mas, conforme a abordagem ora desenvolvida, a repetição é uma resistência à incompletude que, à revelia do sujeito, revela a existência do recusado. Pelo *excesso*, o sujeito "assume" existir uma falta que precisa ser velada. Sob essas considerações, podemos afirmar que a forma verbal "reafirma", por um lado, contribui para que o sujeito cutista reitere sua visão omnitemporal a respeito das carências da classe trabalhadora e das verdades que deverão guiar esse grupo, permite que a Central mantenha a homogeneidade de seu discurso fundador. Por outro, através desse verbo *dicendi*, a Central deixa vestígios de que os enunciados da primeira fase, embora construídos com o presente atemporal, não se transformaram em indubitáveis, algo *falta* para que o fechamento se instaure, para que as posições, compromissos e concepções cutistas sejam da ordem do já conhecido, do já instituído, do já explicitado.

Podemos considerar que a emergência dessa repetição como equívoco acontece por causa das novas condições sócio-históricas da formação social capitalista e devido à reconfiguração da subjetividade cutista, antes promessa de execução do novo sindicalismo, ora uma entidade que não conseguiu romper com a estrutura sindical. Retomando novamente Courtine (1999), o interdiscurso pode homogeneizar sentidos formulados e desautorizar sentidos reformulados. As formulações-origem da primeira fase surgiram fundando saberes que, devido à atemporalidade construída nas definições, enfrentaria as mudanças históricas e manteria o fechamento da FD sindical-socialista. O novo sindicalismo subsidiava a formação imaginária de um tempo em que os trabalhadores teriam quem os impulsionasse à luta. Entretanto, essa fase histórica do sindicalismo encontrou dificuldades na aplicação das inovações que propunha, sentidos indesejados apegaram-se aos enunciados fundadores. A reformulação desses dizeres foi a estratégia, no fio do discurso, para que a "novidade" continuasse a significar a proposta sindical cutista. Mas os deslocamentos de sentido ocorridos no interdiscurso não aceitaram o esquecimento e provocaram no "excesso", na reiteração de saberes relevantes da FD sindical-socialista "buracos", "brechas", não tamponados pela estrutura.

Por causa dessas lacunas, o pacto político deixa de ser exclusivamente entre os trabalhadores e a CUT. Zoppi-Fontana (1997) explica que, por causa da intermediação do porta-voz, a palavra pode ter duas direções: "do grupo para o porta-voz e através deste para o poder ou adversário, e do poder ou adversário para o grupo, passando necessariamente pelo porta-voz" (p. 20). A primeira direção prevalece nas fases conflitiva e negociadora. Na primeira, a palavra constrói um pacto político entre representados e representante e é lugar de conflito entre este e o adversário. Na segunda, como a palavra passa a ser lugar de negociação entre líder e oponente, o pacto da Central deixa de ser exclusivo com o grupo que representa.

Através das análises realizadas, demonstramos como o presente gnômico só estabiliza discursividades no imaginário linguístico dos sujeitos, iludidos com a apropriação da língua aos sentidos. A falha identificada no intradiscurso é reveladora da incompletude das formações imaginárias da CUT a respeito do "tempo" em que trabalhadores e representante máxima, compatibilizados com os mesmos interesses e objetivos, fundariam uma nova rede de memória no mundo do trabalho.

3.3 O tempo transitório

A seguir, trataremos primeiramente dos *efeitos discursivos de continuidade* e de *progressão* na "fase conflitiva" e secundariamente na "fase negociadora" para elucidar a constituição do "tempo transitório".

3.3.1 Efeitos discursivos de continuidade

3.3.1.1 A fase conflitiva da CUT

Observemos algumas sequências discursivas de referência que explicam o modo pelo qual a CUT restitui o passado ditatorial na Nova República:

SDR 21 - A *"Nova República"* completará em breve um ano de existência e não trouxe *nada de novo* para os trabalhadores e para o povo. O governo da Aliança Democrática, resultante da ampla articulação dos interesses dos monopólios, dos latifundiários, dos banqueiros e dos militares, *manteve* no essencial o aparato repressivo e a política econômica da ditadura militar, caracterizada pelo arrocho salarial e submissão ao FMI (BOLETIM NACIONAL DA CUT, n. 6, dez., 1985, p. 4 e 5).

SDR 22 – (...) vítimas da exploração e da dominação das elites, milhões de brasileiros, *há muitas gerações*, *vegetam* prisioneiros da miséria, da fome e do analfabetismo (INFORMA CUT, n. 26, dez., 1987. p. 137-9).

SDR 23 - Ao longo da história recente do país, os governos da ditadura *sempre* impuseram de forma autoritária as representações sindicais brasileiras. Lamentavelmente o novo governo e o Ministério do Trabalho *mantiveram* a mesma política, impedindo que o movimento sindical brasileiro escolhesse de forma livre, autônoma e pluralista sua representação (BOLETIM NACIONAL da CUT, n. 2, jun./jul., 1985, p. 11).

SDR 24 - A política *autoritária* e *conservadora* do governo da "Nova República" *mantém* todos os mecanismos básicos de repressão e controle sobre as entidades e o movimento sindical, além de estimular novos crimes contra os direitos sindicais e impedir a liberdade de organização da classe trabalhadora (RESOLUÇÕES DO II CONCUT, 1986).

SDR 25-O governo da Nova República, formado pela Aliança Democrática, *mantém*, na prática, a *mesma* orientação *conservadora* do regime militar. Sua política antipopular está voltada para atender os interesses da burguesia nacional e transnacional, sob a tutela das forças armadas (RESOLUÇÕES DO III CONCUT, 1988).

A memória dos anos da ditadura fornece os implícitos através dos quais a CUT compreende a conjuntura econômico-política dos anos 80 como reedição do autoritarismo e de seus consequentes mecanismos de controle-repressão das lutas sindicais (SDR 21, 23, 24 e 25), como manutenção das precárias condições de vida dos trabalhadores (SDR 21 e 22).

Para projetar o passado no presente, na materialidade das SDR 21 e 24, usa-se o aspeamento na expressão "Nova República". Para Authier-Revuz (2004), "quaisquer aspas são distanciamento, sinal de heterogeneidade, designação de um exterior ao discurso" (p. 250). Nas referidas SDR, as aspas atentam para o distanciamento da CUT quanto ao modo inovador como os outros discursos designaram a fase pós-ditadura. Esse recurso permite à Central questionar a nomeação atribuída ao referente, apontar um equívoco no sentido de "novidade", posto como evidente na expressão "Nova República".

O discurso político tem um funcionamento polêmico, evidenciado pelas "marcas de rejeição", "formas linguísticas da *refutação*" reveladoras de uma negação do sujeito enunciador em relação a algum pré-construído do discurso oponente (COURTINE, 2009, p. 201) [grifo do autor]. As aspas, nas SDR em análise, são uma maneira de a CUT, face à impossibilidade de substituir a convencionada expressão "Nova República", negar sua pertinência na apreensão da realidade, são uma maneira de mostrar que isso não poderia, nem deveria ser dito pelos discursos-outros, principalmente por aqueles que estão no polo oposto, constituído pelos "dominantes". Como um elemento de saber do discurso oponente é resgatado para ser imediatamente negado, estamos mediante uma "refutação por denegação", que ocorre, conforme Courtine (2009), quando há uma *marca* (as aspas) da *"fronteira* entre dois processos discursivos antagônicos" (p. 209) [grifo do autor].

Outras formas de prolongar o passado opressor no presente e simultaneamente instaurar a equivocidade na versão histórica da direita são mapeáveis nas SDR em estudo: a) locução adverbial negativa - *nada de novo* (SDR 21); b) advérbio e locução adverbial com aspecto que indica repetição sistemática na menção à paralisação das condições de vida dos trabalhadores - *há muitas gerações* (SDR 22) e ao autoritarismo – *sempre* (SDR 23); c) verbos com sentido de paralisação – *vegetam* (SDR 22) e de frequência - *manter* e suas diferentes conjugações (SDR 21, 23, 24 e 25); d) adjetivação – *conservadora* (SDR 24 e 25), - *autoritária* (SDR 24); e) pronome - *mesma* (SDR 25).

Esses recursos linguístico-discursivos prestam-se à construção de uma simetria nos discursos e práticas dos governos nacionais, produzem um contradiscurso que visa a "perturbar" a memória dos trabalhadores, fazê-los compreender a "Nova República" sob as evidências de sentido da FD sindical-socialista.

Dada a repetição da forma verbal "manter" nas SDR em análise, convém tecer considerações mais apuradas. Para tanto, observemos a regularidade das estruturas sintáticas nas quais aparece esse verbo:

SDR 21- O governo da Aliança Democrática (...) *manteve* (...) o aparato repressivo e a política econômica da ditadura militar (...).
SDR 23- (...) O novo governo e o Ministério do Trabalho *mantiveram* a mesma política (...).
SDR 24 - A política autoritária e conservadora do governo da "Nova República" *mantém* todos os mecanismos básicos de repressão e controle sobre entidades e o movimento sindical (...)
SDR 25 - O governo da Nova República (...) *mantém* (...) a mesma orientação conservadora do regime militar.

Nessas construções, pré-construídos referentes ao autoritarismo (SDR 21 e 24), à repressão (SDR 21 e 24), à recessão econômica (SDR 21), às formas de administração pública (SDR

23 e 25) instaurados no período militar são apropriados pelo discurso cutista e sequencializados por expressões que produzem *efeitos discursivos de continuidade.* Esse modo de apropriação do interdiscurso resulta numa "lembrança", que por sua vez, é um mecanismo interpelador. Afirmamos isso porque a recusa dos referidos saberes, num passado recente, incentivou a formação de pequenos grupos, que, mesmo com a repressão, foram lentamente organizando-se para mostrarem sua força na eclosão de greves de 78. Foi a partir da negação desses pré-construídos que surgiu o "novo sindicalismo" e posteriormente a CUT. Sendo assim, a conservação do passado, via *efeitos discursivos de continuidade,* é uma forma de a CUT mostrar as fraturas do ritual de interpelação da FD oponente e lembrar não só a repetição de acontecimentos, mas também a manutenção dos danos morais por eles provocados. Face às brechas na estratégia de coerção do sujeito-de-direito e a continuidade do sofrimento, cabe aos trabalhadores aderirem ao "sujeito-coletivo" e sua promessa de reversão das desigualdades sociais e resgate da dignidade.

As construções cujo verbo é manter são exemplos de *refutação por denegação.* Courtine (2009) formulou esse conceito e o de *refutação por inversão* a partir das considerações pecheuxtianas sobre o intradiscurso tendendo a "dissimular" sua determinação pelo interdiscurso. Para o autor, as formas de refutação elaboradas exemplificam o mecanismo de incorporação dos pré-construídos, a absorção da exterioridade no enunciável (p. 206).

Na *refutação por denegação,* é preciso "imitar as palavras do outro, opor suas palavras às do outro, lutar palavra por palavra, como se avança passo a passo numa guerra de trincheiras". Na *refutação por inversão,* é preciso "apoderar-se de palavras do adversário, delas fazer suas próprias palavras e devolvê-las contra ele, lutar tomando o outro ao pé da letra..." (p. 209).

Nas construções com verbo manter, o elemento sobre o qual a negação incide, a saber, o novo período histórico iniciado com a Nova República, retorna nas designações que estão na posição de sintagma nominal, tais como "A 'Nova República' " (SDR 21), "O governo da *Aliança Democrática*" (SDR 21), "(...) o *novo* governo e o Ministério do Trabalho" (SDR 23), "A política autoritária e conservadora do governo da '*Nova República*'' (SDR 4), "O governo da *Nova República*" (SDR 25), para ter seu sentido logo indagado. Essas expressões, em posição de sintagma nominal, têm seu sentido deslocado devido à composição morfológica e sintática das construções nas quais estão inseridas. Devido aos recursos linguísticos que materializam os *efeitos discursivos de continuidade*, as designações atribuídas ao novo regime tornam-se equivocadas, por remeterem ao "novo", ao "democrático", quando persevera o "velho" regime e o "autoritarismo" que lhe é correspondente. Como o discurso cutista recupera palavras alheias em construções repletas de marcas que as desconstroem, trata-se da *refutação por denegação*.

Através do contradiscurso, a CUT instaura a opacidade nas representações temporais da direita e alega a transparência na sua formação imaginária do tempo. Ao explicitar que o velho regime ultrapassa as mudanças históricas e ainda impossibilita o fim da transição, a CUT assume ter um excedente de visão, capaz de compreender que os cortes temporais instituídos pela história como cronologia não procedem quando enuncia a porta-voz dos trabalhadores. Esses ainda vivem num "tempo permanente", num "tempo contínuo em que o passado é projetado no presente e no futuro", segundo terminologia de Gurvitch (1964), retomada por Harvey (2001).

Acontecimentos e afetos são inscritos juntamente na memória, sendo assim, o resgate da política da ditadura, por intermédio das velhas expressões "aparato repressivo" (SDR 21), "de forma autoritária" (SDR 23), "autoritária" (SDR 24), "repressão" (SDR 24), "crimes" (SDR 24), "política antipopular" (SDR 25), "forças armadas" (SDR 25), lembra também perturbações, sentimentos, sensações, danos morais de uma época recente. O papel da memória afetivo-discursiva, nessas sequências, é persuadir os trabalhadores a compreenderem a atualidade como um *continuum* da infração à igualdade de direitos elementares e à igualdade de respeito, de consideração. São os *efeitos discursivos de continuidade* construindo uma história ininterrupta de acontecimentos que ferem a autoimagem do trabalhador.

Devido às relações de continuidade explicitadas, persevera o imaginário do trabalhador instituído pelo golpe militar: não valorizado pelos governantes, desrespeitado, suscetível à violência, vítima de decisões governamentais, proibido de reivindicar combativamente.

Recordemos que, segundo a perspectiva filosófica de Castoriadis (1982), há um "tempo implícito", ou seja, há uma temporalidade efetiva criada nas sociedades, que corresponde ao "tempo do fazer social", e uma "instituição explícita do tempo", "o tempo do representar social". Por exemplo, o capitalismo institui explicitamente o tempo como "fluxo mensurável homogêneo, uniforme, totalmente aritmetizado" e como "infinito", correspondente ao tempo de "progresso", de "crescimento ilimitado". Embora o capitalismo institua esses tempos, na sua temporalidade efetiva, em uma camada, o capitalismo é o "tempo de ruptura incessante", em outra camada é "tempo da (...) estatificação do dinâmico" (p. 244). Dessas camadas e de suas relações contraditórias advém a especificidade desse modo de produção econômica. Para o filósofo, o tempo imaginário tende a encobrir, a ocultar o tempo do "fazer social" em busca de unidade e do eterno retorno do mesmo.

A CUT, ao organizar a memória discursiva de seus representados, ao tentar construir o "fio de uma lógica narrativa"[57] mais coerente que a FD capitalista, institui o discurso oponente como explicitamente inovador, mas implicitamente redutor da alteridade, seguidor do mesmo, responsável pela contenção do diferente, isto é, da mudança. A porta-voz organiza, estabiliza, homogeneiza a memória dos seus representados, para que não se enganem com os sentidos de novidade que o sujeito-de-direito insiste em propalar.

Nesse *continuum* produzido discursivamente, a CUT inverte as significações do novo período histórico e compreende que o regime democrático ainda não foi iniciado. A transição se prolongará até que o modo de produção socialista passe a basilar as relações político-econômico-sociais.

Passemos à análise dos *efeitos discursivos de progressão*, nas quais desenvolveremos reflexões que complementarão as considerações sobre os *efeitos discursivos de continuidade*.

---

57   A expressão é de Mariani (1998, p. 34).

3.3.2 Efeitos discursivos de progressão

3.3.2 1 A fase conflitiva da CUT

SDR 26 – "Agora, *cada vez mais*, fazer da CUT um instrumento de luta da classe trabalhadora."

Este foi o grito e guerra do 1º Congresso Nacional, em agosto do ano passado. De lá para cá, é inegável o desenvolvimento da presença da CUT entre os trabalhadores. A luta pela democracia, pela independência nacional, pela terra, pela liberdade e autonomia sindical, para pôr fim à exploração, é a energia que alimenta, nos mais distantes pontos do país e nas diferentes categorias, a construção desta ferramenta de unidade e de luta: a Central Única dos Trabalhadores (BOLETIM NACIONAL da CUT, n 1, maio, 1985, p. 7).

SDR 27 – A CUT *vem crescendo a cada dia* e, concretamente, *vem dirigindo* as movimentações sindicais. *Cada vez mais, vem conseguindo* imprimir uma linha de ação aos interesses da classe trabalhadora. (...) Não devemos esquecer que somos uma central sindical *em construção* e que precisamos avançar *na definição de um programa político mais concreto e numa linha de ação mais definida*. Não basta definirmos apenas nossas reivindicações sindicais imediatas, devemos *avançar* na discussão de propostas políticas e de mudanças reais na política econômica e social, visando a eliminação da fome, das desigualdades, da exploração, da dilapidação do país pelo capital monopolista nacional e internacional, pelo fim da dependência e não pagamento da dívida externa, pela realização de uma reforma agrária sob o controle dos trabalhadores e pelo avanço das liberdades políticas (BOLETIM NACIONAL da CUT, n. 6 dez., 1985, p. 6-7).

SDR 28 – E com este espírito de luta e de solidariedade internacional, que a CUT *vem organizando* os trabalhadores, na luta para conquistar uma sociedade justa, democrática e igualitária (BOLETIM NACIONAL da CUT, n. 2, jun./jul., 1985, p. 12).

SDR 29 – 5 anos de luta construindo um novo sindicalismo (BOLETIM NACIONAL DA CUT, n 19, mar./abr., 1988, p. 5).

Em recursos linguísticos que materializam os *efeitos discursivos de progressão*, aparecem traços de elementos exteriores à enunciação: os pré-construídos. Esse vestígio de outros discursos no discurso "pode articular ao mesmo tempo o efeito de anterioridade ou de distância e o efeito de identificação ou de reconhecimento" (MALDIDIER, 2003, p. 48).

Nas SDR 26 e 27, na locução adverbial com aspecto progressivo "cada vez mais", subjaz a anterioridade de elementos de saber sobre a finalidade de transformar a CUT num instrumento dos trabalhadores (SDR 26) e sobre a inserção de uma "linha de ação" específica à classe trabalhadora (SDR 27).

Nesses dois casos, o "discurso já lá" foi produzido pela FD sindical-socialista e, ao retornar, produz no discurso um "efeito de reconhecimento" da posição ideológica assumida pela CUT.

Nos verbos e perífrases verbais com aspecto progressivo, bem como na forma nominal gerúndio, observamos funcionamento similar. Nas construções "A CUT *vem crescendo* a cada dia (...), *vem dirigindo* as movimentações sindicais. Cada vez mais, *vem conseguindo* imprimir uma linha de ação", "(...) precisamos avançar (...)", "(...) devemos avançar (...)" (SDR 27), "(...) a CUT *vem organizando* os trabalhadores" (SDR 28), "5 anos *construindo* um novo sindicalismo" (SDR 29), indica-se o desenvolvimento de um processo iniciado na fundação da Central. O discurso fundador instituiu saberes que são retomados por meio de recursos linguísticos que informam sua continuação e evolução. Aquilo que foi dito antes, em outro lugar, independentemente, retorna na atualidade e aí produz um "efeito de reconhecimento", que contribui para a impressão de estabilidade da FD sindical-socialista.

Sobre a SDR 26, o enunciado "Agora, cada vez mais, fazer da CUT um instrumento de luta da classe trabalhadora", dadas suas condições imediatas de produção, é uma formulação-origem, através da qual a CUT anuncia um saber de sua rede de memória: a constante busca pela evolução como instrumento de luta da classe que representa. A porta-voz dirige-se aos trabalhadores com o mesmo enunciado dito há um ano para tornar estável semanticamente esse dizer sobre o crescimento e também asseverar novamente que o futuro será caracterizado pela ampliação da presença da Central entre seus representantes.

Os elementos que impulsionam a CUT a tentar se consolidar progressivamente são aqueles não ofertados aos trabalhadores no passado: "democracia", "independência nacional", "terra", "liberdade e autonomia sindical", fim da "exploração". Notemos como esses vocábulos ou formas materiais da presença da memória discursiva estão sequencializados em uma construção que os coloca em posição de sintagma preposicionado, o qual incide sobre o sintagma nominal "luta". Nessa enumeração de sintagmas preposicionados, aparecem elementos concernentes à luta sindical e a uma luta mais ampla, de caráter social. Além disso, o sujeito gramatical "luta" e seus determinantes são seguidos por um predicativo que define "luta" como "energia" à construção da CUT. Pela construção sintática e uso do presente gnômico, é instituída como válida para todos os tempos a luta por mudanças não só no sindicalismo, mas na sociedade em geral. Essa amplitude de objetivos, posta como constante pelo verbo ser no presente do indicativo, impulsiona o crescimento da Central. Isso é relevante por delimitar a configuração da FD sindical-socialista, que tenta deixar de ser exclusiva do espaço discursivo sindical para ser a matriz de sentidos de outros espaços discursivos.

Na SDR 27, conseguir dirigir as movimentações sindicais e imprimir uma linha de ação aos trabalhadores significa, à época da enunciação, afastar a influência pelega no sindicalismo e atuar junto às bases, significa a construção de instrumentos de defesa próprios dos trabalhadores. A recusa da intervenção estatal no sindicalismo aí subjaz.

Nessa sequência, é válido atentar para o fragmento: "precisamos avançar na definição de um programa político *mais* concreto e numa linha de ação *mais* definida". Aqui, o advérbio de intensidade "mais" é o traço de uma distância entre o processo discursivo em questão e outro preexistente. Enquanto a base linguística é lugar de produção do sentido de evolução, de progressão na delimitação das estratégias para fundar a sociedade alternativa, o processo discursivo que retorna indica um programa político ainda não concreto e uma linha de ação não bem definida. Logo, a FD sindical-socialista ainda está delineando saberes. A proponente de uma nova sociedade pós-transição não tem propostas bem delimitadas. Reproduzindo as palavras de Maldidier (2003), quando explica a noção de pré-construído na teoria discursiva, podemos afirmar que no caso em questão "o discurso atual não é o que sua imagem deixa ver, o sujeito não pára aí de encontrar o 'impensado do pensamento'" (p. 48).

Convém destacar o enunciado que antecede a construção "precisamos avançar na definição de um programa político mais concreto e numa linha de ação mais definida", a saber: "Cada vez mais, vem conseguindo imprimir uma linha de ação". Devido à locução adverbial e à perífrase verbal, esse último fragmento produz o "efeito de reconhecimento" entre o discurso anterior e atual. Mas, conforme comentamos, devido ao advérbio de intensidade "mais", na construção anterior produz-se um "efeito de distância" entre o pré-construído e o que é linearizado. Conflitam-se, portanto efeitos díspares na referência à impressão de uma linha de ação benéfica aos trabalhadores. Explicitando o exposto, retornam como saberes tanto a já realizada construção de uma linha de ação, que norteia os trabalhadores e se encontra em evolução, como a falta de definição da linha de ação.

Nos *efeitos discursivos de progressão* no discurso cutista, há um deslocamento da relação passado-presente-futuro tal como instituída no discurso dominante, para o qual as relações de forças do ontem se projetarão no hoje e no amanhã, apesar dos confrontos ideológicos. A ideologia dominada está construindo a quebra no *continuum* da estrutura sindical e do sistema político-econômico. O "efeito de memória" é de possibilidade de um novo tempo, de uma nova história, quando dignidade, respeito, consideração serão mais recorrentes no mundo do trabalho.

Como estamos tratando de transição, de progressão, de possibilidades, as práticas que evoluem parecem propícias à fundação do tempo almejado, mas ainda são incompletas, carentes de sentidos mais estabilizados. Por isso, a incompletude é inerente aos *efeitos discursivos de progressão*.

Consideramos que a coexistência dos "efeitos de distância" e de "reconhecimento" na reinserção de estratégias de luta no fio do discurso é um indício dessa incompletude. No exemplo analisado, identificamos nos recursos linguísticos que indicam *efeitos discursivos de progressão* o retorno de um saber que informa a evolução de uma linha de ação e o retorno de outro saber que informa a necessidade de melhor definição dessa linha. Conflitam-se "efeitos de reconhecimento" e de "distância" na reinserção do já dito no dito, o que "mostra" a incompletude de uma prática sindical "em construção", que ainda luta contra a intervenção do Estado no sindicalismo. Notamos maior estabilidade de sentido nos fins visados do que nos meios para alcançá-los. Na SDR 26, os objetivos de luta são seguidos por verbo ser no presente do indicativo que funciona como presente gnômico. Isso transforma as "lutas" em constantes. Na SDR 27, embora tenhamos o verbo visar no gerúndio e não no presente do indicativo, há uma enumeração de metas a serem atingidas que produzem o "efeito de real".

Nas SDR 26 e 27, há "enumerações-coleções", as quais podem ser identificadas, conforme Courtine (2009), quando: "a enumeração é não limitada"; "podem-se acrescentar ou tirar elementos; pode-se igualmente inverter a ordem de aparição dos elementos na enumeração"; "a coordenação entre os elementos da coleção é um acréscimo simples de tipo *e também*" (p. 223) [grifos do autor].

A "enumeração-coleção" é um modo de a FD mostrar a "realidade" e o "mundo das coisas". Nesse tipo de enumeração, "se reflete no saber de uma FD a pluralidade e a diversidade dos objetos do mundo", se "tem por vocação abranger a totalidade do real" (p. 229).

Como nos elementos enumerados nas SDR 26, 27 e também na 28, aparecem aspectos concernentes à luta sindical, como a uma luta mais ampla, neles subjaz a ilusão de exterioridade, como se a CUT fosse capaz de visualizar não só o que os trabalhadores carecem, mas também o que toda a sociedade requer. Nos fins visados pelos *efeitos discursivos de progressão*, aparece o "efeito de real", mas, nas construções linguísticas que indicam progressão, não podemos verificar esse efeito dada sua inerente incompletude.

Pelos fins visados nas SDR 26, 27 e 28, podemos constatar a afirmação de Rodrigues (1997), para o qual a FD sindical-socialista pratica um "sindicalismo de todo o povo", que funciona como fator de identificação e de unificação da Central (p. 203).

Argumentamos anteriormente que a mobilização do *efeito discursivo de progressão* deu-se a partir da constatação de que a produção discursiva dos primórdios da CUT deve ser compreendida como clave temporal entre "tempo transitório" e "tempo fundador".

O *discurso da transição* traz em sua materialidade continuidades do regime ditatorial que precisam ser anuladas para que a transição termine e seja finalmente fundada uma forma democrática de fazer política. Eis a justificativa para a abordagem dos *efeitos discursivos de continuidade*. Outras materialidades do *discurso de transição* indiciam uma elaboração do novo tempo político-econômico, por isso, mobilizamos os *efeitos discursivos de progressão*.

Nos enunciados em análise, as marcas linguísticas mencionadas projetam a CUT, já referência à classe que representa, em fase de consolidação, de amadurecimento. Embora o processo de mudança política esteja inacabado, há perspectivas esperançosas, afinal, a representante máxima dos trabalhadores "vem crescendo a cada dia" (SDR 27), "vem dirigindo" (SDR 27) as movimentações sindicais, "vem conseguindo" (SDR 27) direcionar as lutas trabalhistas, "vem organizando" (SDR 28) seus representados, está "construindo um novo sindicalismo" (SDR 29). Daí concluirmos que o excedente de visão da porta-voz dos trabalhadores também está em processo de evolução. É a constante melhoria da visibilidade histórica que permitirá à CUT conduzir a luta para que os trabalhadores vivam numa sociedade que os acolhe, protege e não os exclui.

A Central Única dos Trabalhadores se autorrepresenta como uma instituição que, ao evoluir na condução dos trabalhadores, garantirá que a época de transição seja concluída com o surgimento de uma sociedade "justa, democrática e igualitária" (SDR 28).

Novamente recobrando a terminologia de Gurvitch (1964), retomada por Harvey (2001), podemos denominar o tempo oriundo dos *efeitos discursivos de progressão* "tempo errático", ou seja, "tempo de incerteza e de contingência acentuada em que o presente prevalece sobre o passado e o futuro". Esse tempo errático adquire, como sugere Harvey (2001), um "conteúdo de classe", porque a projeção do presente como construção de uma sociedade melhor é um mecanismo de interpelação, que se baseia na constante evolução temporal, na temporalidade como alteração, para que os trabalhadores não se estagnem face às continuidades. Sendo assim, o que configura o discurso da transição é justamente um movimento pendular entre passado (*efeitos discursivos de continuidade*) e presente (*efeitos discursivos de progressão*). Na atualidade, a identidade do trabalhador está em processo de "lapidação" pela CUT, que excede progressivamente sua visão das relações históricas, dessa forma, torna-se capaz de reverter a desvalorização de seus representados, instituída no golpe militar, e de instrumentalizá--los para que sejam atores políticos legítimos. Dessa vez, a nova posição social será conquistada pelos próprios trabalhadores e não ofertada por um Estado que se quer paternalista.

3.3.3 Efeitos discursivos de continuidade

3.3.3.1 A fase negociadora da CUT

SDR 30 - Até parece que os *velhos tempos* da ditadura estão *de volta* (INFORMA CUT, n. 255, ago. 1995, p. 3).

SDR 31- A ditadura militar *está de volta* através de alguns dos seus mais legítimos representantes (INFORMA CUT, n. 183. Abr., 1992, p. 2).

SDR 32 - É que essa história o Brasil *já conhece*. As governos de Collor, Itamar e FHC representaram, *por outras vias*, a *mesma* elite política que dominava o Brasil *pós golpe militar* (INFORMA CUT, n. 259, dez., 1995, p. 3).

SDR 33 - Hoje, a política neoliberal nada mais faz do que patrocinar, *novamente*, o crescimento rápido e seguro de alguns setores, excluindo, por consequência (*agora, sem as armas*), grandes parcelas da sociedade. *É a mesma coisa feita de outra forma* (INFORMA CUT, n. 259, dez., 1995, p. 3).

A SDR 30 foi recortada de um texto intitulado "Eles *voltaram*", no qual se exemplificam formas de retorno do período militar: forças armadas chamadas pelo executivo para invadir favelas no Rio de Janeiro e refinarias da Petrobras, durante greve dos petroleiros; denúncias de trabalho escravo; censura da música "Luiz Inácio", do grupo Paralamas do Sucesso; críticas do atual presidente, Fernando Henrique Cardoso, aos movimentos de oposição. A sequência 31 foi publicada na "Resolução da Direção Nacional" quando um pacote econômico, recém-lançado no governo de Collor, restituía a forma de governar da ditadura militar.

As sequências 32 e 33 foram extraídas de um editorial cujo título é "*Tudo 'la mesma chose'* ", o qual só corrobora para a sucessão passado-presente-futuro criada discursivamente pelas materialidades destacadas.

Na incorporação-dissimulação do interdiscurso no intradiscurso, todas essas sequências permitem mostrar o sujeito enunciador apropriando-se dos elementos de saber da formação discursiva de direita de modo a torná-los equívocos. Para tanto, opera uma *refutação por inversão*. Vale lembrar que na *refutação por denegação*, há a "incorporação de um elemento 'estranho' e antagônico". Na outra modalidade, a

> *subversão* do funcionamento de um processo discursivo de uma FD dominante no próprio interior desse processo discursivo constitui a condição na qual um elemento de saber pré-construído dessa FD pode ser absorvido pelo processo discursivo de uma FD dominada, e isso como se fosse um elemento de saber próprio a essa última (COURTINE, 2009, p. 208).

Nas sequências em estudo, a CUT "desatualiza" acontecimentos de um período democrático ao inseri-los numa memória mais longa. Através dos recursos que produzem *efeitos discursivos de continuidade*, há uma subversão do caráter "momentâneo", "atual" da censura (SDR 31), da repressão às mobilizações (SDR 31), das críticas da esquerda (SDR 31), dos pacotes econômicos (SDR 32), do investimento do governo em determinados setores sociais (SDR 33), da troca de governantes (SDR 32). A Central insere o discurso-outro numa narração, a partir da qual atribui à FD de direita uma sucessão passado-presente-futuro, que funciona como um elemento desconhecido, não sabido por essa FD, mas reconhecido pela CUT, guiada por seu excedente de visão. Nesse processo de subversão do discurso oponente, a CUT institui como elemento de saber da FD sindical-socialista o fato de o "novo" não emergir sequer com o fim da transição.

A observação dos *efeitos discursivos de continuidade* nos dois momentos históricos selecionados permite-nos constatar que o "tempo permanente" é uma imagem temporal não exclusiva da primeira fase, mas também existente na segunda.

Na primeira fase, o "tempo transitório" entre dois regimes "explicava" a indesejável presença do período militar, na segunda fase, com a democracia já instituída, persistem velhos mecanismos de controle político, os quais aparecem reeditados e fortalecidos pelo neoliberalismo. Mas o que explica esse prolongamento do passado no presente, criador de uma expectativa futura incompatível com os anseios cutistas? Nos enunciados, alega-se que a política neoliberal e seus representantes compactuam com as decisões de governantes da época da transição, pois "Collor, Itamar e FHC *representaram, por outras vias, a mesma* elite política que dominava o Brasil pós golpe militar" (SDR 32), além disso, a política neoliberal *novamente*, mas *sem as armas* patrocina o crescimento de alguns setores, enquanto exclui outros. Para a CUT, *é a mesma coisa feita de outra forma* (SDR 33).

A partir das SDR 30, 31, 32 e 33 compreendemos que os *efeitos discursivos de continuidade* na "fase negociadora" criam uma história, na qual opressões e exclusões das classes populares do período ditatorial mantêm-se no regime democrático. Repetem-se, portanto, as agressões morais. Estas são realizadas por outras vias, mais veladas, mas não menos desrespeitosas. Tal como na "fase conflitiva", na "fase negociadora" afetos e saberes são inscritos na memória dos trabalhadores, que, orientados pela CUT, devem seguir se autoavaliando como alvos de humilhações políticas.

Conforme explicitamos, a repetição, de um lado, é um recurso para a construção do efeito de real, é um modo de aparentar a estabilidade semântica e mostrar o fechamento da FD reguladora da paráfrase discursiva. Por outro lado, é uma forma de resistência, que funciona, à revelia do sujeito, como marca da existência do recusado. Afirmamos isso porque negar a existência da incompletude é reconhecer sua presença. Retornando, o sujeito, pelo *excesso*, assume uma *falta*. Sendo assim, a repetição é uma ilusão de que a falta pode ser suturada, por isso, é uma das formas de manifestação do equívoco.

As sequências em estudo evidenciam que a repetição funciona como recusa da incompletude do dizer sob duas formas: retomadas de elementos de saber da FD à qual o sujeito se filia e retomada de elementos de saber da FD oponente, verificável nos enunciados em foco. A repetição da forma de apreensão do discurso oposto funciona como denúncia da impossibilidade de a outra FD capturar o real e simultaneamente como afirmação de completude no discurso que refuta. Destrói-se o "efeito de real" do discurso outro para afirmar que os referentes foram plenamente significados no discurso que se opõe. Assim, a repetição pode funcionar como modo "aparente" de alcançar a estabilidade semântica, mediante a elucidação da heterogeneidade da FD contrária.

Propomos anteriormente que a repetição funciona como uma marca, no intradiscurso, da existência do recusado. Via excesso, o sujeito "confessa" que algo falta. A repetição é uma ilusão de que o discurso pode adquirir plenitude, por isso, revela a equivocidade do dizer. Isso procede quando analisamos enunciados produzidos no interior da formação discursiva sindical-socialista. Na repetição como refutação, observamos um funcionamento diferenciado. Nesse caso, a repetição funcionará como marca da existência do recusado – a heterogeneidade no interior da FD que articula a contraposição, em virtude de coexistências no nível do intradiscurso, instauradoras da equivocidade nos enunciados da FD sindical-socialista.

A repetição da refutação passa a ser desestruturante para o discurso que se opõe quando a falha apontada no discurso-outro (nesse caso a continuidade), quando aquilo que delimita a fronteira entre as duas FDs passa a ser lugar de similitude, de aproximação. Após a análise dos *efeitos discursivos de progressão* na fase negociadora da CUT, desenvolveremos essas considerações e complementaremos as análises até então realizadas.

3.3.4 Efeitos discursivos de progressão

3.3.4.1 A fase negociadora da CUT

SDR 34 - A CUT, desde sua fundação, *tem lutado e continua lutando* por grandes transformações no país para ampliar a cidadania e avançar nas conquistas dos direitos de todos os trabalhadores e cidadãos (INFORMA CUT, n. 252, abr., 1995, p. 4).

SDR 35 - A dívida social é monstruosa. Analfabetismo, milhões de crianças sem escola, milhões de desempregados, subempregados e sem-terra, baixos salários e um salário mínimo de fome, milhões de doentes e falta de serviços de saúde, milhões de sem-casa e transportes precários, é um pouco da realidade brasileira que a CUT *vem denunciando e lutando* para modificar. A superinflação e o agravamento da crise pioram violentamente esta situação (INFORMA CUT, n. 93, mar., 1990, p. 1).

SDR 36 - A CUT, enquanto organização sindical representativa de uma parcela importante dos trabalhadores brasileiros e que *busca* se credenciar como um sujeito político sindical *cada vez mais amplo e forte,* capaz de intervir concretamente na sociedade brasileira para a sua transformação na direção dos anseios de democracia e cidadania substantiva para todos, deve se empenhar efetivamente para estar à altura dos desafios dessa conjuntura (INFORMA CUT, n. 210, p. 4, mar., 1993).

Na SDR 34, nas perífrases verbais "tem lutado e continua lutando", com verbo principal no particípio e no gerúndio, institui-se como anterior e em vigência o objetivo de lutar "por grandes transformações no país". Nos verbos "ampliar" e "avançar" retorna como elemento anterior a prévia luta pela ampliação da cidadania e pelo avanço das "conquistas dos direitos de todos os trabalhadores e cidadãos". Esses preceitos foram legitimados "desde a fundação" do sindicalismo cutista e a sua reinscrição na materialidade produz uma formação imaginária sobre a CUT como mantenedora de seus ideários. A FD sindical-socialista persevera na tentativa de ampliar sua zona no interdiscurso e tornar-se a produtora dos sentidos que podem e devem ser reproduzidos por "todos" os trabalhadores e cidadãos.

Na SDR 35, há "enumerações-coleções", nas quais estão inseridos elementos da realidade brasileira que a CUT "vem denunciando e lutando para modificar". Essas perífrases estabelecem a denúncia dos problemas sociais e o empenho para modificá-los como ações em desenvolvimento pela Central. Por isso, podemos considerar que, no vestígio de inserção do interdiscurso no intradiscurso, produz-se um "efeito de reconhecimento".

Nas enumerações que antecedem essas perífrases, o excedente de visão cutista, além de denunciar o que aflige os trabalhadores, mostra-se, utilizando a terminologia de Courtine (2009), capaz de "abranger a diversidade do real, particularizar a percepção deste, fornecer a lista deste como se tratasse de um catálogo de objetos calculáveis e enumeráveis" (p. 226). Embora as enumerações sejam seguidas pela expressão "é um pouco da realidade brasileira", os grupos desassistidos - "crianças sem escola", "desempregados, subempregados e sem-terra", "doentes", "sem-casa", e as precariedades sociais – "analfabetismo", "baixos salários e um salário mínimo de fome", "falta de serviços de saúde", "transportes precários"- estão sendo denunciados pela CUT, ou seja, é essa instituição que os identifica. Por isso, a relativização construída no intradiscurso é desconstruída nele mesmo, pela perífrase "vem denunciando".

Nesses elementos, retorna com a descrição da realidade brasileira a memória da falta de condições dignas de vida. A porta-voz dos trabalhadores elucida-os quanto às suas formas de sofrimento para interpelá-los a buscarem em sua representante outras formas de "ver" as situações que vivenciam e aderirem à constante luta pela modificação das problemáticas vigentes.

Na SDR 36, na expressão "cada vez mais amplo e forte", um elemento de saber retorna e é transformado em atual e constante: a busca da Central pelo credenciamento como sujeito político forte e amplo. Aqui, produz-se novamente "o efeito de reconhecimento" entre o que foi produzido anteriormente, em outro momento sócio--histórico – primeira fase – e o que é dito na atualidade – segunda fase. Vale destacar que o objetivo visado na reconfiguração da subjetividade cutista é promover transformações na "direção dos anseios de democracia e cidadania substantiva para todos". Essa finalidade também é materializada na SDR 34: "para ampliar a cidadania e avançar nas conquistas dos direitos de todos os trabalhadores e cidadãos". Embora a transição da ditadura para a República tenha sido concluída, a CUT segue tentando legitimar o ideal de democracia determinado pela FD à qual se filia. Nessa forma de fazer política, o sujeito-coletivo é a forma-sujeito que caracteriza a sociedade, que, por conta dessa nova subjetivação, será reinvestida de significações pelos grupos marginalizados. Na "verdadeira" democracia, "todo" trabalhador, além de importante interventor nas instâncias sociais, usufrui plenamente dos direitos de cidadania.

A observação das sequências dos *efeitos discursivos de progressão* da segunda fase revela-nos a CUT repetindo o objetivo de transformação social, de amadurecimento como instituição, de modificação das relações sociedade-Estado, de ampliação da democracia. Essas finalidades estão sendo enunciadas num período já consolidado como democrático. Justifica a manutenção da projeção temporal como consagração de um presente em evolução o fato de a democracia instaurada não corresponder ao modelo "correto", instituído pelo novo sindicalismo, o fato de a ruptura com a estrutura sindical não ter sido ainda realizada. No discurso, ainda se vivencia um "tempo transitório", no qual a transição não se dá entre dois regimes políticos, como outrora, mas uma transição entre uma democracia e um sindicalismo regidos por parâmetros que a CUT não quer e quer.

Os *efeitos discursivos de progressão*, na segunda fase, criam uma representação imaginária da CUT como entidade persistente, que, mesmo num contexto desfavorável à prática sindical, insiste no crescimento como instituição e nos objetivos propalados à época de sua fundação. Por isso, os referidos efeitos são uma tentativa de conservação dos elementos de saber da formação discursiva sindical-socialista.

A CUT, na contracorrente, segue tentando rearticular a temporalidade como homogênea, sucessão, conforme instituída pela FD de direita, e interpelar os trabalhadores a sempre acreditarem na sua representante máxima, pois a evolução da Central, continuamente se reconfigurando face às novas conjunturas, cria expectativas positivas e renova a possibilidade de uma sociedade socialista. Passemos a compreender por que na repetição do "tempo transitório", constituído pelo "tempo permanente" e pelo "tempo errático", surge a equivocidade.

A CUT repete o "discurso da transição" porque não conseguiu instaurar um sistema democrático de cunho socialista e romper com a estrutura sindical. Na história como cronologia, a transição já terminou, mas na temporalidade construída discursivamente, há outra versão para a sucessão dos acontecimentos, na qual essa fase ainda é vivenciada.

A repetição do tempo transitório significa a CUT como Central combativa, que não se conforma ao que instituem as relações de poder. Além disso, essa repetição subsidia a continuidade da prática discursiva em análise. Lembremos que, para Pêcheux (1990), a "passagem de um mundo a outro" é típica do discurso revolucionário (p. 9). Também é inevitável nesse discurso o contato entre "o visível e o invisível, entre o existente e o alhures, o não realizado ou o impossível, entre o presente e as diversas modalidades da ausência" (PÊCHEUX, 1990, p. 8). Há um mundo "invisível" a surgir com o fim da transição, que precisa ser perseguido para que o discurso revolucionário siga em curso, garanta sua pertinência, seu tom de verdade, mesmo com a contínua piora das condições dos menos privilegiados. O tempo transitório é uma condição para que o discurso revolucionário em análise persista na "passagem de um mundo a outro".

Mas a transição, enquanto estabilizadora, possibilidade do discurso revolucionário, é simultaneamente desestabilizadora. Na confluência entre os *efeitos discursivos de continuidade* e de *progressão* para constituir o tempo transitório, simultaneamente convivem a permanência e a mudança. Elas "brigam" o tempo inteiro, pois representam a luta de classes, o jogo entre dominantes e dominados. Enquanto a flecha temporal nos *efeitos discursivos de continuidade* aponta para o passado e para a antiga vigência do capitalismo, nos de *progressão*, aponta para futuro e para a vigência da FD sindical-socialista. Enquanto nos *efeitos discursivos de continuidade* prevalece o "tempo permanente", ou digamos, um passado permanente, nos *efeitos discursivos de progressão*, predomina o "tempo errático", no qual o presente se sobressai e anuncia um futuro promissor. São direções opostas, são, como argumentamos, movimentos pendulares entre passado e presente (futuro).

Na primeira fase, as condições de produção justificam esse tempo transitório. Vive-se reconhecidamente uma fase de mudança entre o regime militar e o democrático. É a história como cronologia, o "tempo identitário", como diria Castoriadis (1982), embasando a história como ficção, o "tempo imaginado". A CUT, filha do "novo sindicalismo", vale-se da "aura de novidade" desse acontecimento para posicionar-se como uma instituição que romperá com as continuidades; o mundo "invisível" pode ser verdade.

Na segunda fase, a "aura de novidade" do novo sindicalismo é alvo de questionamentos. A CUT anda na contracorrente do que conta a história oficial, pois alega que o tempo da transição não findou com os governos ditos "democráticos". Além disso, reconhece não ter efetivado a prometida extinção da estrutura sindical. E essa ruptura compunha o cenário do mundo "invisível". O neoliberalismo e sua reedição de antigas formas de exploração afastam o ideário socialista. Os elementos do novo cenário estão desaparecendo, mas a CUT segue criando discursivamente um novo mundo, imaginário, mas que precisa existir, para que ainda seja possível sonhar, ainda seja preciso interpelar, lembrar, esquecer e até enunciar. O discurso revolucionário cutista precisa perseguir a concretização desse mundo imaginário, invisível, cada vez mais distante, mas jamais impossível. Antes, opôs-se à "Nova República" como corte temporal entre sistema ditatorial e democrático, ora opõe-se à consolidada democracia como regime que findou as velhas formas autoritárias de governar. O tempo transitório é a imagem temporal predominante do discurso sindical revolucionário analisado, é sua condição de existência.

A coexistência do "tempo permanente" e "errático", que configura o discurso da transição, quando repetido, revela que o tempo transitório não chegou ao fim, o mundo visado ainda não se concretizou. Os *efeitos discursivos de continuidade* prevaleceram sobre os de progressão. E essa é uma contradição constitutiva do tempo transitório: quando esse tempo é repetido, o discurso reconhece que suas armas, seus instrumentos de luta não foram eficazes para barrar o controle da ideologia dominante. Algo faltou para que o fim da transição chegasse. Repetir o tempo transitório é "confessar" a incompletude de uma prática revolucionária, que, mesmo em evolução, não conseguiu ainda prevalecer sobre as continuidades impostas pela ideologia capitalista.

Os enunciados materializadores dos *efeitos discursivos de continuidade* na remissão à temporalidade da FD de direita, quando repetidos, tornam-se equivocados. A repetição como refutação passa a ser desestruturante para o discurso cutista quando a falha apontada no discurso-outro, isto é, a continuidade, constitui os elementos de saber da FD sindical-socialista. Conforme comentamos, algo faltou para findar o tempo transitório, se nada tivesse faltado, não era preciso mantê-lo, nem repeti-lo. As continuidades, tão polemizadas pela CUT, atravessaram as fronteiras da FD neoliberal e se instauraram na FD sindical-socialista. Aquilo que delimitava a fronteira entre as duas FDs passou a ser lugar de similitude, de aproximação.

Na abordagem dos *efeitos discursivos de descontinuidade*, confirmamos essas conclusões, pois demonstramos, pelo viés da determinação do interdiscurso no intradiscurso, que a continuidade é um elemento de saber que se movimenta entre a formação discursiva capitalista e a formação discursiva sindical-socialista.

Através dessas formulações, respondemos à nossa primeira questão norteadora, referente à imagem do tempo nos dois momentos históricos mobilizados. Nestes, coexistem o "tempo transitório" e o "tempo fundador". Na primeira fase, essas projeções temporais têm relevância similar, mas, na segunda, o "tempo transitório" torna-se a formação imaginária predominante. Isso ocorre por causa da subjacência dessa representação do tempo no discurso revolucionário e devido ao deslocamento nos saberes da memória discursiva instaurada pela CUT, o qual ressignificou os enunciados fundadores, dotando-os de equivocidade.

A seguir, apresentamos a conclusão deste estudo, no qual formulamos respostas que o percurso teórico-analítico ofereceu às demais questões de pesquisa.

4 A CONCLUSÃO

Indagamos inicialmente como a imagem do tempo nas fases "conflitiva" e "negociadora" repercutia na representação do trabalhador. A FD sindical-socialista contrapõe-se ao imaginário do trabalhador instituído tanto na ditadura do Estado Novo, como na ditadura militar. Desse último período, recusa a humilhação, a falta de condições dignas de vida e de trabalho, as formas de repressão e de censura. Do período anterior, restitui a valorização do trabalhador como protagonista do crescimento social, mas determina que a resolução das questões trabalhistas será uma conquista dos marginalizados e não um "presente" ofertado por um Estado que diz escutar os clamores da mão-de-obra, enquanto impõe mecanismos legais de contenção à liberdade sindical. Essa FD também se opõe a estratégias e objetivos de luta de outras experiências progressistas que tentaram, antes do novo sindicalismo, conduzir os trabalhadores nas relações de força com o patronato e o Estado.

A FD de referência determina que o trabalhador deve desidentificar-se com o sujeito-de-direito e identificar-se com o sujeito--coletivo, pois somente na unidade poderá reescrever sua história de opressão. A coletividade, quando sobreposta à individualidade, e politizada por uma instituição que tem lucidez para compreender as relações históricas, pode mudar as hierarquias vigentes. Uma mudança subjetiva dos trabalhadores é a condição para a transformação das relações classe trabalhadora *versus* patronato-Estado.

Na trama entre língua e resistência, surgem *os efeitos discursivos de descontinuidade*, que, através do presente pontual, das palavras de ordem, dos gritos de basta, negam a memória do sofrimento e convocam à vivência de um "período de sobressalto", isto é, de recusa das humilhações (ANSART, 2005, p. 20).

O "tempo fundador" e seus respectivos *efeitos discursivos de descontinuidade* representam o trabalhador como um novo sujeito político, que interferirá nas imposições advindas da classe dominante. Uma "certeza" construída discursivamente pelos enunciados definitórios e presente gnômico, os quais linearizam o saber de que a FD sindical-socialista apreendeu totalmente o real, por isso, "sabe" como é constituída a FD oponente, conhece os rumos para um sindicalismo diferenciado e para a existência das relações igualitárias. Já o "tempo transitório" e seus respectivos *efeitos discursivos de continuidade* e de *progressão* entrecruzam-se com a imagem de um trabalhador ainda preso às amarras orquestradas pelo sujeito-de-direito, mas construindo uma identidade diferenciada, que reproduzirá sem cessar as palavras de basta, os enunciados de ruptura já ditos por sua porta-voz. Novas "tomadas de posição" são possíveis porque a CUT torna-se progressivamente mais lúcida quanto aos acontecimentos. A entidade, centrada na recusa do passado, constrói "a cada dia", "cada vez mais", a nova realidade econômico-político-sindical. Por causa dessa constante melhora da visibilidade da representante máxima dos trabalhadores, estes terão, gradativamente, uma consciência mais clara das contradições de classe, que não os deixará se renderem ao discurso da resignação.

Na segunda fase, o discurso cutista mantém suas regularidades no fio do discurso e novamente produz os *efeitos discursivos de progressão*, de *continuidade* e de *descontinuidade*, além de "reafirmar" formulações-origem a respeito de princípios do novo sindicalismo. O "tempo transitório" e o "tempo fundador" são repetidos, mas essas projeções do tempo aparecem reconfiguradas devido às novas circunstâncias sócio-históricas. O tempo transitório persiste porque embora tenha ocorrido o término do período militar e a instauração do regime democrático, o sentido de democracia não é aquele determinado pela FD sindical-socialista. Além disso, o "sindicalismo", tal como significado por essa posição ideológica, não pôde ser plenamente praticado. Vive-se a transição até que a "democracia" signifique um Estado mais atento a quem produz o crescimento do país, até que as condições dignas de vida não sejam exclusivas de uma minoria, até que o patronato respeite e recompense sua mão-de-obra. Vive-se a transição até que o "novo sindicalismo" faça jus à sua designação, rompa com a tutela estatal e construa uma "sociedade justa, democrática e igualitária".

Como na temporalidade construída discursivamente, a transição ainda se mantém, o trabalhador vivencia continuidades indesejadas e ainda pioradas pelo neoliberalismo e flexibilidade no mundo do trabalho. Por isso, ainda são necessárias as rupturas, feitas no fio do discurso para interpelarem os trabalhadores a não se conformarem aos ditames do sujeito-de-direito.

Devido aos *efeitos discursivos de descontinuidade*, o trabalhador parece continuar sendo projetado pela Central como uma posição-sujeito que ousa se revoltar e ressignificar sua memória afetivo-discursiva. Como no "espaço revolucionário tem-se a questão da passagem de um mundo a outro", os referidos efeitos dão visibilidade à revolta necessária para essa "passagem" e para que o cenário visado com o término da transição tenha um protagonista (PÊCHEUX, 1990, p. 9). E, dessa forma, reitera-se o "status" fundador da prática discursiva.

Na retomada dos elementos de saber da FD sindical-socialista e na incorporação da "cidadania" aos objetivos de luta, são (re) produzidos os *efeitos discursivos de progressão* na linearidade. As perífrases verbais, adjuntos/locuções adverbiais de tempo e formas nominais indiciam que a Central melhora seu excedente de visão à proporção das mudanças conjunturais. Por isso, está sendo construída a quebra da sucessão passado-presente-futuro da FD capitalista. E a CUT, que "reafirma" seu comprometimento com os interesses dos representados, avança na conquista de direitos que permitirão ao "trabalhador-cidadão" exercer essa condição.

Na confluência do tempo transitório, constituído pelo "tempo permanente" – passado prolongado – e "tempo errático" – presente construtor de um novo futuro – o trabalhador é, simultaneamente, sofrido, amargurado, marginalizado, fadado a manter-se na mesma posição nas hierarquias sociais e capaz de revoltar-se, de construir uma atuação diferenciada no diálogo político. Essa oscilação entre o mesmo e o diferente no imaginário do trabalhador corresponde ao movimento pendular entre passado opressor e novo devir típica do discurso de resistência.

Assim como a repetição do tempo transitório revela a incompletude da prática sindical em análise, a repetição do imaginário do trabalhador mostra que as "tomadas de posição" dos trabalhadores não são ainda de desidentificação com o sujeito-de-direito. Pelo *excesso*, se confessa a *falha* do ritual de interpelação ideológica da FD de referência. Os velhos saberes da ditadura do Estado Novo e da ditadura militar não puderam ser esquecidos e a CUT, embora diferente de outras tentativas progressistas de valorização do trabalhador por seus ideários e conquistas, ainda busca, reproduzindo Gomes (1994), a valoração social do trabalhador, a compreensão de sua relevância para a economia do país e para a sociedade em geral, e a "naturalidade de sua cidadania" (p. 9).

A repetição dos três efeitos discursivos mobilizados revela que o protagonista do novo tempo não conseguiu romper com as relações hegemônicas, mesmo que a língua tenha revelado o desprendimento das amarras da FD oponente e o processo de mudança identitária. As continuidades da FD capitalista, tão polemizadas pela FD sindical--socialista, atravessaram fronteiras e interferiram tanto na representação do tempo, como na do trabalhador.

A FD sindical-socialista, embora encontre na repetição uma tática para manter-se "fechada" e impossibilitada de ser invadida por significações-outras, não escapa à movimentação e à incompletude inerente das discursividades.

A repetição (o excesso) revela a incompletude de uma prática sindical que ainda busca as estratégias para concretizar o "novo mundo". Essas falhas não puderam mais ser acobertadas porque o interdiscurso instaurou a heterogeneidade na cadeia do reformulável. O trabalhador, na superfície, no intradiscurso, é o agente do novo mundo, mas na relação da linearidade com a exterioridade, ainda é incapaz de reverter as sobredeterminações de uma formação ideológica que se fortalece com sua exclusão.

As observações feitas trazem implicações à figura do portavoz. As brechas que surgiram no imaginário do tempo - o tempo discursivo - e no imaginário linguístico fizeram com que sua visibilidade fosse posta à prova. Mas, essa visibilidade está sendo constantemente recuperada na ordem do discurso, seja pela compreensão do modo como os acontecimentos se encadeiam, seja ainda pelas denúncias, seja pelas "soluções", como a aliança, a união dos trabalhadores com outros grupos marginalizados.

O percurso teórico-analítico realizado permitiu-nos compreender as determinações do real na imagem do tempo. Inicialmente mobilizamos as considerações de Courtine (1999) sobre o interdiscurso que funciona como efeito de preenchimento no formulável e de ruptura no reformulável. Em virtude das especificidades do *corpus* discursivo, precisamos aprofundar a reflexão sobre por que na repetição emerge a equivocidade. Por isso, desenvolvemos, baseando-nos na psicanálise, uma articulação entre real e repetição. As dessuperficializações mostraram que a repetição, recurso de que se vale o eu imaginário para conferir um efeito de apreensão do real e dissimular a incompletude, funciona à revelia do sujeito, isto é, como confissão das falhas encobertas, devido às mudanças de efeito do interdiscurso no intradiscurso. Quando a exterioridade passa a produzir deslizamentos de sentido nas reformulações, o excesso deixa de tamponar os buracos, as brechas, as fissuras, as lacunas das práticas discursivas.

A análise realizada também elucidou a tensão que funciona no discurso. O sujeito, por causa do imaginário, não reconhece suas determinações exteriores e tenta incessantemente demonstrar que é capaz de controlar os sentidos. Sob a evidência do imaginário linguístico, tenta provar que a língua está sob seu comando e, por isso, permite, sem erros, a domesticação das significações. Enquanto o sujeito, com seu desejo de completude, de homogeneidade, de estabilidade, de logicidade, tenta negar suas determinações exteriores, estas necessariamente afetam seu dizer e instauram aí a tendência à equivocidade. Como afirma Pêcheux (1995), o "não dito- precede e determina a asserção" (p. 291).

O sujeito cutista, por causa do imaginário e do imaginário linguístico, representou a temporalidade e as marcas temporais como elementos instauradores da completude em seu discurso. Mas, as propriedades do interdiscurso, mobilidade e incompletude dos já ditos, inter-relacionadas, influenciaram o funcionamento do intradiscurso e fizeram os três efeitos discursivos estudados funcionarem ambiguamente: estabilizando e desestabilizando o dizer.

Orientadas por Courtine (1999), concluímos que a noção de "tempo discursivo" pode ser compreendida como uma projeção do encadeamento dos acontecimentos. Essa projeção constrói uma "história fictícia", cujo tipo de relação existente entre o passado, o presente e o futuro é um produto da determinação ideológica (p. 21).

A construção discursiva dessa história requer o estabelecimento de um determinado vínculo entre o dizer e o já dito, que pode ser, por exemplo, de ruptura, de continuidade ou de progressão. Essa construção requer ainda que a língua (mais precisamente os recursos que manifestam temporalidade) seja "moldada" para que a linearização da representação temporal seja precisa.

O sujeito constrói a "história fictícia" estabelecendo em seu discurso um tipo de relação com a memória discursiva. Mas esta, embora seja reestruturável, não deixa de ser determinante. O tempo discursivo legitima-se por seu tipo de relacionamento com a memória, mas pode ser deslegitimado pelo caráter móvel e falho dessa exterioridade.

Tendo em vista que dissertamos, na fundamentação teórica, sobre os diálogos possíveis e distanciamentos com a visão filosófica de Castoriadis (1982), a abordagem enunciativa de Benveniste (1989), a ótica discursiva de Zoppi-Fontana (1997), a perspectiva semiótica de Fiorin (1999), e o estudo geográfico-marxista de Harvey (2001), ora formulamos complementações depreendidas das análises.

Os discursos criam significados específicos para o "tempo", instituem, retomando Castoriadis (1982), um "tempo imaginário", que pode acobertar outras representações temporais. Ao questionarmos a transparência da formação imaginária sobre o tempo, deparamo-nos com representações subjacentes àquelas instituídas como prioritárias no processo discursivo.

Além disso, concordamos com Castoriadis, é a coexistência de várias representações do tempo, é a sobreposição de imagens temporais, inclusive contraditórias, que configura, em sua especificidade, o tempo imaginário, em nosso caso, o tempo discursivo na FD sindical-socialista. E essa "sobreposição" de imagens também pôde ser observada na representação do trabalhador, o que evidenciou, tal como supúnhamos, a inter-relação entre imagem do tempo e do destinatário.

Concluímos que a apreensão do "tempo discursivo" requer um gesto de interpretação atento à convivência de distintas formações imaginárias, que, em diálogo, configurarão a projeção da sucessão dos acontecimentos. Dada a relevância da temporalidade para a constituição das representações, é preciso indagar a repercussão desse diálogo na projeção de outros elementos do processo discursivo.

O tempo imaginado, segundo Castoriadis, funciona como encobrimento, denegação da temporalidade como "alteridade--alteração". A CUT, apesar de na linearidade descrever as novas circunstâncias sócio-históricas que afetam as problemáticas sindicais, através de processos parafrásticos manteve a representação temporal da época de sua fundação. No tempo instituído, há uma tentativa de encobrimento da polissemia. Isso se dá, retomando

Pêcheux (1997c), por causa de uma estabilidade lógica, necessitada pelo sujeito pragmático.

Concordamos que o tempo seja sempre "alteridade-alteração", mas por uma razão diferenciada de Castoriadis, para o qual as mudanças no tempo instituído devem-se ao imaginário – criação incessante. Como enunciamos a partir de uma linha teórica composta em seu quadro epistemológico pelo marxismo, ponderações de Harvey (2001) parecem mais atinentes à compreensão das constantes mudanças nas representações do tempo.

Conforme afirma esse estudioso, os modos de produção ou formações sociais têm uma série de práticas e concepções temporais. Tempo e relações de poder estão arraigados, aspecto evidenciável no conflito entre capitalismo e movimentos sociais. As resistências surgem devido ao modo como o capital racionaliza a temporalidade, tentando dominá-la por causa do lucro.

Constatamos na prática discursiva da CUT, mais especificamente na *refutação por denegação* e na *refutação por inversão*, a contraposição quanto ao modo como a FD capitalista concebe o tempo, objetivando-o como sucessão passado-presente-futuro de relações hegemônicas. A FD sindical-socialista elabora resistências a tal apreensão do tempo e, por isso, propõe outra possibilidade de encadeamento entre passado-presente-futuro, outro "fio de uma lógica narrativa", como afirma Mariani (1998), outra versão histórica.

Como destaca Harvey (2001), há um paradoxo vivenciado pelo capitalismo e pelos movimentos de resistência. Estes tentam driblar a dinâmica do capital, mas, por sobrevivência, têm de se adaptarem às mudanças do modo de produção reinante. O capitalismo também é suscetível a instabilidades, ocasionadas pelas lutas sociais. Há, portanto, uma constante reconfiguração de representações temporais na luta de classes. Essa justificativa parece-nos mais pertinente à compreensão do tempo como "alteridade-alteração". Concluímos que o tempo discursivo é uma formação imaginária propícia à compreensão dos deslocamentos de sentidos que os discursos sofrem em virtude das tentativas de manutenção e de subversão das relações de poder.

A tipologia dos tempos sociais de Gurvitch (1964), retomada por Harvey (2001), mostrou-se pertinente desde que sigamos as ponderações do geógrafo marxista. Duas categorias dessa tipologia

– o tempo errático e o tempo permanente – receberam na pesquisa, como sugeria Harvey, um conteúdo de classe.

A respeito da perspectiva enunciativa de Benveniste (1989), expomos objeções a partir de Zoppi-Fontana (1997). As formulações da autora sobre o "efeito de ilusão de exterioridade" foram de suma relevância, pois a partir desse conceito tanto pudemos compreender a figura do porta-voz, como nos distanciarmos da visão enunciativa que percebe nas expressões de tempo a presença do "eu" na linguagem.

No que concerne à abordagem de Fiorin (1999), reiteramos que a compreensão do modo como o autor pensa a linguagem a partir do tempo ofereceu-nos importantes aportes para refletirmos sobre a visão discursiva da temporalidade. Por contraposição, pudemos justificar a nomeação "tempo discursivo", preferível ao par "tempo do enunciado"/"tempo da enunciação".

Por fim, salientamos que nossa tentativa foi compreender a temporalidade no discurso sindical de esquerda pressupondo o caráter material das representações e não uma subjetividade solipsista. E pensamos ter contribuído, pelo percurso teórico-analítico realizado, com vieses interpretativos para refletirmos sobre o tempo na Análise do Discurso de linha francesa em articulação com um caro objeto de estudo: o político.

REFERÊNCIAS

ABRAMO, Laís. *O resgate da dignidade*: greve metalúrgica e subjetividade operária. Campinas, SP: Editora da Unicamp, 1999.
ALTHUSSER, Louis. *Aparelhos Ideológicos de Estado*: nota sobre os aparelhos ideológicos de Estado. Trad. Walter José Evangelista e Maria Laura V. de Castro. Rio de Janeiro: Edições Graal, 1985.
ANSART, Pierre. Das identidades de ofício à identidade de classe: um devir paradoxal? (1820-1848). In: SEIXAS, J. *et al.* (org.). *Razão e paixão na política*. Brasília: Editora Universidade de Brasília, 2002. p. 199-215.
_____. As humilhações políticas. In: MARSON, I.; NAXARA, M. (org.) *Sobre a humilhação*: sentimentos, gestos, palavras. Uberlândia: EDUFU, 2005. p. 15-30.
ANTUNES, Ricardo. *O que é sindicalismo*. São Paulo: Editora Brasiliense, 1980.
AUTHIER-REVUZ, Jacqueline. *Entre a transparência e a opacidade*: um estudo enunciativo do sentido. Trad. Leci Borges Barbisan e Valdir do Nascimento Flores. Porto Alegre: EDIPUCRS, 2004.
BENVENISTE, Émile. *Problemas de linguística geral*. Campinas: Pontes, 1989.
BLASS, Leila Maria. Novo sindicalismo: persistência e continuidade. In: RODRIGUES, I. J. (org). *O novo sindicalismo*: vinte anos depois. Petrópolis: Editora Vozes, 1999. p. 33-49.
BOITO JR., Armando. *Política neoliberal e sindicalismo no Brasil.* 2ª Ed. São Paulo: Xamã Editora, 1999.
_____. Reforma e persistência da estrutura sindical. In: BOITO JR. A. *et al.* (org.). *O sindicalismo brasileiro nos anos 80*. Rio de Janeiro: Paz e Terra, 1991. p. 43-91.
CASTORIADIS, Cornelius. *A instituição imaginária da sociedade*. Trad. Guy Reynald. Rio de Janeiro: Paz e Terra, 1982.
CHAUÍ, Marilena. *Simulacro e poder*: uma análise da mídia. São Paulo: Editora Fundação Perseu Abramo, 2006.
CHEMANA, Roland (org.). *Dicionário de Psicanálise*. Porto Alegre: Artes Médicas, 1995.
COSTA, Sônia Bastos Borba. *O aspecto em português*. São Paulo: Contexto, 1990.

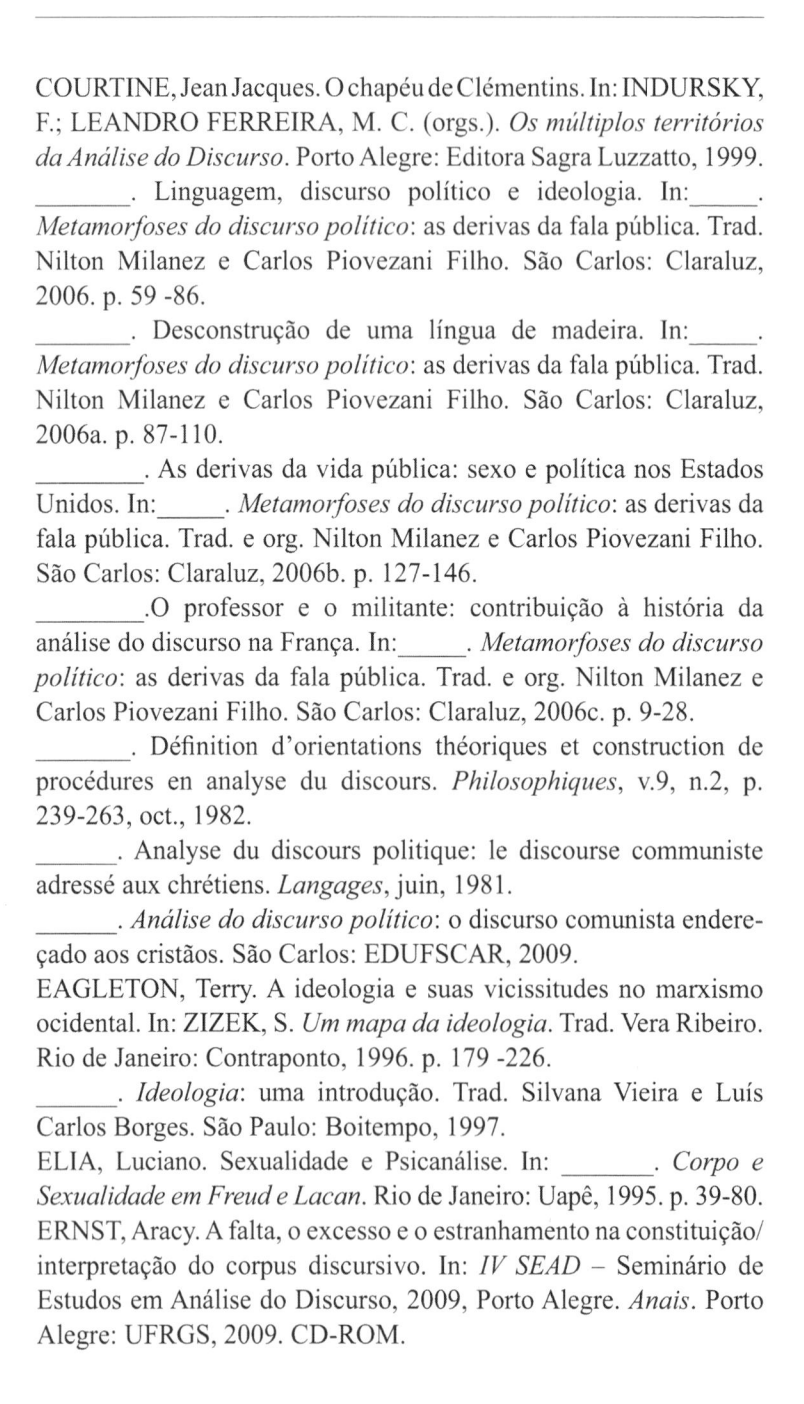

COURTINE, Jean Jacques. O chapéu de Clémentins. In: INDURSKY, F.; LEANDRO FERREIRA, M. C. (orgs.). *Os múltiplos territórios da Análise do Discurso*. Porto Alegre: Editora Sagra Luzzatto, 1999.

_____. Linguagem, discurso político e ideologia. In:_____. *Metamorfoses do discurso político*: as derivas da fala pública. Trad. Nilton Milanez e Carlos Piovezani Filho. São Carlos: Claraluz, 2006. p. 59 -86.

_____. Desconstrução de uma língua de madeira. In:_____. *Metamorfoses do discurso político*: as derivas da fala pública. Trad. Nilton Milanez e Carlos Piovezani Filho. São Carlos: Claraluz, 2006a. p. 87-110.

_____. As derivas da vida pública: sexo e política nos Estados Unidos. In:_____. *Metamorfoses do discurso político*: as derivas da fala pública. Trad. e org. Nilton Milanez e Carlos Piovezani Filho. São Carlos: Claraluz, 2006b. p. 127-146.

_____.O professor e o militante: contribuição à história da análise do discurso na França. In:_____. *Metamorfoses do discurso político*: as derivas da fala pública. Trad. e org. Nilton Milanez e Carlos Piovezani Filho. São Carlos: Claraluz, 2006c. p. 9-28.

_____. Définition d'orientations théoriques et construction de procédures en analyse du discours. *Philosophiques*, v.9, n.2, p. 239-263, oct., 1982.

_____. Analyse du discours politique: le discourse communiste adressé aux chrétiens. *Langages*, juin, 1981.

_____. *Análise do discurso político*: o discurso comunista endereçado aos cristãos. São Carlos: EDUFSCAR, 2009.

EAGLETON, Terry. A ideologia e suas vicissitudes no marxismo ocidental. In: ZIZEK, S. *Um mapa da ideologia*. Trad. Vera Ribeiro. Rio de Janeiro: Contraponto, 1996. p. 179 -226.

_____. *Ideologia*: uma introdução. Trad. Silvana Vieira e Luís Carlos Borges. São Paulo: Boitempo, 1997.

ELIA, Luciano. Sexualidade e Psicanálise. In: _____. *Corpo e Sexualidade em Freud e Lacan*. Rio de Janeiro: Uapê, 1995. p. 39-80.

ERNST, Aracy. A falta, o excesso e o estranhamento na constituição/ interpretação do corpus discursivo. In: *IV SEAD* – Seminário de Estudos em Análise do Discurso, 2009, Porto Alegre. *Anais*. Porto Alegre: UFRGS, 2009. CD-ROM.

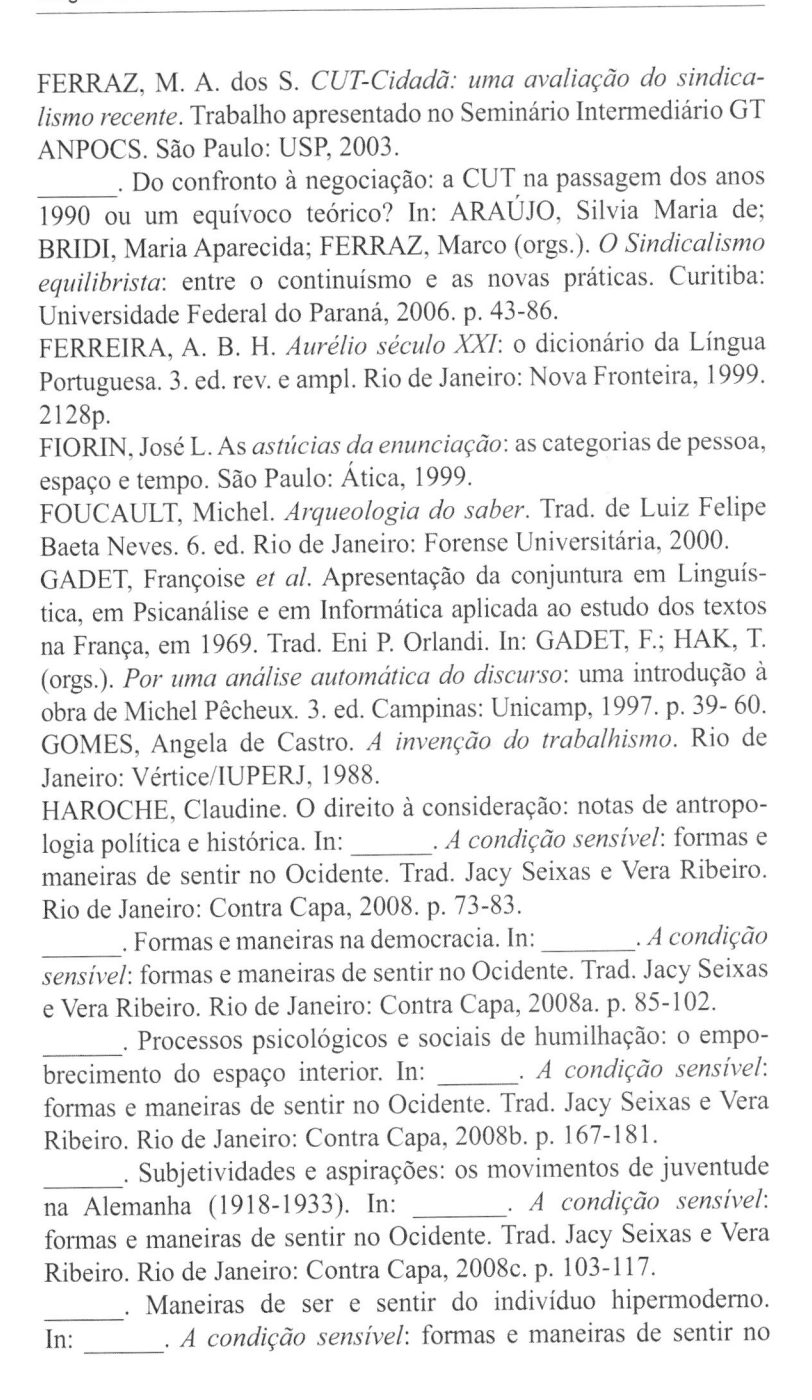

FERRAZ, M. A. dos S. *CUT-Cidadã*: uma avaliação do sindicalismo recente. Trabalho apresentado no Seminário Intermediário GT ANPOCS. São Paulo: USP, 2003.

_____. Do confronto à negociação: a CUT na passagem dos anos 1990 ou um equívoco teórico? In: ARAÚJO, Silvia Maria de; BRIDI, Maria Aparecida; FERRAZ, Marco (orgs.). *O Sindicalismo equilibrista*: entre o continuísmo e as novas práticas. Curitiba: Universidade Federal do Paraná, 2006. p. 43-86.

FERREIRA, A. B. H. *Aurélio século XXI*: o dicionário da Língua Portuguesa. 3. ed. rev. e ampl. Rio de Janeiro: Nova Fronteira, 1999. 2128p.

FIORIN, José L. As *astúcias da enunciação*: as categorias de pessoa, espaço e tempo. São Paulo: Ática, 1999.

FOUCAULT, Michel. *Arqueologia do saber*. Trad. de Luiz Felipe Baeta Neves. 6. ed. Rio de Janeiro: Forense Universitária, 2000.

GADET, Françoise *et al*. Apresentação da conjuntura em Linguística, em Psicanálise e em Informática aplicada ao estudo dos textos na França, em 1969. Trad. Eni P. Orlandi. In: GADET, F.; HAK, T. (orgs.). *Por uma análise automática do discurso*: uma introdução à obra de Michel Pêcheux. 3. ed. Campinas: Unicamp, 1997. p. 39- 60.

GOMES, Angela de Castro. *A invenção do trabalhismo*. Rio de Janeiro: Vértice/IUPERJ, 1988.

HAROCHE, Claudine. O direito à consideração: notas de antropologia política e histórica. In: _____. *A condição sensível*: formas e maneiras de sentir no Ocidente. Trad. Jacy Seixas e Vera Ribeiro. Rio de Janeiro: Contra Capa, 2008. p. 73-83.

_____. Formas e maneiras na democracia. In: _____. *A condição sensível*: formas e maneiras de sentir no Ocidente. Trad. Jacy Seixas e Vera Ribeiro. Rio de Janeiro: Contra Capa, 2008a. p. 85-102.

_____. Processos psicológicos e sociais de humilhação: o empobrecimento do espaço interior. In: _____. *A condição sensível*: formas e maneiras de sentir no Ocidente. Trad. Jacy Seixas e Vera Ribeiro. Rio de Janeiro: Contra Capa, 2008b. p. 167-181.

_____. Subjetividades e aspirações: os movimentos de juventude na Alemanha (1918-1933). In: _____. *A condição sensível*: formas e maneiras de sentir no Ocidente. Trad. Jacy Seixas e Vera Ribeiro. Rio de Janeiro: Contra Capa, 2008c. p. 103-117.

_____. Maneiras de ser e sentir do indivíduo hipermoderno. In: _____. *A condição sensível*: formas e maneiras de sentir no

Ocidente. Trad. Jacy Seixas e Vera Ribeiro. Rio de Janeiro: Contra Capa, 2008d. p. 121-131.
HARVEY, David. *Condição pós-moderna*: uma pesquisa sobre as origens da mudança cultural. Trad. Adail Ubirajara Sobral e Maria Stela Gonçalves. São Paulo: Edições Loyola, 2001.
HENRY, Paul. Os fundamentos teóricos da "Análise Automática do discurso" de Michel Pêcheux (1969). Trad. Bethania S. Mariano. In: GADET, F.; HAK, T. (orgs.). *Por uma análise automática do discurso*: uma introdução à obra de Michel Pêcheux. 3. ed. Campinas: Unicamp, 1997. p. 13-38.
_____. *A ferramenta imperfeita*: língua, sujeito e discurso. Trad. Maria Fausta P. de Castro. Campinas: Editora da UNICAMP, 1992.
INDURSKY, FREDA. *A fala dos quartéis e as outras vozes*. Campinas, SP: Editora da UNICAMP, 1997.
INFORMA CUT, n. 266, 1997, p. 16-20.
LACAN, Jacques. O estádio do espelho como formador da função do Eu. In: ZIZEK, S. *Um mapa da ideologia*. Trad. Vera Ribeiro. Rio de Janeiro: Contraponto, 1996. p. 97-104.
LAGAZZI, Suzy. *O desafio de dizer não*. Campinas, SP: Pontes, 1988.
LEANDRO FERREIRA, Maria Cristina (coord.). *Glossário de termos do discurso*. Projeto de pesquisa A aventura do texto na perspectiva da teoria do discurso: a posição do leitor-autor. Porto Alegre: UFRGS, 2001.
_____. *Da ambiguidade ao equívoco*: a resistência da língua nos limites da sintaxe e do discurso. Porto Alegre: UFRGS, 2000.
LE GOFF, Jacques. Memória. In: *História e memória*. Trad. de Bernardo Leitão *et al*. Campinas, SP: Editora da UNICAMP, 2003. p. 419-476.
_____. Passado/presente. In: *História e memória*. Trad. Irene Ferreira *et al*. 5. ed. Campinas, SP: Editora da Unicamp, 2003a. p. 207-233.
LEITE, Nina. *Psicanálise e análise do discurso*: o acontecimento na estrutura. Rio de Janeiro: Campo Matêmico, 1994.
LORENZETTI, Jorge. Sindicalismo cutista: ruptura ou renovação. In: *Revista Forma e Conteúdo*, n. 5, dez., 1993.
MALDIDIER, Denise. *A inquietação do discurso*: re(ler) Michel Pêcheux hoje. Trad. Eni P. Orlandi. Campinas: Pontes, 2003.
MARIANI, Bethania. Subjetividade e imaginário linguístico. *Linguagem em (Dis)curso*, Tubarão, v. 1, n. 1, p. 55-72, 2003.

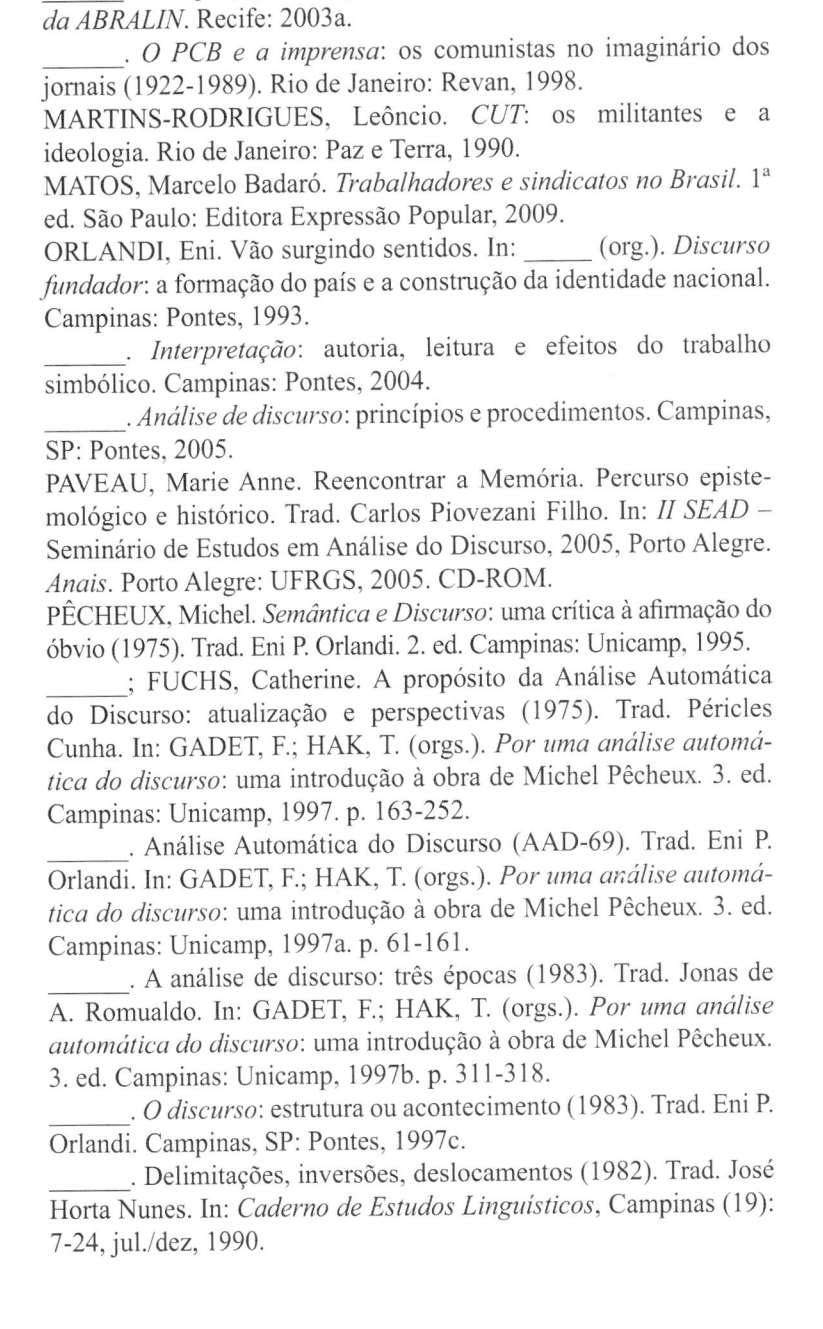

_____. Para que(m) serve a psicanálise na imprensa? In: *Congresso da ABRALIN*. Recife: 2003a.

_____. *O PCB e a imprensa*: os comunistas no imaginário dos jornais (1922-1989). Rio de Janeiro: Revan, 1998.

MARTINS-RODRIGUES, Leôncio. *CUT*: os militantes e a ideologia. Rio de Janeiro: Paz e Terra, 1990.

MATOS, Marcelo Badaró. *Trabalhadores e sindicatos no Brasil*. 1ª ed. São Paulo: Editora Expressão Popular, 2009.

ORLANDI, Eni. Vão surgindo sentidos. In: _____ (org.). *Discurso fundador*: a formação do país e a construção da identidade nacional. Campinas: Pontes, 1993.

_____. *Interpretação*: autoria, leitura e efeitos do trabalho simbólico. Campinas: Pontes, 2004.

_____. *Análise de discurso*: princípios e procedimentos. Campinas, SP: Pontes, 2005.

PAVEAU, Marie Anne. Reencontrar a Memória. Percurso epistemológico e histórico. Trad. Carlos Piovezani Filho. In: *II SEAD – Seminário de Estudos em Análise do Discurso*, 2005, Porto Alegre. *Anais*. Porto Alegre: UFRGS, 2005. CD-ROM.

PÊCHEUX, Michel. *Semântica e Discurso*: uma crítica à afirmação do óbvio (1975). Trad. Eni P. Orlandi. 2. ed. Campinas: Unicamp, 1995.

_____; FUCHS, Catherine. A propósito da Análise Automática do Discurso: atualização e perspectivas (1975). Trad. Péricles Cunha. In: GADET, F.; HAK, T. (orgs.). *Por uma análise automática do discurso*: uma introdução à obra de Michel Pêcheux. 3. ed. Campinas: Unicamp, 1997. p. 163-252.

_____. Análise Automática do Discurso (AAD-69). Trad. Eni P. Orlandi. In: GADET, F.; HAK, T. (orgs.). *Por uma análise automática do discurso*: uma introdução à obra de Michel Pêcheux. 3. ed. Campinas: Unicamp, 1997a. p. 61-161.

_____. A análise de discurso: três épocas (1983). Trad. Jonas de A. Romualdo. In: GADET, F.; HAK, T. (orgs.). *Por uma análise automática do discurso*: uma introdução à obra de Michel Pêcheux. 3. ed. Campinas: Unicamp, 1997b. p. 311-318.

_____. *O discurso*: estrutura ou acontecimento (1983). Trad. Eni P. Orlandi. Campinas, SP: Pontes, 1997c.

_____. Delimitações, inversões, deslocamentos (1982). Trad. José Horta Nunes. In: *Caderno de Estudos Linguísticos*, Campinas (19): 7-24, jul./dez, 1990.

_____. Papel da memória. In: ACHARD, P. *et al. Papel da memória*. Trad. José Horta Nunes. Campinas, SP: Pontes, 1999.
RESOLUÇÕES DA 8ª PLENÁRIA NACIONAL DA CUT. São Paulo: CUT, 1996.
RESOLUÇÕES DO I CONCUT. São Paulo: CUT, 1984.
RESOLUÇÕES DO V CONCUT. São Paulo: CUT, 1994.
RESOLUÇÕES DO VI CONCUT. São Paulo: CUT, 1997.
RESOLUÇÕES DO VII CONCUT. São Paulo: CUT, 2000.
RICOUER, Paul. *A memória, a história, o esquecimento*. Trad. Alain François *et al*. Campinas, SP: Editora da Unicamp, 2007.
RIDENTI, Marcelo. Trabalho, sociedade e os ciclos na história da esquerda brasileira. In: ARAÚJO, Silvia Maria de; BRIDI, Maria Aparecida; FERRAZ, Marco (orgs.). *O Sindicalismo equilibrista*: entre o continuísmo e as novas práticas. Curitiba: Universidade Federal do Paraná, 2006. p. 23 – 41.
RODRIGUES, Iran Jacomes. *Sindicalismo e política*: a trajetória da CUT. São Paulo: Scritta, 1997.
_____. Sindicalismo e desenvolvimento regional: a experiência dos metalúrgicos do ABC. Trabalho apresentado no *XXVIII Encontro Anual da Anpocs*. Caxambu (MG), 2004.
_____; RAMALHO, José R. Sindicalismo na Inglaterra e no Brasil: estratégias diante das novas formas de Gestão da produção. In: *Revista São Paulo Em Perspectiva*, São Paulo, v. 12, n. 1, p. 142-153, 1998.
_____. As comissões de empresa e o movimento sindical. In: BOITO JR., Armando *et al*. (orgs.). *O sindicalismo brasileiro nos anos 80*. Rio de Janeiro: Paz e Terra, 1991. p. 137-170.
SADER, Eder. *Quando novos personagens entraram em cena*: experiências, falas e lutas dos trabalhadores da grande São Paulo (1970 – 1980). Rio de Janeiro: Paz e Terra, 1998.
SANTANA, Marco Aurélio. Entre a ruptura e a continuidade: visões da história do movimento sindical brasileiro. In: *RBCS* – Revista Brasileira de Ciências Sociais, vol. 14, n. 41, out., 1999, p. 105 -120.
SILVEIRA, Verli Fátima P. *Imaginário sobre o gaúcho no discurso literário*: da representação do mito em Contos Gauchescos, de Simões Lopes Neto, à desmitificação em Porteira Fechada, de Cyro Martins. 2004. 332p. Tese (Doutorado em Letras), Universidade Federal do Rio Grande do Sul, Programa de Pós-Graduação em Letras, Porto Alegre, 2004.

TEIXEIRA, Marlene. *Análise de discurso e psicanálise*: elementos para uma abordagem do sentido no discurso. Porto Alegre: EDIPUCRS, 2005.

ZOPPI-FONTANA, Mônica. *Cidadãos modernos*: discurso e representação política. Campinas: Editora da Unicamp, 1997.

Referências do *corpus*

BOLETIM NACIONAL, n. 5, out./nov. 1985, Suplemento Especial.
BOLETIM NACIONAL DA CUT, n.1, maio, 1985, p. 2-3.
BOLETIM NACIONAL DA CUT, n. 2, jun./jul., 1985, p.11.
BOLETIM NACIONAL DA CUT, n. 3, ago., 1985, p. 3.
BOLETIM NACIONAL DA CUT, n. 9, ago./set., 1986, p. 8.
BOLETIM NACIONAL DA CUT, n. 12, abr., 1987, p. 29.
BOLETIM NACIONAL DA CUT, n. 6, dez., 1985, p. 4-5.
BOLETIM NACIONAL DA CUT, n. 1, maio, 1985, p. 7.
BOLETIM NACIONAL DA CUT, n. 6, dez., 1985, p. 6 -7.
BOLETIM NACIONAL DA CUT, n. 2, jun./jul., 1985, p. 12.
BOLETIM NACIONAL DA CUT, n 19, mar./abr., 1988, p. 5.
DE FATO, ano 1, n.1, ago., 1993, p. 21.
INFORMA CUT, n. 266, jul., 1997, p. 5.
INFORMA CUT, n. 268, jan., 1998, p. 9-10.
INFORMA CUT, n. 9, abr., 1987, p. 48.
INFORMA CUT, n. 86, jan., 1990, p. 4.
INFORMA CUT n. 80, nov., 1989, p. 3.
INFORMA CUT, n. 93, mar., 1990, p. 2.
INFORMA CUT, n. 26, dez., 1987, p 137-9.
INFORMA CUT, n. 255, ago., 1995, p. 3.
INFORMA CUT, n. 183, abr., 1992, p. 2.
INFORMA CUT, n. 259, dez., 1995, p. 3.
INFORMA CUT, n. 252, abr., 1995, p. 4.
INFORMA CUT, n. 93, mar., 1990, p. 1.
INFORMA CUT, n. 210, mar., 1993, p. 4.
JORNAL DA CUT, ano 1, n. 0, 1983, p. 15.
RESOLUÇÕES DO II CONGRESSO NACIONAL DA CUT, 1986.
RESOLUÇÕES DO III CONGRESSO NACIONAL DA CUT, 1988.

SOBRE O LIVRO
Tiragem: 1000
Formato: 14 x 21 cm
Mancha: 10 X 17 cm
Tipologia: Times New Roman 10,5/12/16/18
    Arial 7,5/8/9
Papel: Pólen 80 g (miolo)
    Royal Supremo 250 g (capa)